学术顾问：任海　裴东光　茹秀英

冬奥会历史与北京冬奥会

冯国有　梁金辉　张宏伟　◎主编

中国财经出版传媒集团
经济科学出版社
Economic Science Press

图书在版编目（CIP）数据

冬奥会历史与北京冬奥会/冯国有，梁金辉，张宏伟主编. —北京：经济科学出版社，2022.1（2022.12 重印）
ISBN 978-7-5218-3365-2

Ⅰ.①冬… Ⅱ.①冯…②梁…③张… Ⅲ.①冬季奥运会-历史-研究②冬季奥运会-研究-北京-2022③冬季奥运会-影响-冰上运动-体育产业-产业发展-研究-北京④冬季奥运会-影响-雪上运动-体育产业-产业发展-研究-北京 Ⅳ.①G811.212②G812

中国版本图书馆 CIP 数据核字（2022）第 002135 号

责任编辑：李　雪　袁　溦
责任校对：刘　昕
责任印制：邱　天

冬奥会历史与北京冬奥会
冯国有　梁金辉　张宏伟　主编
经济科学出版社出版、发行　新华书店经销
社址：北京市海淀区阜成路甲 28 号　邮编：100142
总编部电话：010-88191217　发行部电话：010-88191522
网址：www.esp.com.cn
电子邮箱：esp@esp.com.cn
天猫网店：经济科学出版社旗舰店
网址：http://jjkxcbs.tmall.com
北京季蜂印刷有限公司印装
710×1000　16 开　16.25 印张　220000 字
2022 年 1 月第 1 版　2022 年 12 月第 2 次印刷
ISBN 978-7-5218-3365-2　定价：68.00 元
（图书出现印装问题，本社负责调换。电话：010-88191510）

冬奥会历史与北京冬奥会

编　委　会

前言

PREFACE

北京冬奥会（第24届冬季奥林匹克运动会）是中国进入新时代迎来的具有历史意义的世界体育盛会。2008年，北京成功举办第29届夏季奥运会之后，北京冬奥会再次激发人民参与奥运的热情，也成为相关研究领域学者关注的研究热点。本书以冬奥会历史及北京冬奥会为逻辑主线，从多学科角度阐释了冬奥会历史研究；从北京冬奥会历程阐释中国参与奥运、主办奥运的中国冬奥时刻及北京冬奥会时刻；从北京冬奥会举办地居民冬奥认知、情感、行为意向、媒体接触调查，反映北京冬奥会给举办地居民影响的真实状况；从北京冬奥会给冰雪产业发展带来的历史机遇，研究北京居民参与冰雪运动及北京冰雪体育产业发展。

冬奥会历史研究重点探讨了冬奥会历史演进及北京冬奥会历程。阐述了冬奥会历史演进逻辑、冬奥会历史上的中国时刻及北京冬奥会的期待。同时，也从多学科视角对学者现有的冬奥会的研究成果进行分析评述，发现在冬奥会研究领域有价值的研究文献，启示北京冬奥会的相关学术研究。

北京冬奥会举办地居民冬奥认知与行为意向、冬奥媒介接触状态研究显示，对冬奥会的分析不只是关注奥运盛况，也应关注到冬奥会对举办地居民带来的利益影响。冬奥会筹办、举办都会影响到举办地居民的利益，协调政府及举办地居民利益差异，找到利益的平衡点，赢得举办地居民对冬奥会举办的认可和支持是冬奥会举办地政府必须面对的问题。2015 年 11 月，习近平主席在北京冬奥会工作领导小组第一次全体会议上强调：坚持绿色办奥、共享办奥、开放办奥、廉洁办奥，加快冰雪运动发展和普及，使广大人民群众受益。全面了解北京冬奥会举办地居民冬奥认知与行为意向现状，既有助于检验奥林匹克教育以及各种媒体等对奥林匹克精神、冬奥知识、理念等的传播和宣传效果，更有助于通过对居民冬奥认知与行为影响因素的提取，为促进举办地居民冬奥认知与行为水平的提升提供决策依据，真正使北京冬奥会成为全民参与、全民分享的体育盛会。

冬奥会作为国际性赛事对举办地产生的经济效应是居民、学者、政府关注重要问题，因此也就有了“奥运经济”之说。北京冬奥会为北京冰雪体育产业发展提供了历史机遇，政府促进冰雪运动、冰雪产业发展政策支持催发北京冰雪体育产业发展。研究在北京冬奥会影响下北京冰雪运动用品业、冰雪场馆业、冰雪竞赛表演业、冰雪运动传媒业、冰雪文化旅游业、冰雪运动培训业、北京市居民冰雪参与及消费、滑雪小镇等发展及问题，对推动北京冰雪体育产业高质量发展具有重要意义。

本书是集体智慧的结晶。首都体育学院管理与传播学院冯国有、梁金辉、张宏伟任主编，负责全书统稿。冯国有撰写第 1、第 2 章，梁金辉撰写第 5 章、第 6 章，张宏伟撰写第 4、第 7 章，清华大学博士生杨越撰写第 8、第 10 章，首都体育学院休闲与社会学院茹秀英撰写第 3 章。首都体育学院研究生王明心（第 1 章、第 9 章第 1 节），马伶（第 3 章），郭强、周传斌（第 6 章），杜恒（第7章），赵苗苗（第9章第2节），薛倩兰、李雨晴（第9章第3节），张然、张炳政（第9章第4节），张楠翊（第9章第5节），王晓宇（第9章第6节）参与了课题资料收集、调查数据统计及部分章节内容撰写。研究生杨梦妮为本书文稿提供了技术处理。

需要说明的是，本书第1版在2022年1月、北京冬奥会举办之前出版。2022年8月，本书阿拉伯文版入选国家新闻出版署丝路书香工程。本书的英文版也已与施普林格（Springer Natare）出版集团达成合作出版意向。现在呈现给读者的内容，增加了北京冬奥会盛况中开幕式、闭幕式的精彩叙事及冬奥遗产逐步呈现的北京冬奥会持续精彩的内容，期望给读者呈现相对完整的北京冬奥会，也期待其他语种版本的陆续出版能够向世界多角度展现中国冬奥时刻、北京冬奥时刻。

感谢北京市教委“科技创新服务能力建设—科研水平提高定额科研类项目”提供的专项资金支持；感谢首都体育学院管理与传播学院原院长李林教授给予我们课题组的支持；感谢本书学术顾问北京体育大学博士生导师任海教授、首体体育学院裴东光教授、茹秀英教授为我们提供的学术指导，你们的指导增加了我们研究的信心；感谢在研究过程中参考和借鉴相关研究文献的作者们，你们的智慧给了我们重要的启迪；感谢经济科学出版社李雪女士为本书出版付出的辛勤劳动，使我们的研究成果得以完美的呈现。本书内容文责自负，真诚欢迎读者提出宝贵的意见和建议。

冯国有、梁金辉、张宏伟

2022年9月21日

目录

CONTENTS

第 1 章

冬奥会历史与北京冬奥会时刻

冬奥会即冬季奥运会，是冬季奥林匹克运动会的简称，是由国际奥林匹克委员会主办的世界规模最大的冬季综合性运动会。1924 年法国夏蒙尼冬奥会开启了冬季奥林匹克运动会的历程，2015 年 7 月 31 日，中国赢得第 24 届冬季奥林匹克运动会主办权，开启了北京冬奥会（2022 年北京冬季奥林匹克运动会，2022 Beijing Winter Olympic Games）时刻。当我们梳理冬奥会历史和展望北京冬奥会时刻，恰如意大利著名历史学家克罗齐的名言：“一切历史都是当代史”，因为我们都生活在历史的延长线上。人们之所以要保存关于过去的集体记忆，不是想让过去照原样流传下来，而是着眼于过去对当前和未来的意义。

1.1 冬奥会历史演进

冬奥会是以冰雪运动项目为主的综合运动会，世界冰雪运动的发展状况是举办冬奥会的基础。19 世纪末期，欧美等地冰雪运动发展迅速，各类冰雪俱乐部和协会相继出现、冰雪运动普及程度不断提升、冰雪赛事频繁举办，尤其是各冰雪运动项目形成独立赛事类别为冬奥会的设立提供了基础。

冬奥会的设立是逐步演进的过程，最初是在夏季奥运会中增设冰雪比赛项目。1908 年的第 4 届夏季奥运会设立了花样滑冰项目，1920 年的第 7 届夏季奥运会设立了冰球比赛项目。直到 1921 年，国际奥林匹克委员会决定于 1924 年在法国的夏蒙尼举行“1924 年国际冬季体育运动周”活动，后经 1926 年国际奥委会布拉格会议正式确认这届比赛为第 1 届冬季奥运会，此后每 4 年举办 1 届，按实际举行次数计算届数。从 1994 年起，冬奥会与夏奥会交替举行，目前冬奥会共举办了 23 届，2022 年北京冬奥会是第 24 届冬季奥林匹克运动会。

1.1.1 冬奥会历史回溯

梳理冬奥会的发展历程，我们可以清楚地看到，冬奥会是不断发展壮大的。表 1－1 数据显示，从冬奥会比赛项目设置看，从第 1 届的 4 个大项、14 个小项发展到第 23 届的 7 个大项、102 个小项；从参赛国家和地区数量看，从第 1 届的 16 个增加到第 23 届的 92 个；从参赛的运动员数量看，从第 1 届的 258 人增加到第 23 届的 2833 人。冬奥会规模的不断扩大，一方面，可以使更多的冰雪运动项目纳入进来，使更多的运动员有机会参与冬奥会；另一方面，冬奥会推动了冰雪运动在世界的普及，让更多人喜欢并投入其中，更重要的是冬奥会的影响力不断扩大，逐步成为比肩夏季奥运会的奥林匹克运动大家族的成员。

表 1－1　　　　第 1 届至第 23 届冬奥会相关信息

届别	举办年	举办地	日期	参加国家与地区	运动员人数			比赛项目数量		金牌榜第一
					总数	男子	女子	大项	小项	
1	1924	法国夏蒙尼	1 月 25～2 月 5 日	16	258	247	11	4	14	挪威
2	1928	瑞士圣莫里兹	2 月 11～19 日	25	464	438	26	4	14	挪威
3	1932	美国普莱西德湖	2 月 4～15 日	17	252	231	21	4	14	美国
4	1936	德国加米施—帕滕基兴	2 月 6～16 日	28	646	566	80	4	17	挪威
5	1948	瑞士圣莫里茨	1 月 30～2 月 8 日	28	669	592	77	4	22	挪威、瑞典
6	1952	挪威奥斯陆	2 月 14～25 日	30	694	585	109	4	22	挪威
7	1956	意大利科蒂纳丹佩佐	1 月 26～2 月 5 日	33	820	688	132	4	24	苏联
8	1960	美国斯阔谷	2 月 18～28 日	31	665	522	143	4	24	苏联
9	1964	奥地利因斯布鲁克	1 月 29～2 月 9 日	37	1091	891	200	6	34	苏联
10	1968	法国格勒诺布尔	2 月 6～18 日	37	1158	947	211	6	35	挪威
11	1972	日本札幌	2 月 3～13 日	35	1006	800	206	6	35	苏联
12	1976	奥地利因斯布鲁克	2 月 4～15 日	37	1123	892	231	6	37	苏联
13	1980	美国普莱西德湖	2 月 13～24 日	37	1072	840	232	6	38	苏联

续表

届别	举办年	举办地	日期	参加国家与地区	运动员人数			比赛项目数量		金牌榜第一
					总数	男子	女子	大项	小项	
14	1984	南斯拉夫萨拉热窝	2月8～19日	49	1274	1000	274	6	39	联邦德国
15	1988	加拿大卡尔加里	2月13～28日	57	1423	1122	301	6	49	苏联
16	1992	法国阿尔贝维尔	2月8～23日	64	1801	1313	488	6	57	德国
17	1994	挪威利勒哈默尔	2月12～27日	67	1737	1215	522	6	61	俄罗斯
18	1998	日本长野	2月7～22日	72	2177	1350	827	7	68	德国
19	2002	美国盐湖城	2月8～24日	77	2399	1513	886	7	78	挪威
20	2006	意大利都灵	2月10～26日	80	2508	1548	960	7	84	德国
21	2010	加拿大温哥华	2月12～28日	82	2566	1522	1044	7	86	加拿大
22	2014	俄罗斯索契	2月7～23日	88	2873	1714	1159	7	98	俄罗斯
23	2018	韩国平昌	2月9～25日	92	2833	1664	1169	7	102	挪威、德国

资料来源：根据张承华等．中国冬季运动会发展报告2017［M］．北京：社会科学文献出版社，2017：4－5，及网络报道数据整理。

1.1.2 冬奥会演进的逻辑

回顾冬奥会发展历史，不是简单的数据统计，更重要的是分析冬奥会发展背后的演进逻辑，分析在冬奥会发展历史进程中奥林匹克价值理念的传承和发扬，分析各种因素对冬奥会发展的影响。

（1）冬奥会竞赛成绩与气候和自然条件密切相关。冬奥会是冰雪运动的盛会，冰雪运动的开展，尤其是雪上运动受气候和自然条件影响较大，传统的雪上项目强国以欧洲地区国家为主。从历届冬奥会金牌榜首国家看，23届冬奥会中，欧洲国家20次登上榜首，欧美国家基本垄断了金牌榜首位。这些与夏季奥运会有着明显的差异。但这并不代表其他国家就没有机会，冬奥会冰上项目比赛，非欧美国家运动员也曾经多次获得金牌。如果冬奥会冰上与雪上项目设置同等数量的金牌，非欧美国家登上金牌榜首位的可能性也是存在的。比如，亚洲的日本、韩国就都曾举办过冬奥会，2020年北京冬奥会的举办也将会促进冰雪运动在全世界的普及，未来冬奥会比赛将会更加激烈，冬奥会也会越来越精彩，更多的人会像关注夏奥会一样对冬奥会投入热情。

（2）女性冬奥会平等参与权不断发展。男女平等参与奥运会是奥林匹克运动的基本价值理念，冬奥会女性平等参与权的实现也经历了一个发展过程。从历届冬奥会男女运动员数量的变化可以看到，第1届冬奥会女性运动员仅占4.03%，第22届冬奥会女性运动员占比达到41.7%。2010年第21届冬奥会，女性运动员首次突破1000人，占比达到49%，见表1-2。

表1-2　　第1、第21、第22届女性运动员数量及比例

届别	运动员总数（人）	女性运动员数（人）	比例（%）
第1届（1924年）	258	11	4.03
第21届（2010年）	2256	1100	42.9
第22届（2014年）	2780	1159	41.7

从冬奥会项目设置来看，女性冰雪项目也在逐步增加，达到男

女基本平衡。比如，2018 年的韩国平昌第 23 届冬奥会，相对于 2014 年第 21 届冬奥会，出现了两个新的男女混合项目：高山滑雪团体赛和男女混合双人冰壶比赛。非男女混合项目也基本保持了男女平衡，男子项目有 50 个，女子项目有 44 个。

（3）冬奥会发展是多种因素综合作用的结果。作为世界关注的规模最大的冬季综合运动会，冬奥会在一定意义上已经超出了体育的范畴。一是冬奥会的影响力不单单在体育领域，也影响到政治、经济、文化、社会等领域；二是政治、经济、文化、社会的影响力也早已经渗透到了冬奥会，冬奥会与体育之外的各种力量形成了互动格局。比如，在冬奥会的历史上，举办地的变化就受到了各种因素的影响。1948 年第 5 届冬奥会原本应于 1940 年在日本北海道的札幌举办，但由于日本帝国主义在 1937 年发动了全面侵华战争，瑞士的圣莫里茨成为候选城市。又因 1936 年冬奥会上，瑞士奥委会与国际奥委会发生争议，瑞士也宣布放弃承办这届冬奥会。后来因第二次世界大战爆发，接下来的两届奥运会都被迫取消。1948 年，二战结束之后的第一届冬奥会在瑞士的圣莫里茨重新举办，发动第二次世界大战的日本和德国，遭到国际奥委会禁赛处罚。1976 年第 12 届冬奥会的举办权本来被国际奥委会授予了美国丹佛，由于科罗拉多州民众及丹佛的市民反对政府发行公债来筹集冬奥委会举办资金，丹佛在 1972 年 11 月 15 日向国际奥委会提出放弃该届冬奥会的承办权。1973 年 2 月 4 日，国际奥委会决定由奥地利的因斯布鲁克举办。

1.1.3 冬奥会历史上的中国时刻

（1）初次参与冬奥会。1980 年第 13 届冬奥会在美国普莱西德湖举行，中国首次派出 28 名男女运动员，参加了滑冰、滑雪、现代冬季两项三个大项的 18 个单项比赛。1984 年，中国奥委会派出 37

名运动员参加了第 14 届冬奥会的滑冰、滑雪和现代冬季两项的 26 个单项比赛。1988 年，中国运动员李琰在第 15 届冬奥会女子短道速滑表演赛①中获得 1000 米金牌和 500 米、1500 米铜牌，并且两破世界纪录。

（2）冬奥会奖牌"零的突破"。中国在第 16 届冬奥会，即 1992 年法国阿尔贝维尔冬奥会，实现了奖牌"零的突破"，获银牌 3 枚。叶乔波夺得 500 米和 1000 米两项速滑银牌，成为中国第一枚冬奥奖牌获得者。在该届冬奥会上，短道速滑成为冬奥会正式比赛项目，李琰夺取女子 500 米短道速滑银牌，成为中国短道速滑队第一枚冬奥会奖牌获得者。1994 年挪威利勒哈默尔冬奥会，中国选派 27 名运动员（其中女选手 19 名）参加了速滑、短道速滑、花样滑冰、冬季两项和自由滑雪等竞赛。张艳梅获得 500 米短道速滑银牌，叶乔波获得 1000 米速滑铜牌，陈露获得花样滑冰女子单人铜牌。1998 年，中国运动员参加了第 18 届冬奥会滑冰、冰球、滑雪、冬季两项 4 个大项，短道速滑、速滑、女子冰球、花样滑冰、自由式滑雪、冬季两项、越野滑雪等 40 个单项的比赛，获得银牌 6 枚、铜牌 2 枚。

（3）冬奥会金牌"零的突破"。2002 年美国盐湖城冬奥会，中国派出了 72 名运动员参赛。杨扬获得第 19 届冬奥会短道速滑女子 500 米金牌，实现了中国冬奥会金牌"零的突破"。接下来，她与队友又一起获得了女子 3000 米接力的银牌，并在短道速滑女子 1000 米比赛中再夺金牌。申雪和赵宏博在一向为欧美选手垄断的花样滑冰双人滑项目中奋力拼下了 1 枚铜牌。2006 年意大利都灵冬奥会，中国派出 78 名运动员参加了第 20 届冬奥会 3 个大项、9 个分项、47 个小项的比赛，雪上项目参赛人数首次超过冰上项目。花样滑冰世界冠军陈露、中国首枚冬奥会奖牌获得者、短道速滑名将叶乔波

---

① 表演赛即冬奥会表演项目比赛，是指在冬奥会正式比赛项目之外，以能升级为冬奥会正式比赛项目为目的的比赛项目。

等作为中国火炬手赴意大利参加了火炬传递。在该届冬奥会上，韩晓鹏获得男子自由式滑雪空中技巧金牌，王濛获得短道速滑女子500米金牌。2010年加拿大温哥华冬奥会，中国队的战绩是历届冬奥会中最出色的，中国代表团在冬奥会上首次跻身金牌榜十强。李琰指挥的中国短道速滑队包揽了短道女子项目4枚金牌，申雪和赵宏博获得中国首枚花样滑冰冬奥会金牌，这也是亚洲人首枚双人滑冬奥会金牌。2014年俄罗斯索契冬奥会，中国运动员张虹获得了第22届冬奥会速滑女子1000米金牌，周洋、李坚柔分别在短道速滑女子1500米和500米项目中摘金。

（4）全面参与冬奥会。2018年韩国平昌冬奥会，中国体育代表团82名运动员参加5个大项、12个分项、55个小项的比赛，参赛项目为历届冬奥会最多。武大靖获得短道速滑男子500米金牌，刘佳宇获得单板滑雪女子U型场地银牌，隋文静和韩聪获得花样滑冰双人滑比赛银牌，张鑫夺得自由式滑雪女子空中技巧银牌、孔凡钰夺得铜牌，李靳宇获得短道速滑女子1500米银牌，贾宗洋获得自由式滑雪男子空中技巧银牌，高亭宇获得速度滑冰比赛男子500米铜牌，中国队短道速滑比赛男子5000米获得亚军。截至2018年底，中国组建了31支国家集训队，覆盖北京冬奥会全部109个小项，为实现北京冬奥会“全项目参赛”筑牢基础。2019年，中国冰雪项目国家队在国际大赛上获得奖牌69枚，国家队全项目参与北京冬奥会比赛格局已经形成。截至目前，中国运动员已拿到北京冬奥会全部109个小项中102个小项的参赛资格。

1.2 北京冬奥会时刻

2015年7月31日17时57分，国际奥委会第128次全会在吉隆坡举行，投票选出2022年冬奥会举办城市。会议经过85位国际奥委会委员的投票，北京以44－40击败对手阿拉木图，赢得2022年第24届冬季奥林匹克运动会的举办权，开启了北京冬奥会时刻。

1.2.1　北京成为“双奥之城”

2008年北京奥运会的“无与伦比”向世界展示了北京、展示了中国的形象，展示了中国人民对奥林匹克运动的热爱及践行奥林匹克精神的行动。新时代中国经济的腾飞、全民健身及冰雪运动的普及、体育综合实力的提升，进取的中国人民在新的起点上向奥林匹克冬季运动会发出邀请，欢迎冬奥会来到中国。

2013年6月6日，国际奥委会宣布启动2022年第24届冬季奥林匹克运动会的申办程序。2013年11月3日，中国奥委会正式致函国际奥委会，提名北京市为2022年冬奥会的申办城市。2014年1月，经国务院批准，成立2022年冬季奥林匹克运动会申办委员会。2014年3月14日，国际奥委会宣布：中国的北京—张家口、波兰的克拉科夫、挪威的奥斯陆、乌克兰的利沃夫、哈萨克斯坦的阿拉木图五个城市正式申办2022冬奥会。2014年7月7日，国际奥委会在瑞士洛桑宣布完成对2022年冬奥会申办城市的初选，并根据规则选出三个候选城市：中国北京、挪威奥斯陆和哈萨克斯坦阿拉木图。2015年1月，北京冬奥申委和阿拉木图冬奥申委先后向国际奥委会提交2022年冬奥会申办报告。2015年7月31日17时57分，国际奥委会第128次全会在吉隆坡举行，投票选出2022年冬奥会举办城市，北京以44－40击败阿拉木图，赢得2022年第24届冬奥会的举办权。时任北京市市长王安顺，中国奥委会主席、国家体育总局局长刘鹏，张家口市市长侯亮与国际奥委会主席巴赫签订了《冬奥会主办城市合同》。2015年7月31日晚，中国国家主席习近平致信申办冬奥会代表团，祝贺他们申奥成功，并勉励其在全国各族人民大力支持下，把2022年冬奥会办成一届精彩、非凡、卓越的奥运盛会。2017年12月15日20时22分，2022年北京冬奥会会徽“冬梦”和冬残奥会会徽“飞跃”，在国家游泳中心水立方正式亮相，这座北京2008年奥运会和北京2022年冬奥会标志性“双奥”场馆，又一次见证了奥林匹克的历史性时刻，北京成为世界奥林匹克历史上第一座“双奥之城”。

1.2.2　北京冬奥会的中国元素

（1）北京冬奥会会徽。2022年北京冬奥会会徽以汉字“冬”为灵感来源。会徽运用中国书法的艺术形态，将厚重的东方文化底蕴与国际化的现代风格融为一体，呈现出新时代的中国新形象、新梦想，传递出新时代中国为办好北京冬奥会，圆冬奥之梦，实现“3亿人参与冰雪运动”目标，圆体育强国之梦，推动世界冰雪运动发展，为国际奥林匹克运动做出新贡献的不懈努力和美好追求。会徽图形上半部分展现滑冰运动员的造型，下半部分表现滑雪运动员的英姿。中间舞动的线条流畅且充满韵律，代表举办地起伏的山峦、赛场、冰雪滑道和节日飘舞的丝带，为会徽增添了节日喜庆的视觉感受，也象征着北京冬奥会将在中国春节期间举行。会徽以蓝色为主色调，寓意梦想与未来，以及冰雪的明亮纯洁。红黄两色源自中国国旗，代表运动的激情、青春与活力。在“BEIJING 2022”字体的形态上汲取了中国书法与剪纸的特点，增强了字体的文化内涵和表现力，也体现了与会徽图形的整体感和统一性。

（2）北京冬奥会吉祥物。2022年北京冬奥会吉祥物“冰墩墩”和冬残奥会吉祥物“雪容融”连接传统和未来，融合体育与文化，体现继承与创新，是中国传统文化和奥林匹克精神的又一次完美结合。冬奥会吉祥物“冰墩墩”契合熊猫的整体形象，熊猫是世界公认的中国国宝，形象友好可爱、憨态可掬，深受各国人民，尤其是青少年的喜爱，3D 设计的拟人化熊猫，体现了人与自然和谐共生的理念。冰墩墩头部外壳造型取自冰雪运动头盔，装饰彩色光环，其灵感源自北京冬奥会的国家速滑馆——“冰丝带”，流动的明亮色彩线条象征着冰雪运动的赛道和 5G 高科技；左手掌心的心形图案，代表着冬奥会主办城市对全世界朋友的热情欢迎，整体形象酷似航天员，寓意创造非凡、探索未来，体现了追求卓越、引领时代，以及面向未来的无限可能。冬残奥会吉祥物“雪容融”以灯笼为原型进行设计创作。灯笼代表着收获、喜庆、温暖和光明。雪容融头部的如意造型象征吉祥幸福；和平鸽和天坛构成的连续图案，寓意着和平友谊，突出了举办地的特色；装饰图案融入了中国传统剪纸艺术；面部的雪块既代表“瑞雪兆丰年”的寓意，又体现了拟人化的设计，凸显了吉祥物的可爱。灯笼以“中国红”为主色调，渲染了 2022 年中国春节的节日气氛，身体发出光芒，寓意着点亮梦想，温暖世界，代表着友爱、勇气和坚强，体现了冬残奥运动员的拼搏精神和激励世界的冬残奥会理念。

（3）北京冬奥会火炬。北京冬奥会火炬“飞扬”外形极具动感和活力，颜色为银色与红色，象征冰火相约、激情飞扬、照亮冰雪、温暖世界。北京冬残奥会火炬则选用银色与金色，寓意辉煌与梦想，体现“勇气、决心、激励、平等”的残奥价值观，火炬最下方一圈刻有“北京 2022 年冬残奥会”全称的盲文。冬奥会火炬整体外观与 2008 年北京奥运会开幕式主火炬塔形态相呼应，以祥云纹样“打底”，自下而上过渡到剪纸风格的雪花图案，旋转上升，如丝带飘舞。火炬交接时，顶部可以紧密相扣。

（4）北京冬奥会奖牌。北京 2022 年冬奥会奖牌“同心”由圆环加圆心构成牌体，形象来源于中国古代的同心圆玉璧，五环同心，同心归圆，表达了“天地合·人心同”的中华文化内涵，也象征着奥林匹克精神将人们凝聚在一起，冬奥荣光，全球共享。奖牌造型质朴简洁，体现了北京2022年冬奥会“简约、安全、精彩”的办赛要求。冬奥会奖牌与2008年北京奥运会奖牌“金镶玉”相呼应，展现了“双奥之城”的文化传承。奖牌正面中心刻有奥林匹克五环标志，周围刻有北京2022年冬奥会英文全称。圆环做打洼处理，取意传统弦纹玉璧，上面浅刻装饰纹样，均来自中国传统纹样，其中冰雪纹表现冬奥会的特征，祥云纹传达吉祥的寓意。奖牌背面中心刻有北京2022年冬奥会会徽，周围刻有北京2022年冬奥会中文全称（北京2022年第24届冬季奥林匹克运动会）。圆环上刻有24个点及运动弧线，取意古代天文图，象征着浩瀚无垠的星空，人与自然的和谐，也象征着第24届冬奥会上运动员如群星般璀璨。

（5）北京冬奥会核心图形。2022年北京冬奥会和冬残奥会核心图形的设计灵感来源于中国传统的“道法自然、天人合一”思想。核心图形设计借助科技手段，通过计算机生成技术，将北京和张家口赛区的山形及长城形态，与象征文化的《千里江山图》的青绿山水、充满动感与力量的线条、中国书法的韵味、运动员的比赛激情、赛场的滑道和前沿科技相融合，形成具有地域特色和中国风韵的冬季美景。核心图形呈现出新时代人与自然和谐共生、构建人类命运共同体的理念。核心图形对应的色彩系统划分为三个色系，寓意纯洁冰雪、未来与梦想的蓝白色调，体现运动激情、春节节庆氛围的红金色调，代表文化和可持续的青绿色调。

（6）北京冬奥会制服装备。北京冬奥会和冬残奥会制服装备包含服装、鞋品、配件三类，外观设计灵感来源于中国传统山水画与北京冬奥会核心图形的雪山图景，展现了中国传统的“道法自然、天人合一”思想。设计运用具有中国水墨画韵味的笔触、浓厚淡薄的线条、远近虚实的层次，将传统美学和冰雪运动巧妙融合在了一起。在色彩选择上，沉稳的墨色和跃动的霞光红展现了工作人员的实干和热情，中性的长城灰彰显技术官员的客观公正，明亮的天霁蓝展示志愿者的青春活力，纯洁的瑞雪白作为调和色象征着“瑞雪兆丰年”。

1.2.3　交通完善与场馆精美的北京冬奥会

（1）交通完善的北京冬奥会。2022 年北京冬奥会设北京、延庆、张家口三个赛区，赛区之间将提供由航空、高速铁路、高速公路、地方道路等多种交通基础设施组成的立体互补的交通服务。三个奥运村的设置使奥运村至竞赛场地、训练场馆的交通时间最小化，其中北京赛区在 15 分钟之内，延庆赛区在 10 分钟之内，张家口赛区在 5 分钟之内。北京建设了连接北京—延庆—张家口三地的高速铁路和高速公路。铁路方面，北京至张家口城际铁路（京张城际铁路），全线长约 174 千米，主线共设近 10 个车站，设计时速将在每小时 200～350 公里，乘火车从北京北站到延庆场馆约 20 分钟，到张家口场馆为 52. 5 分钟。为方便观众前往崇礼观赛，京张城际铁路的崇礼支线一并建设，崇礼高铁站在崇礼奥运村南侧 1 公里处，步行几分钟即可抵达奥运村及其周边比赛场地。高速公路方面，北京至张家口赛区有京藏高速公路（G6）、京新高速公路（G7）和 110 国道（G110）连接。连接北京城区和延庆间的省道兴延路与延崇路连接，形成冬奥会又一条交通要道。此外，张家口至崇礼有首都环线高速公路（G95）通达。

北京冬奥会还沿用了 2008 年奥运会的交通经验。主要包括：在与奥运需求相关的主要道路上设置奥运专用道、设置奥运专用公交线路和公交场站，为各类冬奥会客户群提供专门的运输保障服务。

此外，已有及新建交通运输项目将体现绿色、环保的可持续发展战略和模式。最新的交通解决方案，按照相关环保标准，缩短奥运场馆到驻地的交通时间，并与冬奥会举办地城市总体发展规划和城市愿景高度契合。

（2）场馆精美的北京冬奥会。奥运场馆一直都是一个城市的金色名片和地标。不论是在筹办奥运会的过程中，还是在赛时以及赛后，这些场馆都成为整个地区或者城市非常重要的文化、体育、国际交往、经济等活动的交汇地。北京冬奥会竞赛场馆分布在 3 个赛区，其中北京赛区有 6 个竞赛场馆，张家口赛区有 4 个竞赛场馆，延庆赛区有 2 个竞赛场馆。此外，还有北京奥运村、北京赛区颁奖广场、延庆奥运村、山地新闻中心等非竞赛场馆 13 个。

北京赛区有国家速滑馆、水立方、国家体育馆、五棵松体育馆、首都体育馆、首钢滑雪大跳台 6 个竞赛场馆，分别举办冰壶、冰球、短道速滑、花样滑冰、滑雪大跳台等比赛。北京冬奥会开幕式和闭幕式都将在鸟巢内举行。奥林匹克公园水立方和鸟巢之间将临时搭建可容纳 1 万人的北京颁奖广场。

延庆赛区拥有国家高山滑雪中心、国家雪车雪橇中心 2 个竞赛场馆。国家高山滑雪中心依托小海坨山天然山型将规划建设 7 条雪道，全长 21 公里，落差约 900 米，赛时将举行滑降、超级大回转、大回转、回转等项目的比赛。国家高山滑雪中心的雪道将是国内最高等级的高山滑雪赛道，也是国内唯一符合冬奥会标准的赛道。国家雪车雪橇中心的赛道采用世界顶尖的赛道设计，全长 1.9 公里，垂直落差 127 米，设置 16 个弯道，最高设计时速 134.4 公里，是国内第一条符合冬奥会标准的雪车雪橇赛道，赛时将举办雪车、钢架雪车、雪橇比赛。

张家口赛区有国家跳台滑雪中心、国家冬季两项中心、国家越野滑雪中心、云顶滑雪公园 4 个竞赛场馆。国家跳台滑雪中心将举办冬季跳台滑雪、北欧两项比赛；国家越野滑雪中心将举办越野滑雪、北欧两项比赛；国家冬季两项中心将举办冬奥会冬季两项、冬残奥会冬季两项和越野滑雪比赛；云顶滑雪公园将举办冬奥会单板滑雪、自由式滑雪和冬残奥会单板滑雪比赛，是北京冬奥会中极具观赏性、重量级的雪上比赛场地。

北京冬奥会场馆设计独具匠心，呈现出中国精美建筑特色。国家速滑馆是由 22 条晶莹的“丝带”状曲面玻璃幕墙环绕，就像是速度滑冰运动员高速滑动时留下的风驰电掣的轨迹，这座场馆又被形象地称为“冰丝带”。国家速滑馆的 3360 块幕墙玻璃只有 2 块的尺寸是一样的，其余 3358 块幕墙玻璃的尺寸都不尽相同，从而让冰丝带的造型更加动感。五棵松冰上运动中心“冰菱花”位于五棵松竞赛馆东南侧，设计灵感来源于雪花图案。外幕墙采用暗藏灯具的设计，实现见光不见灯的效果，让人仿佛置身“冰雪世界”。国家跳台滑雪中心、国家冬季两项中心、国家越野滑雪中心整个步道在冬季将被白雪覆盖，自然地嵌入周边山体，因而被形象地称为“冰玉环”，与被誉为“雪如意”的跳台滑雪中心相呼应，构成“冰玉环、雪如意”的奇佳景象。

1.2.4　赛事项目最多的北京冬奥会

北京冬奥会是奥林匹克冬季运动会历史上赛事项目最多的一届冬奥会。北京冬奥会比赛共设 7 个大项、15 个分项、109 个小项，其中包括新增的 7 个小项，分别是女子单人雪车、短道速滑混合团体接力、跳台滑雪混合团体、自由式滑雪大跳台（男子、女子）、自由式滑雪空中技巧混合团体和单板滑雪障碍追逐混合团体，届时总共将产生 109 枚金牌。冰上项目包括短道速滑、速度滑冰、花样滑冰、俯式冰橇、冰球、冰壶等；雪上项目包括自由式滑雪、冬季两项、越野滑雪、跳台滑雪、北欧两项（越野滑雪、跳台滑雪）、无舵雪橇、有舵雪橇、钢架雪车（俯式冰橇）、单板滑雪、高山滑雪等。北京冬奥会女性运动员的参赛比例进一步提高，参赛运动员的男女比例更趋于平衡。

北京冬奥会将有 19 个比赛日、228 个竞赛单元，2022 年 2 月 2 日开赛，2 月 4 日举行开幕式，2 月 20 日闭幕。冰壶将是最早开赛的项目，在开幕式前两天将举行第一场混合双人循环赛，越野滑雪女子 30 公里集体出发决赛是最后一个结束的比赛项目，在闭幕式当天下午举行。北京冬奥会 15 个分项共组建了 11 个竞赛团队，北京冬奥会和冬残奥会将尽最大可能使用同等水平的国内技术官员，充分体现节俭办赛的要求。

1.3　北京冬奥会期待

北京冬奥会开幕在即，世界的目光再次聚焦新时代的中国，聚焦北京冬奥会，对北京奥运会充满期待，期待竞技场上的精彩，期待中国再次向世界传递奥林匹克运动的精神和理念，传递中国新时代的国家形象，传递中国文化与奥林匹克文化的完美结合。

1.3.1　精彩、非凡、卓越的北京冬奥会

2015 年 7 月 31 日晚，中国国家主席习近平致信申办冬奥会代表团，祝贺他们申奥成功，并勉励其在全国各族人民大力的支持下，把 2022 年冬奥会办成一届精彩、非凡的奥运盛会。2008 北京奥运会，中国以 51 枚金牌居金牌榜首名，是奥运历史上首个登上金牌榜榜首的亚洲国家。2008 年北京奥运会在世界上人口最多的国

家、拥有 4 亿青少年的中国举办，使得奥林匹克理想和精神得到更广泛地普及和发展。

在北京冬奥会倒计时 1 周年时，习近平主席指出，“举办北京冬奥会、冬残奥会来之不易、意义重大，同实现‘两个一百年’奋斗目标高度契合，北京冬奥会是我国重要历史节点的重大标志性活动，是展现国家形象、促进国家发展、振奋民族精神的重要契机。”① 国际奥委会主席托马斯·巴赫说：“在疫情挑战之下，北京冬奥会筹备工作进展得相当顺利，这几乎是一个奇迹”“中国在应对新冠肺炎疫情方面表现出色，国际奥委会对北京冬奥会的成功举办充满信心，我们认为中国已做好了准备，迎接全世界顶尖运动员们参加这一历史性的体育盛会。”“北京将书写历史，成为有史以来第一座既举办过夏季奥运会又举办过冬季奥运会的城市。”2022 年北京冬奥会将把中国人民与世界联系起来，实现让 3 亿人参与冰雪运动的愿景，永远改变冬季运动历史。当中国迎接最优秀的冬季运动员之时，全世界将看到中国的激情。习近平主席在致中央广播电视总台央视奥林匹克频道及其数字平台开播的贺信中强调，要精彩呈现中国和世界各国冰雪健儿自强不息、超越自我的拼搏历程，深入阐释绿色、共享、开放、廉洁的办奥理念，全面展示北京冬奥会、冬残奥会精彩、非凡、卓越的奥林匹克新篇章②。

1.3.2　科技、生态的北京冬奥会

（1）北京冬奥会是科技含量最高的一届冬奥会。北京冬奥会期

---

① 新华社．读懂总书记考察冬奥的几层深意［EB/OL］.（2021－01－18）. http：//www. xinhuanet. com/politics/leaders/2021－01/18/c_1126996983. htm.

② 央视网．习近平主席致中央广播电视总台央视奥林匹克频道及其数字平台开播上线的贺信［EB/OL］.（2021－10－25）. https：//news. cctv. com/2021/10/25/ARTIlB9PE7qaUwJj4eMwrwFZ211025. shtml.

间，北京、张家口两地3个赛区所有场馆及连接场馆的道路实现第五代移动通信技术（5G）全覆盖，冬奥气象预测系统实现“百米级、分钟级”精准气象预报，云转播技术赛时与奥林匹克广播服务公司（OBS）合作，在“云顶滑雪场坡面障碍技巧”项目上提供制作“子弹时间”效果。中国联通借助5G、人工智能等技术打造了冬奥智慧应用平台，丰富智慧场馆应用场景。智慧场馆将信息化、智能化和数字化融为一体，贯穿“科技冬奥”理念。“科技冬奥”228项技术陆续在测试赛、运动员训练及冬奥会相关筹备工作中测试应用，北京冬奥会将成为科技含量最高的一届冬奥会。

（2）北京冬奥会是百年奥运历史上第一次全部使用绿色清洁电力的奥运会。北京冬奥会冰上场馆采用环保先进的制冷技术，雪上场馆传承自然山林理念，所有建筑均达到绿色建筑标准，所有场馆均使用绿色能源。北京冬奥会场馆在多个方面成为冬奥会历史上的首次，如一些场馆使用的二氧化碳跨临界直接制冷系统是目前世界上最先进、最环保，也是最节能的制冷技术。到2020年底，北京冬奥会所有场馆实现100%绿电供应，北京冬奥会也将成为百年奥运历史上第一次全部使用绿色清洁电力的奥运会。延庆赛区总体规划设计围绕“山林场馆，生态冬奥”，即“山林掩映中的场馆群+绿色生态可持续冬奥”的理念展开，通过建筑设计、景观设计和赛道设计的联合创新，打造具有里程碑意义的赛事场馆，最大程度丰富运动员的参赛体验、提升观众的观赛感受，最大限度减少工程建设对既有自然环境的扰动，建筑景观与自然有机结合，在满足精彩奥运赛事要求的基础上，建设一个融于自然山林中的绿色冬奥赛区。延庆赛区场馆设计注重奥运遗产的长期良性利用和运营，延续并保持延庆所拥有的独特的地质遗迹、历史人文和生态环境资源，成为“体育与人文、自然共融”的冬奥会场馆典范。

1.3.3　共享开放的北京冬奥会

北京冬奥会"绿色、共享、开放、廉洁"的办奥理念完全契合了奥运会的改革理念，被国际奥委会赞许为"奥运新标杆"。中国再一次为奥运会贡献了先进的理念和力量，为世界再次贡献出了创新的"中国方案"。习近平总书记指出："通过筹办北京冬奥会带动各方面建设，努力交出冬奥会筹办和本地发展两份优异答卷，北京冬奥会成果要惠及于民。"① 比如，服务冬奥的京张高铁、京礼高速等城际交通网络构建起"一小时生活圈"，为区域高质量发展插上了腾飞之翼；延庆将场馆建设与生态环保共绘一张蓝图，"最美冬奥城"初露芳容。截至 2019 年底，北京冬奥会张家口赛区的崇礼已建成的滑雪场吸引当地就业人员近 2000 人，占全部员工人数的 90% 以上，已建成的星级酒店提供就业岗位 1622 个。如今崇礼已是驰名中外的"滑雪小镇"，每 4 个当地人中就有 1 个人吃上了"冰雪饭"，"冰天雪地也是金山银山"有了真实的映照②。

借助北京冬奥会的东风，京津冀"冰雪经济"逐渐升温，促进了雪场建设、雪具销售、冰雪培训等冰雪产业链实现整体发展。全国滑冰场馆数量从 2015 年的 157 家扩容至 2019 年的 876 家；滑雪场总数从 2015 年的 568 座增加到 2019 年的 644 座③。北京冬奥会催发我国许多冰雪项目从无到有、从弱到强，冰雪运动"南展西进东扩"步伐加快。冰天雪地汇聚人山人海，一颗颗冰雪运动的种子，正在华夏大地上生根发芽，冰雪运动在中国这片美丽的土地上绽放出最绚丽的色彩，"带动 3 亿人参与冰雪运动"从愿景逐步走向现

---

① 央视新闻．冬奥筹办、国之大事 [EB/OL]．(2021 - 01 - 19)．https：//baijiahao.baidu.com/s? id = 1689281557080734347&wfr = spider&for = pc.

② 北京 2020 冬奥会和冬残奥会遗产进展报告 2020（内部资料），第 98 页．

③ 北京 2020 冬奥会和冬残奥会遗产进展报告 2020（内部资料），第 4 页．

实。如今，冰雪运动已经跨越南北贯穿四季，成为中国人的体育娱乐新时尚。据中国旅游研究院数据，2018～2019年雪季我国冰雪旅游人数达2.24亿人次，《中国冰雪旅游发展报告2020》数据显示，我国每年参与冰雪旅游的人数不断增长，61.5%的人有参与冰雪旅游的经历。一场全民瞩目的冬奥赛事，让人们对冰雪运动从陌生到亲近，搭建了从“运动”通往“健康”的桥梁。一场冰雪之约，它将实现美好愿景达成的最大公约数，为世界充分展现一个人民富裕程度普遍提高、生活质量明显改善、生态环境良好的中国。

1.3.4 中国文化展示的北京冬奥会

北京冬奥会也是世界文化交融的盛会，可以促进不同文化之间的交流理解，在奥林匹克文化旗帜下，实现文化共融，同时也是向世界传播中国文化的大舞台。北京冬奥会文化展示将围绕京津冀协同发展战略和北京城市功能定位，将奥林匹克文化、冰雪文化与各地区特色文化相融合，创新文化活动举办方式，充分依托各地区、各部门开展的经常性活动和宣传推广平台，组织形式多样、生动活泼的冬奥主题城市文化活动，讲好中国故事，传播好中国声音。

北京冬奥会举办地将全面开展冬奥主题城市文化活动。除奥林匹克场馆以外，在各城市举办面向公众的奥林匹克主题文化活动，宣传推广北京冬奥会和冰雪运动、营造冬奥社会氛围、展示城市文化特色和旅游资源。比如，春节主题文化活动要重点围绕中华民族传统节日，在春节、元宵节文化活动中融入冬奥主题，举办冬奥、冬残奥主题庙会、灯会、非遗展示、体育健身和中外美食体验等活动，集中展现春节喜庆团圆、欢乐吉祥、热情好客的“中国年”的节庆文化和民俗文化魅力。长城主题文化活动是以长城为纽带，深入挖掘京张沿线文化旅游和文博资源，设计开发长城文化冬奥主题特许商品，积极弘扬长城文化精神内涵。举办“北京长城文化节”活动，融入冬奥主题元素，加强对北京冬奥会的宣传。在八达岭、居庸关、古北口、山海关等著名长城景区设立冬奥文化宣传和冰雪运动展示体验区。冬奥会举办地积极开展以冬奥为主题的冰雪文化旅游节、体育文化节、冰雪季等文化体育活动，以冰雪运动微电影、短视频、小游戏、微动画和表情包等创新形式做好群众性冰雪文化活动网络推广工作，让人民群众充分享受举办冬奥会的激情与欢乐。

1.4　北京冬奥会精彩

2022 年 2 月 4 日至 2 月 20 日，北京冬奥会在北京、延庆、张家口三个赛区成功举办。在“一起向未来”的北京冬奥会主题口号引领下，北京冬奥会为世界奉献了一场精彩完美的开幕式、闭幕式及赛事活动，北京正式成为全球首个‘双奥之城’。国际奥委会主席巴赫称赞北京冬奥会创造了历史，为奥运留下了一套全新的标准，开启了全球冰雪运动新篇章。中国队以 9 金 4 银 2 铜位列奖牌榜第三的赛会成绩，创造了冬奥会历史上新的纪录。北京冬奥会精彩纷呈，开幕式、闭幕式对中华文化精神与奥林匹克精神融合的完美诠释将永远刻在世界人民对冬奥会的美好记忆中，北京冬奥会遗产将不断惠及人民、持续呈现北京冬奥会的精彩。

1.4.1　开幕式：北京冬奥会精彩开启

2022 年 2 月 4 日晚，北京第二十四届冬季奥林匹克运动会开幕式在国家体育场隆重举行。中国国家主席习近平出席开幕式并宣布本届冬奥会开幕，国际奥委会主席巴赫，以及来自世界各地的领导人和贵宾出席开幕式。夜幕下的国家体育场华灯璀璨、美轮美奂，这座以鸟巢造型闻名于世的建筑，创造了历史，成为世界上首座举办过冬奥会和夏奥会“双奥”开幕式的体育场馆。中华文明与奥林匹克运动再度携手，奏响全人类团结、和平、友谊的华美乐章。

中国的春之美。2 月 4 日恰逢中国农历二十四节气中的第一个节气“立春”。此时的国家体育场内，伴随着欢快的音乐，来自北京、河北两地的群众来到场内，以质朴而火热的广场舞表演笑迎八方宾朋。场地上巨大的“福”字，营造出中国年的喜庆氛围。大屏幕上来自河北张家口、黑龙江哈尔滨、江苏南京等 10 座城市的群众，向世界展现了中国“三亿人参与冰雪运动”的热忱和激情。联合国秘书长古特雷斯发表了视频致辞，场内、场外，中国、世界，共同唱响“一起向未来”的冰雪欢歌，体育场中央上万平方米冰雪晶莹的巨幅地屏上出现“过年好”的中英文字样。开幕式倒计时表演在中国传统历法的时光轮转中开篇，大屏幕上依次闪现二十四节气，全场观众随着数字变换齐声呼喊。在一片欢呼声中，体育场中央地屏上，一轮明月升起，翩翩彩蝶飞舞，蒲公英种子飞向空中，绚丽的焰火点亮鸟巢上空，绽放出“立春”的中英文造型，在冬日传递着春的消息。

“世界大同，天下一家”主题之美。伴着《我和我的祖国》的悠扬旋律，五星红旗冉冉升起，迎风飘扬。一滴冰蓝色的水墨沿着巨幅竖屏从天而降，幻化为黄河之水，一泻千里，翻腾的浪涛凝结为一片冰雪天地，形成一座巨型冰立方。过往 23 届冬奥举办城市随着 24 道“激光刻刀”的雕琢，最终定格为“2022 中国北京”。6 名冰球运动员“滑”入场内，带动“激光刻刀”的激烈雕琢，最终将冰立方塑造成晶莹剔透的冰雪五环。一扇冰雪雕刻的“中国门”打开，来自奥林匹克运动发源地的希腊代表团首先入场。伴随着19首世界名曲串接组成的背景音乐，运动员们步入体育场，各代表团引导员高举雪花造型引导牌聚合在一起，共同构成一朵“大雪花”，大屏幕播放短片《更强更团结》，将开幕式“世界大同，天下一家”的主题表现得淋漓尽致。

中国好客之美。北京冬奥组委主席蔡奇致辞，“正值中国农历虎年新春之际，来自世界各地的运动员、教练员和嘉宾相聚北京，共享冬奥盛会，见证北京成为全球首个‘双奥之城’，见证中国为奥林匹克运动续写新的传奇。”国际奥委会主席巴赫致辞，“中国在冬季运动方面取得的非凡成就，开启了全球冬季运动的新时代，将使全球冬季运动参与度登上新台阶”。21时51分，中国国家主席习近平宣布：北京第二十四届冬季奥林匹克运动会开幕！全场沸腾，璀璨的焰火腾空而起，在空中呈现“迎客松”的造型，表达对全世界来宾的欢迎。

文化融合之美。来自世界各地的76名年轻人并肩而行走进体育场。一幅展现世界各国人民休戚与共、共克疫情、为梦想激情拼搏的照片长卷徐徐展开，如同一条影像的长河静静流淌。长河两侧寓意团结和吉祥的中国结图案，渐渐幻化为“一起向未来”的中英文字样，表达携手同行、共创未来的美好期许。在歌曲《想象》静谧的歌声里，24名身着红色运动服的滑冰运动员以矫健的身姿滑过冰面，轨迹上呈现出奥林匹克新格言：“更快、更高、更强——更团结”，展现全人类的共同梦想。空中模拟高台跳雪的发光人形，飞过冰雪五环，竖屏影像上展现出多个项目的冰雪运动，共同呈现冰雪运动之美。44名来自河北阜平山区的孩子用希腊语唱响奥林匹克会歌，奥林匹克会旗缓缓升起，同五星红旗一道高高飘扬。《未来的冠军》的短片展现蹒跚学步的小萌娃们成为冰雪运动的爱好者，虽然一次次跌倒、爬起，却始终欢笑着面对挫折。此时体育场内，天真可爱的孩子们手持闪闪发光“白鸽”自由欢愉地奔跑，从四面八方汇聚到体育场正中，组成一个心形环绕在那片“大雪花”周围。取自奥林匹亚奥运火种的北京冬奥会火炬传递经奥林匹克森林公园、颐和园、八达岭长城、大运河森林公园……抵达国家体育场。奥运之火穿越古老与现代、连接历史和未来，向世界展示厚重而又充满创新活力的中华文明。万众瞩目下，两名火炬手跑向“白鸽”环绕的“大雪花”，将火炬嵌入“大雪花”中央，形成由所有代表团雪花造型引导牌组成的主火炬，绚烂焰火腾空而起，整座体育场顿时化为欢乐的海洋。今夜，北京拥抱世界，世界瞩目北京。

中国文化韵味。北京冬奥会开幕式以二十四节气倒计时开始，传递出独特的文化韵味。二十四节气是中国古代先民智慧结晶，也是宝贵的人类非物质文化遗产，体现了尊重自然、顺天应时的理念。一滴冰蓝色水墨从天而降，幻化为波涛奔涌的黄河，演绎了“黄河之水天上来”的豪迈诗情。绽放于鸟巢上空的“迎客松”、迎接运动员入场的“冰雕中式门窗”、融橄榄枝与中国结为一体的“大雪花”……一个个匠心独运的设计，尽显中国人的热情、自信与开放。

1.4.2 闭幕式：北京冬奥会完美收官

2022 年 2 月 20 日晚，北京冬奥会闭幕式在国家体育场举行。中国国家主席习近平、国际奥委会主席巴赫出席闭幕式。北京冬奥会闭幕式以国际奥委会规定的仪式和环节为主，延续了开幕式的简约风格，通过仪式与表演的有机融合，呈现中国式浪漫和“双奥”情怀。

欢乐、缅怀。北京冬奥会闭幕式上，运动员们在《欢乐颂》欢快的旋律中“花式入场”，营造出全世界运动员欢聚在一起的嘉年华氛围。“雪花花灯”在“鸟巢”中央流动，中国民间虎头鞋造型的12辆车子仿若十二生肖冰鞋，以车轮痕迹组成了巨大的中国结轮廓，无数条红丝带从四面八方飞入鸟巢，将场内悬挂的雪花火炬台装点成为一个巨大的红色中国结，车身上的生肖头像与地面的中国结相映成趣，再次巧妙地向全球观众展现了中国文化的浪漫与趣味。“缅怀时刻”是奥运会闭幕式上的固定环节，北京冬奥会闭幕式选择了“折柳”这一极具中国特色的方式演绎，80名舞者在地屏冰面上，人屏互动走出一幅“垂柳图”。

拼搏、传递。大屏幕播放短片《2022，有我!》再现运动员们奋勇拼搏、激情飞扬的精彩瞬间，一张张志愿者真诚的笑脸也在大屏幕上不断呈现。大屏幕播放国际奥委会短片《信念的力量》，生动展现了“更快、更高、更强、更团结”的奥林匹克精神。来自河北阜平山区的孩子们再一次唱响奥林匹克会歌，奥林匹克会旗在歌声中徐徐降下。奥林匹克会旗交接仪式上现场奏响意大利国歌，升起意大利国旗，意大利米兰市和科尔蒂纳丹佩佐市带来了精彩的文艺表演《双城璧合·聚力联辉》。

动情、圆满。在3分钟时长的短片《再见！一起向未来!》结束后，主火炬“大雪花”从空中缓缓落下，奥运之火熄灭，梦幻五环缓缓升起。北京奥运会主题曲《我和你》在鸟巢响起，五环以与2008年北京奥运会完全相同的方式升起，与大雪花火炬交错落下，以此“双奥瞬间”致敬“双奥之城”，一幅时空交错的画面让人动情。伴随主题歌《雪花》的温暖歌声，空中出现一个巨大的焰火光环，象征“世界大同，天下一家”的主题表达和“更团结”的奥林匹克精神，为北京冬奥会画上一个成功圆满的句号。

记忆、回味。北京冬奥会胜利闭幕了，留给世界数不尽的美好记忆和无穷回味。北京冬奥会向世界生动展示了博大精深的中华文明，展开了一幅幅中华文化与奥林匹克精神交相辉映的美丽画卷。

“折柳送别”的动人场景，表现了中国式的浪漫情怀。初春的柳枝，柔嫩而富有朝气，意味着生命、希望和成长。在中国古代，柳树是寄托思念之树，折柳是送别的重要仪式。冬奥会闭幕之际，通过折柳的形式，传达了与各国友人依依惜别的深情厚谊，体现了温厚悠长的东方文化之美。

1.4.3 冬奥遗产：北京冬奥会精彩持续

国际奥委会高度重视奥运遗产保护、开放、利用，北京冬奥组委做出了积极回应。2015 年，国际奥委会发布了《奥运会遗产指南》《奥运会可持续发展指南》。2017 年，国际奥委会发布了《国际奥委会可持续发展战略》和《勇往直前：遗产战略方针》。北京冬奥会组委会相继发布了《北京 2022 年冬奥会和冬残奥会可持续性计划》《北京 2022 年冬奥会和冬残奥会遗产战略计划》《北京 2022 年冬奥会和冬残奥会遗产报告（2020）》等政策文件。2022 年 1 月，北京冬奥组委发布的《北京 2022 年冬奥会和冬残奥会遗产案例报告集（2022）》收录了体育、经济、社会、文化、环境、城市和区域发展 7 个方面的 44 个典型遗产案例，总结提炼了冰雪运动普及发展、冬奥场馆、科技创新、环境保护、城市更新、区域协同、文化传播、奥林匹克教育、志愿服务、包容性社会建设等多方面的亮点成果。国际奥委会主席巴赫由衷赞叹：“这是一届真正无与伦比的冬奥会”，“双奥之城”创造了双重的无与伦比，在人类文明史上写下浓墨重彩的一笔，留下丰厚的奥运遗产。北京作为世界上第一个“双奥之城”，冬奥遗产成为城市的宝贵财富。用好北京冬奥会遗产，北京冬奥遗产精彩持续。

冬奥场馆成为赛事举办、全民健身基地。在河北张家口的古杨树场馆群，国家跳台滑雪中心“雪如意”矗立山林之间，尽显东方神韵、中国气派，“雪如意”火遍海内外。冬奥会后“雪如意”“冰玉环”成为专业赛事、会展节演、研学培训一体的体育综合体，精彩纷呈的赛事活动、满足不同消费者户外运动、冰雪体验等多样化需求。首钢园作为一个独具匠心的比赛场馆，首钢滑雪大跳台作为世界上第一个永久保留的滑雪大跳台，持续承办国内外大跳台项目体育比赛，成为专业运动员和运动队的训练场地、青少年后备人才选拔基地，直接服务冰雪运动发展。国家速滑馆“冰丝带”满足多项冰上运动需求，实现3000人同时上冰，为专业运动员、普通运动爱好者和青少年培训提供场地。冬奥会“水立方”变“冰立方”，五棵松体育馆从篮球馆变冰球馆，场馆得到了再次利用。带动三亿人参与冰雪运动，让更多民众参与冰雪运动，北京冬奥会遗产将不断惠及人民。

冬奥遗产带动文旅产业发展。北京冬奥会结束后，有“雪飞天”之称的首钢滑雪大跳台将被永久性保留和使用。这个由工业遗存改造而来的园区，成为北京奥运主题旅游线路的重要一站，继“鸟巢”“水立方”之后，“雪飞天”成为“双奥之城”北京的奥运新地标。冬奥会的举办让河北张家口从一个默默无闻的城市一跃出现在国际视野中，京张体育文化旅游带的建设激活了张家口的自然和人文旅游资源，张家口崇礼奥林匹克公园成为京张体育文化旅游带上的“璀璨明珠”，“雪如意”“冰玉环”等冬奥遗产成为备受游客欢迎的张家口旅游新地标。拥有“最美赛区”之称的北京延庆奥林匹克园区建筑零星地散落于海陀山脊，隐匿在山林间，与自然十分和谐。延庆将自然资源、文化资源、旅游资源通过冰雪运动聚集起来，实现冰雪互动、雪景互动、四季互动，全力打造国家级滑雪旅游度假地，结合春、夏、秋三季度的山顶观景、滑草、山地自行车、攀岩、徒步、露营等丰富多彩的活动，北京延庆奥林匹克园区成为北京旅游新兴热门打卡地。

让奥运文化、冰雪文化深入人心是冬奥会的重要成果之一。“雪游龙”“雪飞天”“雪如意”等承载着中国元素的冬奥场馆，见证了中国文化走向世界；冰雪那达慕、冰灯游园会、冬季渔猎、毛皮板滑雪、冰嬉等传统冰雪项目借北京冬奥会发展成为一种具有市场规模的文化产品。冬奥标识、冬奥歌曲、影视作品，以及爆火的吉祥物文创产品，成了有影响力的冬奥文化产品。音乐作品《燃烧的雪花》、纪录片作品《冰雪道路》、冰上舞剧《踏冰逐梦》等将中国传统文化、奥林匹克文化、冰雪文化创造性融合，向世界讲述中国与奥运的故事情缘。

冬奥遗产拓展城市文化休闲空间。冬奥会后，延庆赛区冬奥城市文化广场火炬台“大雪花”作为奥运遗产被永久保留在广场中。这座名为“长城之光”的火炬台吸引大量市民和游客前来参观，看比赛、冬奥知识展览、赏文艺演出、体验冰雪运动。冬奥文化广场、冬奥社区、冰雪博物馆……一系列公共文化设施拓展了城市的休闲娱乐空间，成为城市的文化名片。冬奥社区里，健身广场、健身步道上锻炼的群众来往不绝，运动爱好者们自发组建的轮滑队、晨跑队带动了社区的体育文化氛围，北京、延庆、张家口崇礼三个奥林匹克公园已经成为全民体育文化休闲胜地。

冬奥遗产成为造福人民优质资产。丢掉放羊鞭，拿起滑雪板，乘着北京冬奥会的东风，延庆区张山营镇的 18 名农民组建了第一支农民滑雪队。得益于北京冬奥遗产开发利用，冬奥带动效应持续释放，创造了新的就业机会。队员们或是走进雪场，成为滑雪教练；或是发挥制冰技能，为雪场提供保障服务；“冰雪热”还在延续，越来越多人端上了“雪饭碗”。2022 年 4 月 29 日，延庆奥林匹克园区正式对公众开放，“雪飞燕”“雪游龙”迎接八方来客，冬奥智能床、运动员同款美食再度上线，延庆赛区冬奥遗产焕发新活力。首钢滑雪大跳台广场区域特别设置的“氛围照明”系统，给观众带来与传统赛事完全不同的观赛体验，赛后成为新车发布会、音乐节、啤酒节、灯光秀等首发首秀活动基地。首钢园自营的“冰雪汇”成为市民游客玩雪的新去处，北京冬奥会遗产成为造福人民的优质资产。

第2章

多棱镜的冬奥会

在普通人眼里，奥运会（夏奥会、冬奥会）是规模最大的世界性体育盛会，带给了人们激情与欢乐。奥运会已走过百年历史，人们在经历过程中保持了集体记忆，也对未来充满期待。奥运会的研究者们来自不同学科领域，从不同视角对奥运会进行认知和评价，形成了丰富多彩的观点，拓展了人们对奥运会的认知，丰富了奥运会研究内容。冬奥会研究涉及许多研究主题，其中，冬奥会与经济、冬奥会与社会之间的关系，引发主流学科领域学者关注。从历史研究视角系统阐述这些问题，不仅仅是简单地梳理冬奥会的发展历史，更重要的是对过去冬奥会深入认知的总结。这主要是通过对学者现有的冬奥会研究成果进行分析评述，发现在冬奥会研究领域有价值的研究文献，在多个棱镜下透视冬奥会。冬奥会与夏奥会同属于奥林匹克运动盛会，透视冬奥会与经济、社会之间的关系应统摄于整个奥运会领域，因为它们在本质上是相同的。从经济学、社会学等多学科的理论视野全面透视奥运会的结论同样适用于对冬奥会全方位的认知。

2.1　冬奥会与经济

1984 年，洛杉矶奥运会实现赛事经济正向效应，奥运会的经济价值被政府、公众、学者关注。在一定意义上讲，奥运会，尤其是夏季奥运会申办出现激烈竞争，奥运会的经济价值是各个申办城市考虑的主要因素。申办城市对取得奥运会主办权之后筹办、举办奥运会过程，乃至奥运会之后的经济效应抱有明显期望，由此也就在学界产生了"奥运经济"的概念。奥运会对主办城市经济发展的影响有一定规律可循：举办奥运会会吸引大量投资，这些投资会被用于奥运场馆的新建或改建，还将改善城市交通等基础设施和环境；举办奥运会可以显著提升主办城市知名度；在奥运会大力度投资与宣传的基础上，相关产业将得到极大发展。

冬奥会与经济关系实际就是奥运经济。德国学者豪格·普鲁斯在其著作《奥运经济学》中提出，在申办奥运会时，人们首先考虑是经济利益和政治利益。1972 年德国慕尼黑奥运会后，"奥运商机"成为人们争论的话题。1996 年的亚特兰大奥运会被戏称为"可口可乐运动会""世纪大卖场"。竞办国际大型体育赛事通常被定义为能够振兴国内经济的产业经济学叙事，能够吸引国外资本投入、刺激国内资本流向资源不足的地区或者是弱势倾斜、打造并提升城市、国家的国际形象、扩大税收并创造新的就业机会①。

---

① 斯卡利特·科内里森 . 2010 年南非世界杯的政治社会学遗产［J］. 易剑东，任慧涛，译 . 体育与科学，2014（2）：1－8.

2.1.1 奥运经济

奥运会经济影响的研究，尤其是20世纪80年代之后，多数为赛事前研究。研究者对举办奥运会会带来强劲经济增长（收入增长或就业岗位增加）持较为乐观态度，进而论证申办奥运会的合理性。学者们基于实际数据的赛事后研究却相对较少，对赛事后研究对奥运会举办带来强劲经济增长（收入增长或就业提升）持审慎态度。对“奥运经济”的研究，学者们关注的问题主要集中在：举办奥运会对城市形象、投资环境的改善，吸引国际投资；通过改善基础设施的投入拉动经济增长；通过奥运会遗产开发利用，发展旅游和全民健身，刺激体育消费，从而促进经济增长。

（1）“奥运经济”的时间持续较长。因为“如今奥运会的影响早在会前11年便开始了，并一直延伸至会后数年”。“后奥运经济”的影响在很大程度上取决于奥运遗产，如1928年和1948年在瑞士圣莫里茨举办的冬奥会，其影响力延续到76年和56年之后，该城市一直在受益。[①] 奥运经济存在一定的不均衡性，奥运会对第三产业的影响明显大于对第一、第二产业的影响，奥运会对旅游业、建筑业及体育相关行业的影响明显较强，而对其他行业影响较弱。奥运会对经济的影响存在显著的瞬时效应，与奥运会相关的建筑活动集中发生在奥运会举办前三年，主办城市的建筑业在这一时期获得显著增长，但在奥运会举办当年即告结束。而与奥运会相关的旅游业、体育产业等会在奥运会举办当年获得显著增长，而在奥运会后出现回落现象。

（2）“奥运经济”的“挤出效应”。一般而言，如果奥运会举办

---

① 豪格·普鲁斯．奥运经济学［M］．黄文卉，编译．北京：北京体育大学出版社，2008：30.

城市经济增长处于上升期，很可能发生“挤出效应”；如果后奥运时期经济增长处于衰退期，偿还奥运会债务会进一步弱化举办城市的经济。如果出现相反的情况，举办奥运会就是聪明之举，因为奥运会“顶点冲刺”会提高当地的经济水平。奥运会的举办会使相关活动大幅增加，在短期内占用大量资源，从而对主办城市的日常经济活动造成“挤出效应”。如在奥运会期间，前来观赛的国际游客增多，占用大量住宿设施，会使很多普通游客望而却步。而游客结构的变化会进一步造成各类旅游设施的不均衡发展，导致高端酒店对低端酒店的“挤出效应”。又如，对一些以制造业为主要产业的城市而言，举办奥运会对城市环境的要求往往会限制制造业发展，可能造成其停滞甚至下滑。“奥运经济”的“挤出效应”还表现在，举办城市因为大量兴建与奥运会有关的设施，在资金有限的情况下，可能会“挤占”本应投入民生工程的资金投入。北京冬奥会提出的“奥运也是民生”的办奥理念在一定程度上是对这种“挤占”效应的纠偏，政府在冬奥会场馆的规划建设过程中充分考虑了举办地民生的需求。

（3）北京奥运会的“北京奥运经济”。国家统计局北京调查总队、北京市统计局国民经济核算处提供的报告显示，北京奥运会在2005～2008年的“奥运投入期”内，北京市GDP的年均增长速度将达到11.8%，较“十五”期间提高0.8个百分点，其中2007年受奥运影响GDP的拉动幅度增长最大，达到1.14%，2008年为0.85%。2004～2008年，奥运因素共拉动北京GDP增加1055亿元。据北京统计局统计，2001～2008年奥运周期期间，到北京旅游的国外和国内游客达2664.7万人次和9727.8万人次，创造的经济收入分别为278.2亿美元和1011.2亿美元，这与奥运会的举办有很大的关系，游客来到北京，旅游之余可以参与奥运，感受奥运和北京精神[①]。

① 王开永，等．奥运经济乘积效应对举办国经济增长的研究［J］．广州体育学院学报，2017（5）．

（4）伦敦奥运会“奥运经济”。2012 年伦敦奥运会开始前，有媒体曾根据“调研”预测了各国的金牌数量，预测结果与现实相比，无论是金牌数，还是总奖牌数量都非常准确。至此，一项纯粹的体育盛会，已经毫无保留地被纳入了经济学范畴。根据伊普索·莫利 2012 年的“行业领袖”调查，英国 103 位顶级企业的董事会主席、首席执行官以及高管中，高达 91% 的人认为伦敦奥运会提升了英国的国际地位。根据英国研究机构 SQW 的报告，2012 年伦敦奥运会期间，国内外游客的消费等经济活动，推动大约 12 亿英镑的经济增长，其中伦敦约占经济增长的 41% ~43%，南部地区占 20%①。曾有专家指出，奥运作为经济社会的衍生物，其金牌数量可以根据四个经济学关键变量准确地预测：人口、人均 GDP、上届表现、主场优势；而训练体制、训练设备等其他因素并没有太大影响。

（5）东京奥运会经济效应。2013 年 9 月，日本东京意外赢得了 2020 年奥运会的主办权。日本上下对此寄予厚望，希望这是一届“复兴的奥运”和改变国运的奥运会。因为 1964 年的东京奥运会推动了二战后日本的复兴和重建，实现了其经济的腾飞。统计数据显示，1964 ~1973 年，日本 GDP 年增长率都超过了 10%，经济总量一举超过了德国，成为当时的世界第二大经济体。

新冠肺炎疫情的暴发对 2020 年东京奥运会产生了前所未有的重大影响。从产业角度看，疫情对第三产业的打击最大，同样会对与第三产业密切相关的奥运会形成巨大冲击，严格的防疫政策也会严重削弱奥运会对经济增长的推动作用。2020 年东京奥运会并没有像 1964 年的东京奥运会那样，让日本实现长时间的经济腾飞。由于空场举行和对入境游客的限制，东京奥运会的经济效应肯定会受到巨大的影响。

---

① 王家强，何阳．伦敦奥运会的经济影响评估与建议［J］．伦敦金融，2012，27（11）．

2.1.2　后奥运经济

后奥运经济指的是奥运会结束后仍然会对举办国的经济有着重大的影响。经济学家普遍认为奥运会带动了基础建设、金融服务、通信网络和旅游接待行业的发展，能够为举办地的现代化带来长期的好处。对于后奥运经济效应应该有客观理性的估计。一般而言，后奥运经济初期，经济效应并不明显，奥运场馆的经济效应可能会出现低谷，但从整个奥运周期看，其影响力还是逐渐显现出来。比如北京奥运会之后的初期，后奥运经济不如学者们预期的那样乐观。因北京经济占中国 GDP 总量的比重很小，因此北京奥运会对中国经济的抬升作用不像另外一些国家那样明显，同样“后奥运经济”的冲击力也非常有限。比如，顺义的奥林匹克水上公园，其 4A 级景区资格已被北京市旅游委取消①。从长期看，北京奥运会的后奥运经济效应不断凸显。2014 年，北京奥林匹克公园区域有 5000 万人进入，鸟巢和水立方全年 85% 的时间都在被利用，这种利用率在世界上都是罕见的②。如今的五棵松体育馆依然成为具有区域巨大影响力的篮球运动胜地。伦敦奥运会后的 2013 ~ 2015 年，由于体育基础设施和旅游等行业经济活动的乘积效应，以伦敦为增长主体，将产生约 41 亿 ~ 49 亿英镑的产出增长。2005 ~ 2017 年的 12 年间，伦敦奥运会将会带来总计 165 亿英镑的 GDP 贡献③。

从其他奥运会举办地奥运场馆充分利用情况来看问题也不少。2000 悉尼奥运会主体育场和奥运村至少 5 年以后才会得到比较充分

---

① 沈念祖 .“水立方”们：四年未解的营利难题 [N]. 经济观察报，2012 - 07 - 28.

② 易剑东 . 2022 北京冬奥会：改革 · 转型 · 引领 [J]. 体育与科学，2015 (5)：1 - 9.

③ 王家强，何阳 . 伦敦奥运会的经济影响评估与建议 [J]. 伦敦金融，2012，27 (11).

的利用，奥运会后2～3年大部分被闲置。2017年8月6日，中央电视台财经频道报道，2016年奥运会举办地巴西里约热内卢的奥运场馆面临赛后运转困难，政府财政没有能力维持，企业没有兴趣或者能力接管运营，只有一家企业参与竞标，最后还因为资格不够被取消参与竞标。即使是里约市政府设计拆掉奥运场馆的主要建材来兴建学校的计划，也因为政府财政困难而搁浅。事实上，奥运会的所有比赛场地全部得到有效利用，对于一个地区的体育开展水平要求很高，只有美国这种多数体育项目都开展得比较普遍的国家，才能有效避免奥运会场馆的赛后闲置。吉吉诺夫（Girginov，2012）对伦敦奥运会遗产治理的考察报告对奥运场馆的赛后利用有一定的借鉴意义。他认为，奥运遗产不是回顾性展览，而是作为前瞻性概念，通过国家的作用、市场和社会之间的协同作用，共同塑造未来，需要设计治理系统、指导和引导有关各方达成共识的集体行动①。

奥运场馆闲置造成大量资源浪费，往往会成为全世界关注的焦点，也是奥运会遭到诟病的重要原因。为此，国际奥委会在2018年出台《奥林匹克2020议程新规范》（以下简称《新规范》）提倡设施持续性、用途多样化的理念。比如，不需要新建单一功能场馆，相关赛事可以在专业机构指导下在已有场馆进行；未来将提倡多个项目共用一个场馆，以减少场馆总量等。在场馆持续利用方面，2022北京冬奥会的实践与《新规范》的理念不谋而合。比如，作为2008北京奥运会遗产之一的国家游泳中心将承接冬奥会冰壶比赛项目；而昔日北京重工业基地首钢厂区经过改造，不仅成为北京冬奥组委办公地，还建成了滑雪大跳台等比赛设施，很好地践行了北京冬奥会“反复利用、综合利用、持久利用”的理念。

① 仇军，等．欧美体育社会学研究图景［M］．北京：清华大学出版社，2016：329.

2.2　冬奥会与社会

冬奥会与社会实质是体育与社会的关系，即把体育（包括奥运会）放到社会之中，是社会现象的一种，体育的发展变化如何反映社会的变迁。社会学视角的历史研究是对体育发展趋势的分析，是对某一个体育特定事件条理化，获得研究结论，并用这一结论来解释体育现象，功能主义理论、冲突理论、批判理论、女权主义理论、互动理论、构型理论是研究体育现象常用的社会学理论。

在欧美体育社会学研究范畴中，涂尔干、韦伯古典社会学理论、福柯知识考古社会学、布迪厄实践感理论、埃利亚斯构型社会学、吉登斯结构化理论、女权主义理论、康奈尔男性气概理论、葛兰西文化霸权理论是基本的理论分析工具。在对奥运会研究方面，仇军等（2016）通过对来自欧美体育社会学关于奥运会研究的样本论文分析认为，欧美体育社会学学者的奥运会相关研究涉及传媒中的奥运研究、青年奥运会研究、奥运遗产、残疾人奥运会等①。

2.2.1　举办地不同社会群体由奥运会带来不同的利益分配

以经验推论及相关学者研究结果显示，奥运会对举办地居民利益影响并不都是正外部性，举办地居民的反应也并非都是“欢欣鼓舞”。客观而论，对奥运会举办地不同群体而言，有“赢家”和

---

① 仇军，等．欧美体育社会学研究图景［M］．北京：清华大学出版社，2016：328.

“输家”之分，大部分社会群体是属于奥运会的“赢家”，即他们的福利得到不同程度的改善。比如，政府官员可以通过奥运会的举办得到政绩，承建奥运场馆工程的相关企业获得经济收益，传媒可以因奥运转播增加广告收入，普通居民可以享受由城市基础设施改善、环境改善带来的福利。奥运会的“输家”可能是城市的贫困阶层及边缘社会群体。一方面，他们可能会因为兴建奥运场馆而被“驱赶”到更远的地方生活，也许政府官员早就想这么做，恰好奥运会给了他们很好的机会；另一方面，可能会因为奥运会投入的增加“挤占”了原本可以为他们兴建的福利工程或者服务。另外，可能还有一些“不确定”的“输家”，即那些原本可以投入的非奥运工程项目的相关利益者。因此，社会学对奥运会的分析不仅是关注奥运盛况，也会关注到因奥运会举办而利益受损的那些群体，不然，奥运会举办城市就不会有游行示威和罢工的行为出现。他们可能是因为过去利益受损没有得到及时的补偿、借奥运会机会引起政府和社会的关注，可能是本届奥运会的直接利益受损者。

奥运会举办地居民的奥运诉求是多维的。作为社会不同的个体对外界对象的反应主要可以概括为认知、情感和行为意向，而这些在很大程度上受到个体需求、兴趣、知识经验、利益选择等多种因素的影响。在公共政策理论看来，任何一个政策的执行都会带来福利改善和福利受损的不同结果，人们对政策支持或者否定来自个体对政策给自己带来福利程度的理性预期。从政策制定和执行者视角看，他们期望公众对政策理解，形成政策期望的行为，达到政策执行预期效果。但由于利益的分化、信息的不对称性存在，政策预期结果与公众的行为并不同步和一致，有些时候有些个体或者群体的行为甚至是相反的。从学术研究看，这是必须承认的客观事实。这就需要政策的宣传，政策信息的广泛传播，以公众可以理解的语言，以公众切实可以感触的利益或者可以预见的未来福利收益，引导公众认可和支持政策，主动配合政策执行，实现政策预期目标。从这个意义上，奥运会筹办、举办涉及许多新的政策，这些都会影响举办地居民的利益。协调政府及举办地居民利益差异，找到利益的平衡点，赢得举办地居民对奥运会举办的认可和支持也是奥运会举办地政府必须面对的问题。

2.2.2　女性运动员平等参与奥运会权利不断彰显

女性参与体育运动长期受到社会偏见的影响。例如，“女性对体育不感兴趣”“体育活动会伤害女性身体”“女性在体育方面无法与男性相比，因此不应该得到平等参与体育运动的机会”“具备体育天赋的女性很可能是同性恋”① 等偏见影响了女性对体育运动平等参与权利的实现。1896 年开始的现代奥运会不允许女性参加比赛，1920 年奥运会只有 64 名女性运动员参加比赛，男性运动员 2500 名。1936 年柏林奥运会，女性运动员数量猛增到 328 名，而男性运动员数量已经达到 3738 名。20 世纪 30 年代，迪迪立克森·扎哈里亚斯（Didrikson Zahrias）是最著名的女运动员。她在 1932 年奥运会田径比赛中取得 2 枚金牌 1 枚银牌，同时还称霸职业高尔夫比赛，并能够同美国最优秀的网球运动员对抗。当时的流行电影《红粉联盟：女子棒球队》和纪录片《敢于竞争：女性在体育中的奋斗》反映了女性参与体育运动的成就和历史。

女性平等参与体育运动权利的实现，一是来自政府立法。比如，美国《国会教育修正案》、加拿大《运动中的妇女：一项加拿大的运动政策》等从立法层面规定了女性平等参与体育运动的权利。例如，1972 年美国颁布的第九修正法案（Title Ⅸ），鼓励女性更多地

---

① 罗纳德·B. 伍兹. 体育运动中的社会学问题［M］. 田慧主，译. 北京：人民体育出版社，2011：197－198.

参与体育，在法案出台之后，高中女生参与高中校际体育联赛的人数由1971年的30万人，增长为现在的240万人；美国在1972年只有不到50名女生拿到大学运动员奖学金，而现在则有1/3、每年大约5万名大学运动员奖学金会发放给女生[①]。二是女权运动。比如，1994年国际妇女运动协会在英国的布莱顿（Brighton）讨论“妇女、运动和变革的挑战”，来自80个国家的代表一致通过了一项关于全球 性别平等原则的宣言。1996年在中国北京召开的联合国第四次妇女大会的正式行动纲领中，号召世界各国为推进妇女教育、健康和人权而提供体育运动和体育教育机会做出新的努力。女性参与体育运动在改变社会的偏见。美国体育社会学学者理查德·拉普奇克（Richard Lapchick，2001）认为，女性体育也使男性受益。例如，欣赏女性体育的男性不大可能变得暴力、厌恶女性，他们更倾向于与妻子分享生活和家庭的压力，尊重女性在体育方面取得的成就及其他领域的能力，愿意花时间陪孩子参与体育运动。

在全球范围内，女性运动员平等参与体育运动权利的完全实现还存在一些差距，还有较长的路要走。例如，到2004年，没有派女性运动员参加奥运会比赛的还有9个国际奥委会成员，即使在女性体育比较普及的美国，女性参与体育项目、女性体育领导者、女性与男性相同比赛获得相同报酬、奥运会对女性体育的报道等问题仍然存在争议。一些学者对未来女性运动参与的进度和程度做出了谨慎的估计，其原因在于：一是政府财政削减女性项目投入和运动项目的“商业化”；二是一些公众对政府支持女性运动的抵制；三是在体育运动中，女性教练和其他权力位置上女性代表太少；四是某些女性运动员和女性运动项目的零碎化[②]。

---

① 体育行业观察．美国大学体育给我们哪些启示？亲历NCAA的她讲述了体教结合的故事丨对话徐燕勤［EB/OL］.（2017－08－02）. http：//www. ecosports. cn.

② 杰·科克利．体育社会学——议题与争议［M］．管兵，等主译．北京：清华大学出版社，2003：269.

2.3　多视角的北京冬奥会

北京冬奥会、冬残奥会是我国重要历史节点的重大标志性活动，也是全球规模最大的冬季综合性体育盛会。2008 年第 29 届夏季奥运会“无与伦比”，北京积累了举办奥运会的成功经验，2022 年第 24 届北京冬季奥运会的“精彩、非凡、卓越”承载着中国人民的期待。北京冬奥会不仅是一场体育盛会，也是弘扬奥林匹克精神、推进奥林匹克教育的机遇。当奥林匹克再次来到中国，当古老的奥林匹克精神与古老中国文明再次相遇，除了对 2008 年北京夏季奥运会充满自豪的满满回忆，更重要的是 2022 北京冬奥会将迸发出中国新时代的勃勃生机和创造新的奇迹。

（1）北京冬奥会将是“共享奥运”。中国政府和公众历来重视奥林匹克运动，高度认同奥林匹克的理念和价值观。2014 年 1 月，国际专业调查机构益普索（Ipsos）北京分公司就北京与张家口申办 2022 年冬奥会问题进行了民意调查，调查对象覆盖了北京、张家口、天津、上海等 32 个城市的 2500 名居民，调查结果显示 94.8% 的公众支持北京举办冬奥会①。2016 年 3 月 18 日，中共中央总书记、国家主席、中央军委主席习近平在听取北京冬奥会、冬残奥会筹办工作情况汇报时强调，筹办好北京冬奥会、冬残奥会，意义重大，责任重大；要增强使命感、责任感，认真落实创新、协调、绿色、开放、共享的发展理念，坚持绿色办奥、共享办奥、开放办奥、廉洁办奥，高标准、高质量完成各项筹办任务，把北京冬奥

① 北京冬奥会申办委员会. 北京 2022 年冬季奥林匹克运动会和残奥会申办报告第 1 卷 [R]. 2015.

会、冬残奥会办成一届精彩、非凡、卓越的奥运盛会，向祖国人民、向国际社会交上一份满意答卷①。这说明，北京冬奥会的举办具有广泛的群众基础，政府有信心把北京冬奥会办成举办地居民分享和受益的体育盛会。北京冬奥会《2022 北京冬奥会、冬残奥会申办报告》中承诺“更强的公众参与力度”，吸引带动 3 亿人参加冰雪运动，推动奥林匹克理念和价值观广泛传承，在中国 14 亿公众中弘扬奥林匹克运动可持续发展理念，激励公众养成积极、健康和文明的生活方式。在政府“共享奥运”的理念下，北京冬奥会带来的交通便利、环境改善、休闲旅游经济、精彩赛事将直接惠及举办地居民；在“更强的公众参与力度”的承诺中，北京冬奥会举办将获得举办地居民的大力支持和积极参与。

（2）北京冬奥会将对京津冀一体化产生积极影响。这个问题大概可以归纳为奥运经济的研究范畴。国内外学者在对多个奥运举办城市的奥运经济效应持续区间做出定量和定性分析的基础上，得出了奥运现象的时序结构规律。大部分学者认为，由于奥运前期投入和商业化运作的不断深入，奥运经济在奥运会举办前和举办当年给举办城市带来经济的巨大腾飞，极大地拉动了经济增长率，为增加就业岗位、提高居民收入、拉动旅游收入、刺激商业服务业发展等提供机会。而在奥运会结束的 2 ~ 3 年后，这种带动效应会逐渐降低，甚至由于场馆规划设计的缺陷，如离中心城区较远、场馆运营开发滞后，造成冬奥会场馆给城市发展所带来的效益远低于预期。众多的冬奥会举办城市都是本国及本地区的滑雪胜地，无论是基础设施、场馆条件，还是交通、住宿等设施，冬奥会后主要用于休闲、度假、旅游的场所，以此带动本国冰雪旅游产业的进一步升级，提升城市的竞争力。

---

① 习近平．绿色办奥共享办奥开放办奥廉洁办奥，办成一届精彩非凡卓越的奥运盛会［EB/OL］.（2016 - 03 - 18）. http：//www. gov. cn.

北京和张家口联合申办2022年冬奥会，北京承办冰上项目、张家口承办雪上项目，通过申办冬奥会，利用京津冀都市圈规划，致力于打造世界级滑雪旅游胜地，重点发展京津冀都市圈冰雪旅游资源的开发，推进京津冀经济一体化建设。《2022北京张家口冬奥会申办报告》提出“要打造北京张家口体育文化旅游带”，希望利用长城内外的自然景观、人类文化遗产和体育休闲资源，推动北京的“非首都功能”疏解、河北的产业转型升级、天津的产业结构调整，同时，将冬奥会的举办与城镇旅游发展规划相结合，形成冰雪运动训练基地和冰雪旅游中心城市将是冬奥会为京津冀提供的共同发展之路。

（3）北京冬奥会促进中国冰雪运动普及。北京冬奥会“3亿人上冰雪”的目标是冬奥会的极大贡献，这个目标对中国冰雪运动，尤其是冰雪运动的普及和普通人的广泛参与将会起到积极的推动作用。以往的奥运会虽然也强调是全民的节日，但结局往往是少数体育人自己的狂欢，老百姓难以融入进来，而北京2022冬奥会要摒弃这种隔绝状态。习近平主席提出的北京冬奥会“要带动3亿人上冰雪”，对于全世界来说具有革命性意义的突破。尽管3亿人并不一定要全部参与冬季运动，但至少会带动全世界冰雪运动的一次升级和超越，从而也使得中国夏季奥运会与冬季奥运会项目失衡的状况得到有效的缓解。

（4）北京冬奥会经济效应或存在“时滞”。国际奥委会提出的“奥运瘦身计划”：一是奥运会的举办尽量简洁，时间、地点和项目都应该尊重简洁统一的原则；二是降低奥运会举办成本，充分利用城市现有场馆，在赛后充分利用场馆，为社区服务；三是减少比赛项目，在比赛大项与小项的设置中，剔除过时及影响范围较小的项目，减少举办城市的负担。冬奥会对赛事举办国可以带来深远的影响力，但冬奥会超大的规模、居高不下的举办成本、赛后场馆的利用等问题，已严重阻碍了冬奥会持续、健康的发展。众所周知，俄罗斯为办好第22届冬奥会，共投入了510亿美元，超过了历届冬奥会举办成本的总和。如果仅考虑与赛事直接支出并以2009年的通货膨胀基数衡量，索契冬奥会超支171%，不考虑通货膨胀的因素这一数字将高达324%①。巨额的花费不仅引起社会各界的广泛质疑，高昂的举办成本也令许多国家对申办冬奥会望而却步。2022年北京冬奥会编制的预算规模为15.6亿美元，政府补贴占6%；非组委会预算场馆资本投资总额15.1亿美元，将大量引入社会资本，未来北京举办2022年冬奥会将做到收支平衡。研究北京冬奥会经济效应应该充分估计到疫情的影响。受新冠肺炎疫情影响，北京冬奥会经济效应或存在“时滞”，应从更长期的视角来审视北京冬奥会的经济效应②。

（5）北京冬奥会弘扬奥林匹克教育。2008年北京奥运会的奥林匹克教育得到国际奥委会的高度评价，时任国际奥委会主席罗格说，“北京奥运会没开幕，北京就拿到奥林匹克教育的第一块金牌”。2018年，北京启动北京冬奥会奥林匹克教育计划，不忘初心，弘扬奥林匹克主义将是北京冬奥会的重要内容。推广奥林匹克运动的宗旨、理念与城镇、国家社会的发展结合奥林匹克主义，强调通过体育运动促进人的和谐发展，强调体育运动与教育、文化相结合，强调奥林匹克选手对青少年的榜样作用。奥林匹克运动之父顾拜旦认为，体育是净化人们心灵的一所学校，在这所学校里青少年的身、心、智都得到锻炼。随着北京冬奥会的临近，更多的人会参与到奥林匹克教育中来，更多的学者也会关注北京冬奥会奥林匹克教育。

---

① 陈惟杉. 近十届冬奥会账单：索契砍预算后仍超支400亿美元［EB/OL］.（2015－08－11）. http：//www. ceweekly. cn/2015/0810/123237. shtml.

② 北京公布冬奥会赛事预算：15.6亿美元政府补贴占6%［EB/OL］.（2015－07－30）. http：//sports. people. com. cn/n/2015/0730/c22176－27388088. html？4a805610.

（6）北京冬奥会遗产及可持续发展惠及举办地。冰雪奥运遗产与普通民众受益的结合将是北京冬奥会的特色。冰雪奥运遗产包括有形遗产和无形遗产。有形遗产如冬奥会的体育场馆、滑雪设施以及相关的城市基础设施，都将成为赛后普通市民运动和旅游的资源。而无形遗产如举办城镇的冰雪文化、市民的参与度、举办城市民众文明素质的提高，将是举办国及举办地一笔最大的精神财富。冰雪文化是冬奥会举办城市的灵魂，比如，北欧国家具有悠久的滑雪历史，而加拿大的温哥华是冰球运动的发源地及多民族文化的融合。如何把举行冬奥会的核心价值与城市文化相融合，对于提高城市的竞争力具有重要的意义。

冬奥会举办之后对举办地的经济、旅游、社会等带来持续的影响，以承办冬奥会为契机改善交通、治理环境、推动整个城市各方面全面协同发展是多国承办冬奥会的真正目的之一。冬奥会应依据举办城市的实力和特点，以提高城市核心竞争力为目标，实现经济、社会、资源、环境的协调发展。因为冬季奥运会受地域环境的影响比较大，更需要举办城市从可持续发展的角度，强调冬奥会与城镇发展的共同发展之路。在冬奥会举办地可持续发展方面，必须考虑场馆设施的赛后利用问题，生态环保措施，场馆设施的社会化、产业化。目前，大多数国家对奥运场馆赛后运营一般采取改建场馆恢复原有功能、大型综合性场馆交由专门机构运营、专业场馆转为国家或地方训练基地、社区或学校体育场馆继续恢复原有用途等模式。冬奥会的举办是探索改变举办地城市情况的重要契机，赛事举办与城市总体发展规划的融合，将突出冬奥会对城市发展的促进作用，实现冬奥会与举办地城市的和谐共赢。

第 3 章

冬奥会项目设置的历史演进

冬奥会是世界规模最大的冬季综合性运动会，经过 90 多年的摸索与改革，已经拥有了一套成熟的赛事运作体系。冬奥会的举办可以促进冰雪项目在全世界的普及与推广，促进冬季项目的发展。作为全球影响力最大的国际赛事之一，自 1924 年举办第 1 届冬奥会以来，参赛人数和国家不断上升，规模不断扩大，媒体关注度越来越高，对举办城市和地区产生显著的社会效益和经济效益，具有深远的国际影响。本研究从史学的视角，全面系统研究冬奥会项目设置的历史演进过程，进一步拓展和加深国内关于冬奥会研究的广度和深度。

3.1 冬奥会项目设置原则

项目是构成体育赛事的重要部分之一，面对世界众多项目，国际奥委会通过对项目的普及度及推广度等因素的全面考虑，对于奥林匹克运动会的项目也有着自己的规定。在 2016 年 8 月最新生效的《奥林匹克宪章》中规定，只有在冰或雪上进行的项目才能被列入冬奥会项目。

在冬奥会项目中，共分为大项、分项、小项三个类别。大项是指包括某届奥运会的所有运动项目。这些运动项目是得到国际奥委会承认的，由国际单项体育联合会负责管理，并最终由国际奥委会全会确定。分项是大项的分支，包括一个或多个小项。小项包括某届奥运会所有的比赛项目，这些项目由国际奥委会执委会决定。目前，列入冬奥会比赛项目的国际单项体育联合会包括 7 个，见表 3 - 1。

表 3 - 1　冬奥会项目国际单项体育联合会概览

项目类别	序号	国际单项体育联合会名称	英文简称	成立时间（年）
冰上项目	1	国际滑冰联盟	ISU	1892
	2	国际冰球联合会	IHF	1908
	3	世界冰壶联合会	WCF	1966
雪上项目	4	国际滑雪联合会	ISF	1924
	5	国际雪车联合会	FIBT	1923
	6	国际雪橇联合会	FIL	1957
	7	国际冬季两项联盟	IBU	1993

从表 3 - 1 中可以看出，在冬奥会承认的国际单项体育联合会中，包含 3 个冰上项目：国际滑冰联盟、国际冰球联合会、世界冰壶联合会。4 个雪上项目：国际滑雪联合会、国际雪车联合会、国际雪橇联合会、国际冬季两项联盟。而只有这 7 个联合会管辖的项目才被视为奥林匹克冬季项目。

3.2　冬奥会项目构成

冬奥会自 1924 年举办第 1 届以来，截止到 2018 年，共举办了

23 届。目前，冬季奥运会共包含 7 个大项，15 个分项，98 个小项，其中，冰上项目包括 3 个大项，雪上项目包括 4 个大项。以 2018 年平昌冬奥会为例，将冬奥会目前所包含的大项和分项分为冰上项目与雪上项目。2018 年平昌冬奥会的冰上项目共包含 3 个大项，分别为滑冰、冰球、冰壶。分项 5 项，其中滑冰所占的分项最多，包括花样滑冰、速度滑冰、短道速滑 3 项，小项数量也居于首位，共计 27 项，占总数量（32）的 84%。由此可见，在冬奥会冰上项目中，滑冰是其核心项目。2018 年平昌冬奥会的雪上项目共包含 4 个大项，分别为滑雪、雪车、冬季两项、雪橇。分项 10 项，其中滑雪所占分项最多，包括越野滑雪、北欧两项、跳台滑雪、高山滑雪、自由式滑雪、单板滑雪 6 项，小项数量也居于首位，共计 50 项，占总数量（70）的 71%。由此可见，在冬奥会雪上项目中，滑雪是核心项目。

反观第 1 届冬奥会，在这 90 年的发展过程中，项目设置已经发生了巨大变化。夏蒙尼冬奥会及平昌冬奥会大项及分项变化如表 3－2 所示。

表 3－2　　夏蒙尼与平昌冬奥会大项及分项变化

年份	项目类别	大项	分项
1924	冰上项目	2	3
	雪上项目	2	4
2018	冰上项目	3	5
	雪上项目	4	10

从表 3－2 中可以看出，1924 年夏蒙尼冬奥会与平昌冬奥会相比，在大项方面，冰上项目只有 1 个增设变化，而雪上项目则增加了 2 个大项。在分项上，冰上项目增加了 2 项，而雪上项目则增设了 6 项之多。

3.3　1908 ~1923 年冬季项目设置及参赛

3.3.1　1908 ~1923 年冬季项目设置内容

1908 ~ 1923 年，冬奥会还没有作为一个独立的个体存在，冬季项目是作为夏奥会的一部分而进行比赛的。1908 ~ 1923 年，共举行了三届奥运会（1916 年奥运会因第一次世界大战而停办）。其中，花样滑冰于 1908 年伦敦奥运会作为正式比赛项目出现，这是冬季运动首次进入奥运会的比赛当中。1920 年，除花样滑冰外，冰球也成为奥运会正式比赛项目。

从表 3 – 3 中可以看出，在起步阶段，冬季项目已经随着奥运会的召开而受到关注。1908 年奥运会，已经设置冬季项目 1 个大项，1 个分项和 4 个小项。由于在是否单独举办冬奥会的问题上产生了分歧，故 1912 年奥运会上没有加入冬季项目。但随着冬季运动影响力的提高，在 1920 年奥运会上，又增加了 1 个大项的角逐，分项也增加了 1 项，小项由于花样滑冰删减 1 项，而冰球增设 1 项，所以仍维持不变。起步阶段按冬季运动类别设置进行分类，各类别项目具体数量见表 3 – 4。

表 3 – 3　　1908 ~ 1923 年奥运会冬季运动设项数量

（不包含表演项目）　　单位：个

年份	举办地	大项	分项	小项
1908	伦敦（英国）	1	1	4
1912	斯德哥尔摩（瑞典）	0	0	0
1920	安特卫普（比利时）	2	2	4

表 3 – 4　　1908 ~ 1923 年冬季项目大项及分项数量　　单位：个

年份	项目类别	大项	分项
1908	冰上项目	1	1
	雪上项目	0	0
1912	冰上项目	0	0
	雪上项目	0	0
1920	冰上项目	2	2
	雪上项目	0	0

从表 3 – 4 中可以看出，从 1908 年奥运会到 1920 年奥运会所有的冬季比赛项目均为冰上项目，并且总体呈上升趋势，而雪上项目则还没有涉及。从上文可以看出，这一阶段奥运会冬季项目设置数量总体呈上升趋势，而各届奥运会冬季项目具体设置见表 3 – 5。

表 3 – 5　　1908 ~ 1923 年奥运会冬季运动项目设置（不包含表演项目）　　单位：个

年份	大项	分项	小项
1908	滑冰	花样滑冰	男子个人
			女子个人
			男女双人
			男子特种图形
1912	—	—	—
1920	滑冰	花样滑冰	男子个人
			女子个人
			男女双人
	冰球	冰球	男子冰球

从表 3 – 5 可见，1908 年伦敦奥运会，花样滑冰作为首个冬季项目进入奥运会，共设了 4 个小项：男子个人、女子个人、男女双

人及男子特种图形。由于在是否单独举办冬奥会的问题上存有争论，且瑞典不支持花样滑冰，拒绝建造人工冷冻滑冰馆，故1912年斯德哥尔摩奥运会上，没有设置冬季项目。经过冬季运动爱好者的努力，在1920年又将花样滑冰纳入其中，此外还增设冰球1个大项。花样滑冰比赛包含3个小项：男子个人、女子个人及男女双人赛，取消了男子特种图形赛，而冰球在小项上则只设立了男子冰球赛。

3.3.2 1908～1923年冬季项目参赛状况

在1908年奥运会的花样滑冰比赛上，共有包括7个国家或地区的24名运动员参赛，其中女选手有7人，约占总人数的30%。而在1920年奥运会上，参赛国家和地区也有所增加，从7个增至11个，运动员的人数则有明显上升，从起初的24人达到90余人[①]。冬季运动在世界上已经得到了一定程度的普及。

3.4 1924～1959年冬奥会项目设置及参赛

3.4.1 1924～1959年冬奥会项目设置内容

冬季运动在奥运会上的首次“试水”取得了成功，1911年就首次提出单独举办冬奥会的建议，但遭到了挪威和瑞典的反对。1920

① 任海．奥林匹克百科全书［M］．北京：中国大百科全书出版社，2008：269.

年冰球的加入更是促进了冬季项目的长远发展，扩大了冬季运动在世界上的影响力。是否能够单独举办冬季奥运会也再次成为人们争论的焦点，同时，这也是奥林匹克之父顾拜旦的强烈愿望。1921 年洛桑会议上，国际奥委会决定 1924 年第 8 届奥运会时，在夏蒙尼举行奥委会赞助的冬季体育周，但不作为奥运会的一个组成部分，同年，冬季运动联合会代表大会在巴黎举行，研究比赛项目和活动日程的组织。冬奥会由此拉开大幕。

自 1924 年法国夏蒙尼第 1 届冬奥会以来，在这一阶段共举行了 7 届冬奥会（由于第二次世界大战的原因，第 4 届冬奥会和第 5 届冬奥会相差 12 年），而随着赛事的举办，规模也逐渐增大，冬奥会的影响力越来越强，冬奥会进入了迅速发展的阶段。这一阶段冬奥会举办时间地点及项目设置数量见表 3－6。

表 3－6　　1924～1959 年冬奥会项目设置数量

（不包含表演项目）

单位：个

年份	举办地	大项	分项	小项
1924	夏蒙尼（法国）	4	7	14
1928	圣莫里茨（瑞士）	4	8	14
1932	普莱西德湖（美国）	4	7	14
1936	加米施－帕滕基兴（德国）	4	8	17
1948	圣莫里茨（瑞士）	4	9	22
1952	奥斯陆（挪威）	4	8	22
1956	科蒂纳丹佩佐（意大利）	4	8	24

从表 3－6 来看，这一阶段冬奥会的设项已经有了一定的雏形，大项一直保持在 4 项，分项也没有特别明显的增设变化，1948 年冬奥会分项数量最多，达到 9 项。小项从总体上看呈上升趋势，从 1924 年的 14 项发展到 1956 年的 24 项，增长率达到了 71%，从一

定程度上表明各种形式的冬季运动已经拥有了群众基础，并且正在广泛地普及。这一阶段冬奥会所包含的大项和分项分为冰上项目与雪上项目，各项目类别设置具体数量见表 3－7。

表 3－7　　1924～1959 年冬奥会大项及分项数量

年份	项目类别	大项	分项
1924	冰上项目	2	3
	雪上项目	2	4
1928	冰上项目	2	3
	雪上项目	2	5
1932	冰上项目	2	3
	雪上项目	2	4
1936	冰上项目	2	3
	雪上项目	2	5
1948	冰上项目	2	3
	雪上项目	2	6
1952	冰上项目	2	3
	雪上项目	2	5
1956	冰上项目	2	3
	雪上项目	2	5

从表 3－7 可以看出，这一阶段冬奥会不论是冰上项目还是雪上项目，大项都保持 2 项，且没有任何变化。分项方面，在冰上项目上，从 1924 年开始均为 3 项，并在发展阶段保持恒定；在雪上项目上则有些许变动，但是幅度并不明显。1948 年分项数量最多，达到 6 项，数量最少的共有两届冬奥会（1924 年、1932 年），为 4 项。在这一阶段，冬奥会项目设置数量无论是冰上项目还是雪上项目，较起步阶段均有明显的上升。就冰上项目而言，这一阶段冬奥会的项目设置情况如表 3－8 所示。

表 3－8　　　　1924～1959 年冬奥会冰上项目变化情况

（不包含表演项目）

年份	大项	分项	小项
1924	滑冰	花样滑冰	男子单人滑
			女子单人滑
			男女双人滑
		速度滑冰	男子 500 米
			男子 1500 米
			男子 5000 米
			男子 10000 米
			男子全能滑
	冰球	冰球	男子冰球
1928	滑冰	速度滑冰	取消男子全能滑
1932	—	—	—
1936	—	—	—
1948	—	—	—
1952	—	—	—
1956	—	—	—
1956 年总计（个）	2	3	8

从表 3－8 可以看出，冬奥会冰上项目没有明显的增设变化，仅在 1928 年冬奥会上取消了滑冰中速度滑冰的男子全能滑，此后冰上项目的大项、分项及小项都保持不变。而 1924 年冬奥会的冰上项目相比于 1920 年奥运会，增设了速度滑冰及其中的 5 个小项。总体来看，1924 年冬奥会冰上项目共有 2 个大项、3 个分项、9 个小项。而 1928～1956 年冬奥会，每届都有冰上项目 2 个大项，3 个分项，8 个小项，总体趋于稳定。

在此阶段，冰上项目仅有速度滑冰作为正式项目出现。就项目本身而言，速度滑冰在 1676 年的荷兰就有记载。1863 年，第 1 届现代速度滑冰比赛在挪威举行，第 1 届成人国际速度滑冰比赛于 1885 年在德国的汉堡举行，很多国家也成立了自己的滑冰协会。随着国际滑冰联盟的成立，速度滑冰也拥有了相应的组织，在次年举行了第 1 届世界速度滑冰锦标赛，速度滑冰已经有了相当的群众基础。1924 年第 1 届法国夏蒙尼冬奥会，速度滑冰作为正式项目首次出现在奥林匹克赛场上，但是在最初只允许男子参加，直到 1932 年普莱西德湖冬奥会，女子才能够参加比赛，但只是表演项目。1959 年在慕尼黑会议上，国际奥委会将女子速度滑冰项目列为 1960 年冬奥会正式比赛项目，速度滑冰也得到了进一步的发展①。

就雪上项目而言，这一阶段冬奥会的项目设置情况如表 3 – 9 所示。

表 3 – 9　　1924 ~ 1959 年冬奥会雪上项目变化情况

（不包含表演项目）

年份	大项	分项	小项
1924	滑雪	越野滑雪	男子 18 公里
			男子 50 公里
		北欧两项	男子个人赛
		跳台滑雪	男子个人标准台
	雪车	雪车	男子雪车四人
1928	雪车	增设钢架雪车	增设男子钢架雪车单人
		雪车	男子雪车四人改为五人
1932	雪车	取消钢架雪车	
		雪车	男子雪车五人改为四人，增设男子雪车两人
1936	滑雪	增设高山滑雪	增设男子两项全能，女子两项全能
		越野滑雪	增设男子 4 × 10 公里接力
1948	雪车	增设钢架雪车	增设男子钢架雪车单人
	滑雪	高山滑雪	增设男子滑降、女子滑降、男子回转、女子回转

① 国际奥委会官网，https：//www.olympic.org；国际滑冰联盟官网，http：//www.isu.org/en/home。

续表

年份	大项	分项	小项
1952	雪车	取消钢架雪车	
	滑雪	越野滑雪	增设女子 10 公里
		高山滑雪	取消男子两项全能及女子两项全能，增设男子大回转、女子大回转
1956	滑雪	越野滑雪	增设男子 30 公里集体出发及女子 3×5 公里接力，将男子 18 公里改为男子 15 公里
1950 年总计（个）	2	5	16

从表 3－9 可以看出，在举办的 7 届冬奥会中，雪上项目的大项没有发生变化。在分项方面，增设了 5 个项目，分别为 1924 年的越野滑雪、北欧两项、跳台滑雪、雪车及 1936 年的高山滑雪。小项方面，共增设了 16 个小项，具体来看，1924 年共有 5 个小项；1928 年，在雪车的小项中由男子四人改为五人；1932 年将男子雪车五人改为四人，增设男子雪车两人；1936 年，高山滑雪作为正式项目出现后，增加了男、女两项全能，而越野滑雪增设了男子 4×10 公里接力；1948 年，高山滑雪又增加了男子滑降、女子滑降、男子回转、女子回转 4 个小项的角逐；1952 年，越野滑雪增设女子 10 公里，并取消高山滑雪的男、女两项全能，由男、女大回转替代；1956 年，越野滑雪增设了男子 30 公里集体出发及女子 3×5 公里接力，将男子 18 公里改为男子 15 公里。另外，在此阶段还出现了分项反复增设的现象，即钢架雪车，仅在 1928 年和 1948 年作为正式比赛项目，且仅有男子单人 1 个小项。在这一阶段，越野滑雪、北欧两项、跳台滑雪、雪车、高山滑雪等 5 个项目陆续成为冬奥会正式比赛的固定雪上项目。就项目本身而言，它们所以被列入冬奥会，很大程度上是源于这些项目各自成熟的历史发展。

3.4.2　1924～1959年冬奥会项目参赛状况

如表3－10所示，从这一阶段冬奥会参赛国家或地区数量及参与运动员的人数来看，数字总体明显呈上升趋势。1932年，由于冬奥会首次在北美举行，交通条件以及运动员安置等方面的经济问题导致这届冬奥会的参赛人数有所减少，但是这丝毫没有影响运动员对于冬季运动项目的热情程度。1936年，冬奥会再次回到欧洲举行，运动员的人数较1928年瑞士圣莫里茨冬奥会大幅增加，参赛国家和地区也有所增长，这表明已经开始有越来越多的人从事冬季运动项目，冬季运动的世界影响力也在逐渐扩大。此外，从表中还可以发现，女性运动员在运动员中所占的比例在大体上也处于稳步上升的状态。妇女运动一直是体育界一个备受争论的话题，但是冬季运动却在很大程度上突显了女子体育的魅力，也吸引了更多女性运动员的参与，深刻诠释了国际奥运会倡导男女平等的公平精神。

表3－10　　1924～1959年冬奥会参赛地区及运动员数量

年份	参赛国家或地区数量（个）	运动员总人数（人）	女性运动员人数（人）	所占比例（%）
1924	16	258	11	4.3
1928	25	464	26	5.6
1932	17	252	21	8.3
1936	28	646	80	12.4
1948	28	669	77	11.5
1952	30	694	109	15.7
1956	32	821	134	16.3

资料来源：https：//www.olympic.org；任海．奥林匹克百科全书［M］．北京：奥林匹克出版社，2008.

从参赛状况来看，1956 年的参赛国家和地区是 1924 年的 2 倍，运动员更是达到了 3 倍以上，女性运动员的人数也大幅增加，冬奥会在世界上已经具备一定的影响力，冬季项目也得以更广泛的普及。随着冬季运动在世界上影响力的提升及支持者的不懈努力，冬奥会开始独立举办，并且随着时间的推移，赛事已经趋于规范，规模不断扩大。

从总体上来说，冬奥会的举办已经有了自己的标准，并且在国际奥委会的领导下迅速发展。就项目本身而言，可以看出国际奥委会在斟酌项目的增减时，普及度是一个必不可少的因素。不论是雪上项目还是冰上项目，在进入冬奥会之前，它们就已经得到了一定程度的发展，单项赛事的举办已经初具规模，并且有相关的组织运行。国际奥委会出于对该项目国际性发展的考虑，把其纳入冬奥会从而让它们能够更加普及。

3.5 1960 ~1993 年冬奥会项目设置及参赛

3.5.1 1960 ~1993 年冬奥会项目设置内容

1981 年，国际奥委会将比赛项目分为运动大项、分项及小项。随后，《奥林匹克宪章》对奥运会正式项目的标准也有了明确的规定：只有在至少 25 个国家和 3 个大洲的男子和/或女子中广泛开展的项目才可以列入冬季奥林匹克运动会①。从 1960 年美国斯阔谷冬

① Fernand Landry, Magdeleine Yerles. The International Olympic Committee – One Hundred Years The Idea – The Presidents – The Achievements Volume Ⅲ. Lausanne: The International Olympic Committee, 1996: 286 – 287.

奥会到1992年法国阿尔贝维尔冬奥会，在快速发展阶段共进行了9届冬奥会。具体时间及项目设置数量见表3－11。

表3－11　　1960～1993年冬奥会项目设置数量

（不包含表演项目）　　单位：个

年份	举办地	大项	分项	小项
1960	斯阔谷（美国）	4	8	27
1964	因斯布鲁克（奥地利）	6	10	34
1968	格勒诺布尔（法国）	6	10	35
1972	札幌（日本）	6	10	35
1976	因斯布鲁克（奥地利）	6	10	37
1980	普莱西德湖（美国）	6	10	38
1984	萨拉热窝（南斯拉夫）	6	10	39
1988	卡尔加里（加拿大）	6	10	46
1992	阿尔贝维尔（法国）	6	12	57

从表3－11可以看出，这一阶段，冬奥会在大项和分项上的数量呈缓慢上升趋势，一方面可以看出冬季项目的普及度和影响力逐渐扩大，另一方面也表现出冬奥会作为一项赛事已经开始趋于规范。此外，冬奥会的小项数量增长较为迅速，冬季项目也在全世界得以传播和推广。快速发展阶段冬奥会所包含的大项和分项分为冰上项目与雪上项目，各项目类别设置具体数量见表3－12。

表3－12　　1960～1993年冬奥会大项及分项数量　　单位：个

年份	项目类别	大项	分项
1960	冰上项目	2	3
	雪上项目	2	5
1964	冰上项目	2	3
	雪上项目	4	7

续表

年份	项目类别	大项	分项
1968	冰上项目	2	3
	雪上项目	4	7
1972	冰上项目	2	3
	雪上项目	4	7
1976	冰上项目	2	3
	雪上项目	4	7
1980	冰上项目	2	3
	雪上项目	4	7
1984	冰上项目	2	3
	雪上项目	4	7
1988	冰上项目	2	3
	雪上项目	4	7
1992	冰上项目	2	4
	雪上项目	4	8

从表 3 – 12 可以看出，这一阶段冬奥会在冰上项目上，一直保持 2 个大项；在雪上项目上，1964 年增加了 2 个大项后，没有发生任何变化。分项方面，在冰上项目上，从 1960 年开始均为 3 项，并延续至 1988 年，在 1992 年增加了 1 个分项；在雪上项目上，1964 年增加 2 个大项后，分项也随之增加，1992 年又增加了 1 个分项，总数达到 8 项。综上可见，在快速发展阶段，冬奥会在项目设置上处于稳步上升阶段，赛事发展较为稳定。

从上文中可以看出，与此前相比，项目设置数量的增幅有所上升。可以看出，自冬奥会参赛国家遍布五大洲后，规模逐步扩大，冬奥会冰上项目和雪上项目增设变化分别见表 3 – 13 和表 3 – 14。

表 3-13　1960～1993 年冬奥会冰上项目变化情况（不包含表演项目）

<table>
<tr><th>年份</th><th>大项</th><th>分项</th><th>小项</th></tr>
<tr><td rowspan="12">1960</td><td rowspan="11">滑冰</td><td rowspan="3">花样滑冰</td><td>男子单人滑</td></tr>
<tr><td>女子单人滑</td></tr>
<tr><td>男女双人滑</td></tr>
<tr><td rowspan="8">速度滑冰</td><td>男子 500 米</td></tr>
<tr><td>女子 500 米</td></tr>
<tr><td>女子 1000 米</td></tr>
<tr><td>女子 1500 米</td></tr>
<tr><td>男子 1500 米</td></tr>
<tr><td>女子 3000 米</td></tr>
<tr><td>男子 5000 米</td></tr>
<tr><td>男子 10000 米</td></tr>
<tr><td>冰球</td><td>冰球</td><td>男子冰球</td></tr>
<tr><td>1964</td><td>—</td><td>—</td><td>—</td></tr>
<tr><td>1968</td><td>—</td><td>—</td><td>—</td></tr>
<tr><td>1972</td><td>—</td><td>—</td><td>—</td></tr>
<tr><td rowspan="2">1976</td><td rowspan="2">滑冰</td><td>花样滑冰</td><td>增设男女双人冰上舞蹈</td></tr>
<tr><td>速度滑冰</td><td>增设男子 1000 米</td></tr>
<tr><td>1980</td><td>—</td><td>—</td><td>—</td></tr>
<tr><td>1984</td><td>—</td><td>—</td><td>—</td></tr>
<tr><td>1988</td><td>滑冰</td><td>速度滑冰</td><td>增设女子 5000 米</td></tr>
<tr><td>1992</td><td>滑冰</td><td>增设短道速滑</td><td>增设女子 500 米、男子 1000 米、女子 3000 米接力、男子 5000 米接力</td></tr>
<tr><td>1992 年上总计（个）</td><td>2</td><td>4</td><td>19</td></tr>
</table>

表 3－14　　1960～1993 年冬奥会雪上项目变化情况

（不包含表演项目）

年份	大项	分项	小项
1960	滑雪	越野滑雪	女子 10 公里
			男子 15 公里
			男子 50 公里
			男子 4×10 公里接力
			男子 30 公里集体出发
			女子 3×5 公里接力
		北欧两项	男子个人赛
		跳台滑雪	男子个人标准台
		高山滑雪	男子滑降
			女子滑降
			男子大回转
			女子大回转
			男子回转
			女子回转
	冬季两项	冬季两项	男子 20 公里
1964	滑雪	越野滑雪	增设女子 5 公里
		跳台滑雪	增设男子个人大跳台
	增设雪车	增设雪车	增设男子雪车两人、男子雪车四人
	增设雪橇	增设雪橇	增设男子雪橇单人、女子雪橇单人及男女雪橇双人
1968	冬季两项	冬季两项	增设男子 4×7.5 公里接力
1972	—	—	—
1976	滑雪	越野滑雪	女子 3×5 公里接力改为女子 4×5 公里接力
1980	冬季两项	冬季两项	增设男子 10 公里
1984	滑雪	越野滑雪	增设女子 20 公里

续表

年份	大项	分项	小项
1988	滑雪	北欧两项	增设男子团体赛
		跳台滑雪	增设男子团体赛
		高山滑雪	增设男子高山全能两项、女子高山全能两项、男子超级大回转、女子超级大回转
1992	滑雪	越野滑雪	增设男子10公里、女子30公里
		增设自由式滑雪	增设男子雪上技巧、女子雪上技巧
	冬季两项	冬季两项	增设女子15公里、女子3×7.5公里接力、女子7.5公里
1992年总计（个）	4	8	38

从表3－13可以看出，冬奥会冰上项目上，大项与前阶段相比没有发生任何变化。在分项中，仅在1992年的滑冰大项中增加了短道速滑1个分项。在小项方面，共新增了11个项目。具体来看，1960年增加了速度滑冰女子500米、1000米、1500米及3000米；1964～1972年冬奥会项目没有发生变化；1976年在花样滑冰上增设男女双人冰上舞蹈，速度滑冰增设男子1000米；1980年及1984年没有发生变化；1988年速度滑冰又增设女子5000米；1992年短道速滑成为正式比赛项目后，设有女子500米、男子1000米、女子3000米接力、男子5000米接力4个小项。总体而言，在快速发展阶段的冰上项目上，大项未出现增减变化，分项则只增设了短道速滑1项，小项的增设变化较为明显，在项目设置上已经趋于稳定状态。

从表3－14可以看出，冬奥会雪上项目上，大项新增了2个项目，分别是1960年的冬季两项和1964年的雪橇。1960年雪车由于设备问题取消，但在1964年就得以恢复。在分项中，仅增设了1个项目，即1992年的自由式滑雪。在小项方面，共新增22个项目，具体来看，1960年增设冬季两项后，设立了男子20公里；1964年，越野滑雪增加了女子5公里，跳台滑雪增加了男子个人大跳台，在雪车项目中恢复了男子两人和男子四人，雪橇项目则增加了男子单人、女子单人及男女双人；1968年冬季两项增设了男子4×7.5公里接力；1972年项目没有变化；1976年，越野滑雪将女子3×5公里接力改为女子4×5公里接力；1980年，冬季两项增加男子10公里；1984年，越野滑雪增设女子20公里；1988年，北欧两项和跳台滑雪均新增了男子团体赛，高山滑雪增加了男、女高山全能两项和男、女超级大回转4个小项；1992年越野滑雪增设男子10公里、女子30公里，自由式滑雪设置了男、女雪上技巧2个小项，冬季两项增设了3个小项，分别为女子15公里、女子3×7.5公里接力及女子7.5公里。总体而言，在快速发展阶段雪上项目上，较发展阶段（1956年）相比，增加了2个大项，3个分项，22个小项。

3.5.2 1960～1993年冬奥会项目参赛状况

从这一阶段的冬奥会参赛国家或地区数量及参与运动员的人数来看（见表3－15），总体已经呈现平稳上升趋势，可以看出冬奥会在快速发展阶段逐渐有了自己的体系，规模也日趋扩大。而且，冬奥会的举办地已经从欧洲和北美洲开始向亚洲进行转移，可以从一定程度上看出冬季项目已经不再是北欧运动员的专利，在亚洲也开始有自己的市场。女性运动员也越来越多地加入冬季项目中，在冰雪运动中展现自己的风采。

表 3-15　1960~1993 年冬奥会参赛地区及运动员数量

年份	参赛国家或地区数量（个）	运动员总人数（人）	女性运动员人数（人）	所占比例（%）
1960	30	665	144	21.7
1964	36	1091	199	18.2
1968	37	1158	211	18.2
1972	35	1006	205	20.4
1976	37	1123	231	20.6
1980	37	1072	232	21.6
1984	49	1272	274	21.5
1988	57	1423	301	21.2
1992	64	1801	488	26.1

资料来源：https：//www.olympic.org；任海．奥林匹克百科全书［M］．北京：奥林匹克出版社，2008.

3.6　1994 年至今冬奥会项目设置及参赛

3.6.1　1994 年至今冬奥会项目设置内容

随着冬奥会在世界上影响力的加大，参赛人数也急剧上升，对于举办国来说更是一个巨大的考验。国际奥委会在奥运年也需同时对夏奥会和冬奥会的筹备情况进行详细的考察，更是增加了国家奥委会的压力和负担。鉴于此，国际奥委会决定，从第 17 届起，冬奥会和夏奥会在不同年份举行，这是一次开创性的改革，冬奥会也迎来了自己的时代。从 1994 年挪威利勒哈默尔冬奥会到 2018 年平昌冬奥会，这一阶段共进行了 7 届冬奥会。2018 年，国际奥委会正式确定了2022年北京冬奥会的项目设置具体时间及项目设置数量（见表3-16）。

表3-16　1994年至今冬奥会项目设置数量（不包含表演项目）

单位：个

年份	举办地	大项	分项	小项
1994	利勒哈默尔（挪威）	6	12	61
1998	长野（日本）	7	14	68
2002	盐湖城（美国）	7	15	78
2006	都灵（意大利）	7	15	84
2010	温哥华（加拿大）	7	15	86
2014	索契（俄罗斯）	7	15	98
2018	平昌（韩国）	7	15	102
2022	北京（中国）	7	15	109

从表3-16可以看出，在这一阶段，冬奥会在大项和分项上的增设幅度并不大，可以看出冬奥会已经趋于成熟。而在小项方面，数量则是急剧上升，冬季项目已经得到世界性地开展，并且仍在更大范围地普及。成熟阶段冬奥会所包含的大项和分项分为冰上项目与雪上项目，各项目类别设置具体数量见表3-17。

表3-17　1994年至今冬奥会大项及分项数量

单位：个

年份	项目类别	大项	分项
1994	冰上项目	2	4
	雪上项目	4	8
1998	冰上项目	3	5
	雪上项目	4	9

续表

年份	项目类别	大项	分项
2002	冰上项目	3	5
	雪上项目	4	10
2006	冰上项目	3	5
	雪上项目	4	10
2010	冰上项目	3	5
	雪上项目	4	10
2014	冰上项目	3	5
	雪上项目	4	10
2018	冰上项目	3	5
	雪上项目	4	10
2022	冰上项目	3	5
	雪上项目	4	10

从表 3 - 17 可以看出，这一阶段冬奥会在冰上项目上，1998 年增加了 1 个大项，总数增至 3 个，并在此后保持不变；雪上项目则一直维持在 4 个，没有发生任何变化。分项方面，在冰上项目上，1998 年，从此前的 4 个大项增至 5 个大项，此后则未发生数量上的变化；在雪上项目上，1994 年为 8 个分项，1998 年和 2002 年分别增加了 1 个分项，雪上项目已经达到 10 个分项，并维持至今。

从上面可以看出，与此前阶段相比，项目设置数量的增幅明显提高，尤其是小项方面，更是增长迅速。可以看出，自冬奥会与夏奥会在不同年份举行后，冬奥会的规模也在逐步扩大，项目设置也更加合理。这一阶段冬奥会冰上项目和雪上项目增设变化分别见表 3 - 18 和表 3 - 19。

表 3－18　　　1994～2022 年冬奥会冰上项目变化情况

（不包含表演项目）

年份	大项	分项	小项
1994	滑冰	花样滑冰	男子单人滑
			女子单人滑
			男女双人滑
			男女双人冰上舞蹈
		速度滑冰	男子 500 米
			女子 500 米
			男子 1000 米
			女子 1000 米
			女子 1500 米
			男子 1500 米
			女子 3000 米
			男子 5000 米
			女子 5000 米
			男子 10000 米
		短道速滑	男子 500 米
			女子 500 米
			男子 1000 米
			女子 1000 米
			女子 3000 米接力
			男子 5000 米接力
	冰球	冰球	男子冰球
1998	冰球	冰球	增设女子冰球
	增设冰壶	增设冰壶	增设男子冰壶、女子冰壶
2002	滑冰	短道速滑	增设男子 1500 米、女子 1500 米
2006	滑冰	速度滑冰	增设男子团体追逐、女子团体追逐
2014	滑冰	花样滑冰	增设团体混合赛

续表

年份	大项	分项	小项
2018	滑冰	速度滑冰	增设男子集体出发、女子集体出发
	冰壶	冰壶	增设混合双人赛
2022	滑冰	短道速滑	增设混合团体接力
2022 年总计（个）	3	5	33

表 3－19　1994～2022 年冬奥会雪上项目变化情况（不包含表演项目）

年份	大项	分项	小项
1994	滑雪	越野滑雪	女子 5 公里
			女子 10 公里
			女子 20 公里
			男子 10 公里
			男子 15 公里
			女子 30 公里
			男子 50 公里
			男子 4×10 公里接力
			男子 30 公里集体出发
			女子 4×5 公里接力
		北欧两项	男子个人赛
			男子团体赛
		跳台滑雪	男子个人标准台
			男子个人大跳台
			男子团体赛
		高山滑雪	男子滑降
			女子滑降
			男子大回转
			女子大回转
			男子回转
			女子回转

续表

年份	大项	分项	小项
1994	滑雪	高山滑雪	男子高山全能两项
			女子高山全能两项
			男子超级大回转
			女子超级大回转
		自由式滑雪	男子雪上技巧
			女子雪上技巧
			男子空中技巧
			女子空中技巧
	冬季两项	冬季两项	男子 10 公里
			女子 15 公里
			男子 20 公里
			女子 7.5 公里
			男子 4×7.5 公里接力
			女子 4×7.5 公里接力
	雪车	雪车	男子雪车两人
			男子雪车四人
	雪橇	雪橇	男子雪橇单人
			女子雪橇单人
			男女雪橇双人
1998	滑雪	增设单板滑雪	增设男子大回转、女子大回转、男子 U 型场地技巧、女子 U 型场地技巧
2002	滑雪	越野滑雪	增设男子 15 公里短距离、女子 15 公里短距离，将男子 10 公里及女子 10 公里改为男子混合式 10 公里及女子混合式 5 公里追逐
		北欧两项	增设男子个人短距离
		单板滑雪	男子平行大回转、女子平行大回转替代男子大回转、女子大回转
		冬季两项	增设男子 12.5 公里追逐赛、女子 10 公里追逐赛

续表

年份	大项	分项	小项
2002	雪车	雪车	增设女子雪车两人
		增设钢架雪车	增设男子钢架雪车单人、女子钢架雪车单人
2006	滑雪	越野滑雪	将之前的男子混合式 10 公里及女子混合式 5 公里追逐调整为男子 15 × 15 公里追逐及女子 7.5 × 7.5 公里追逐赛，将男子 30 公里及女子 15 公里集体出发赛改为男女团体短距离赛
		单板滑雪	增设男子障碍追逐、女子障碍追逐
		冬季两项	增设女子 12.5 公里集体出发、男子 15 公里集体出发，将女子 4 × 7.5 公里接力调整为女子 4 × 6 公里接力
2010	滑雪	自由式滑雪	增设男子障碍追逐、女子障碍追逐
2014	滑雪	跳台滑雪	增设女子个人标准台
		自由式滑雪	增设男子 U 型场地技巧、女子 U 型场地技巧、男子坡面障碍技巧、女子坡面障碍技巧
		单板滑雪	增设男子平行回转、女子平行回转、男子坡面障碍技巧、女子坡面障碍技巧
		冬季两项	增设混合接力
		雪橇	增设混合团体接力
2018	滑雪	高山滑雪	增设混合团体赛
		单板滑雪	增设男子大跳台、女子大跳台，取消男子平行回转、女子平行回转
2022	滑雪	跳台滑雪	增设混合团体
		自由式滑雪	增设空中技巧混合团体、男子大跳台、女子大跳台
		单板滑雪	增设障碍追逐混合团体
	雪车	雪车	增设女子单人雪车
2022 年总计（个）	4	10	76

从表 3－18 可以看出，这一阶段冬奥会冰上项目，大项仅在 1998 年增设了冰壶 1 项。在分项中，除了冰壶之外则没有变化。在小项方面，共新增了 10 个项目。总体上看，1994 年增设短道速滑男子 500 米、女子 1000 米；1998 年增加了女子冰球及男、女冰壶；2002 年，在短道速滑中增加了男、女 1500 米；2006 年增加速度滑冰男、女团体追逐赛；2014 年增设了花样滑冰团体混合赛；2018 年增设了速度滑冰男、女集体出发和冰壶混合双人赛；在 2022 年北京冬奥会最新公布的项目中，增加了短道速滑混合团体接力。总体而言，在成熟阶段冰上项目上，大项和分项均只增设了 1 项，小项的增设变化较为明显，在项目设置上逐渐拥有成形的标准。

冰壶是在这一阶段唯一新增设的冰上大项。冰壶在 1988 年卡尔加里冬奥会和 1992 年阿尔贝维尔冬奥会上分别第二次和第三次作为表演项目，表演内容为男子及女子团体。1993 年 6 月 22～23 日，国际奥委会在瑞士洛桑召开会议，长野冬奥会的组织委员会决定将冰壶纳入 1998 年第 18 届冬奥会中。男女八个团队参与了长野冬奥会，并且在 2002 年盐湖城冬奥会上，参加队伍扩大到 10 个。2018 年平昌冬奥会上，男女混合双人赛成为冰壶的项目之一①。

从表 3－19 可以看出，冬奥会雪上项目上，大项没有发生任何变化。在分项中新增设了 2 个项目，分别为 1998 年的单板滑雪及 2002 年的钢架雪车。在小项方面，共新增了 31 个项目。具体来看，1994 年将自由式滑雪男、女空中技巧列为正式项目；1998 年，单板滑雪设置了男、女大回转和男、女 U 型场地技巧 4 个小项；2002 年，越野滑雪增设男子 15 公里短距离、女子 15 公里短距离，并在项目设置上有一定的调整，单板滑雪将男、女平行大回转替代男、

① 国际奥委会官网，https：//www. olympic. org. 世界冰壶联合会官网，http：//www. worldcurling. org。

女大回转，北欧两项增设了男子个人短距离，冬季两项新增了男子12.5 公里追逐赛及女子 10 公里追逐赛，雪车增加了女子两人，男、女钢架雪车单人赛也作为正式项目出现；2006 年，越野滑雪在项目设置上又进行了调整，将之前的男子混合式 10 公里及女子混合式 5 公里追逐改为男子 15×15 公里追逐及女子 7.5×7.5 公里追逐赛，将男子 30 公里及女子 15 公里集体出发赛改为男女团体短距离赛，单板滑雪增设男、女障碍追逐赛，冬季两项增设女子 12.5 公里集体出发、男子 15 公里集体出发，并将女子 4×7.5 公里接力调整为女子 4×6 公里接力；2010 年自由式滑雪增设男、女障碍追逐赛；2014 年，跳台滑雪增加女子个人标准台，自由式滑雪增设了男、女 U 型场地技巧及男、女坡面障碍技巧 4 个小项，单板滑雪增加了男、女平行回转和男、女坡面障碍技巧，冬季两项增设了混合接力，雪橇新增了混合团体接力；2018 年，高山滑雪增设了混合团体赛，单板滑雪在项目设置上进行了调整，增设了男、女大跳台，同时取消了男、女平行回转项目；在 2022 年北京冬奥会最新公布的项目中，跳台滑雪增设混合团体，自由式滑雪增设了空中技巧混合团体及男、女大跳台，单板滑雪新增障碍追逐混合团体，另外在雪车项目上增加了女子单人雪车。总体而言，在成熟阶段雪上项目上，与快速发展阶段（1992 年）相比，共增设了 2 个分项，31 个小项，大项则没有出现增减变化。

从冬奥会项目整体发展来看，在演进设置上具有一定的规律性。国际奥委会考虑到规模控制、项目自身发展情况等因素，在大项和分项的增设上的浮动不大，但是小项上则增长迅猛。在未来冬奥会的发展中，项目设置可能会依然延续这一趋势，而在具体设置方面，未来可能会更加多元化，项目分配更趋于合理，更多新兴的冬季运动项目将进入冬奥会。

冬奥会项目设置变化对我国冬奥争光计划项目布局也有着重要

的指导意义。针对项目设置情况，对冰上和雪上的重点项目做出初步判断，找出不同项目的技战术特点及制胜规律，更加有针对性地培养各级各类体校的优秀运动员。同时，根据项目增设变化进行有的放矢地调整，保证训练效果的最大化；也可根据项目设置制定出更翔实周密的计划，挖掘出更多的冬奥项目人才，促进国家对于冬奥体系的整体持续建设。

3.6.2 1994 年至今冬奥会项目参赛状况

从这一阶段的冬奥会参赛国家或地区数量及参与运动员的人数来看（见表3-20），运动员总人数仍在不断扩大，但是增幅总体较为平缓，并没有过快的增长变化。参赛国家或地区也在持续增长，女性运动员在冬奥会的曝光度也越来越高。可以看出，冬奥会在全球已经有着举足轻重的地位，成为世界上规模最大、影响力最高的冬季项目综合性运动会。

表3-20　　冬奥会参赛地区及运动员数量

年份	参赛国家或地区数量（个）	运动员总人数（人）	女性运动员人数（人）	所占比例（%）
1994	67	1737	522	30.1
1998	72	2176	787	36.2
2002	77	2399	886	36.9
2006	80	2508	960	38.3
2010	82	2566	1100	42.9
2014	88	2780	1159	41.7
2018	92	2833	1169	41.3
2022（拟）	90	2892	1314	45.4

资料来源：https：//www.olympic.org；任海．奥林匹克百科全书［M］．北京，奥林匹克出版社，2008.

在这一阶段，正式比赛项目从 1994 年的 6 个大项、12 个分项、61 个小项发展成 2018 年的 7 个大项、15 个分项、102 个小项，2022 年北京冬奥会更是达到了 109 个小项，冬奥会项目增设数量稳步上升，赛事组织日渐成熟。参赛国家和地区也在逐年增长，运动员的数量持续上升，女子运动员也有着越来越高的参与度，冬奥会在世界上已经有了举足轻重的地位。从冬奥会的项目设置总体来看，大项和分项设置已经趋于稳定状态，大项中仅增设了冰壶，分项上除冰壶外，增加了单板滑雪及钢架雪车，其余均为小项的调整变化。从项目整体设置上看，这些冬季项目都有着深远的历史文化背景，并且有相关组织促进该项目的可持续发展。从生存技巧到惊险刺激，也可以看出国际奥委会在冬奥会项目设置上的多重考虑。在国际奥委会的领导下，冬奥会成为世界上规模最大的冬季运动会，并且得到了极高的关注度。受冬奥会影响，各个项目的单项赛事组织也越发成熟，给予国际奥委会必要的支持与帮助，达成了良好的合作关系。

在未来冬奥会的项目设置中，大项和分项依旧会呈现稳定上升的趋势，并在一定时间内保持恒定，而小项或许每届均会有所增设，但是不会有明显浮动。在参与度上，随着冬奥会在世界上的影响力越来越强，还会有更多的国家或地区参与，运动员人数也将随之增长，女性运动员的比例还将稳步上升，男女比例趋于平衡。在 2022 年北京冬奥会已公布的方案中，女性运动员在全体运动员中的占比为 45.44%，创下冬奥会历史新高，女性运动员将参加 46 个小项，同样为历届冬奥会之最。

第 4 章

冬奥会媒体传播

奥运会作为全球最大、最有影响力的体育盛会受到全球关注，随着 2022 北京冬奥会的申办成功，奥运再次来到中国。2022 北京冬奥会将面对与 2008 北京奥运会完全不同的媒介环境，需要从以往较新的、有代表性的冬奥会相关研究中总结经验，以期对我国冬奥会媒体传播工作提供有益借鉴。

4.1 冬奥会与国家形象传播

奥运会与国家/城市形象是从 2008 北京奥运会起被始终关注的问题，相信在北京冬奥会研究中也会成为被着重关注的领域。

学者对国家形象的研究切入角度和关注点各不相同，最初将其作为受众的感知，20 世纪 90 年代美国学者巴洛古提出："对一个国家进行总体认知和感受，继而进行的评估，是一个人在这个国家所有变量因素的基础上，对这个国家所产生的总体印象。"当前对于国家形象传播，有将其作为一种无形资产进行研究，认为国家形象是一种很特殊的无形资产，这一资产可以决定国家在国际事务中的影响力和被认可度，并分为对外形象与对内形象两部分[①]。有将其纳入品牌研究的层面，指出国家形象就是国家的品牌，商业里原产国效应就是国家品牌形象在消费者头脑中的体现[②]。有从媒介角度作为研究的主要切入点来界定国家形象的，如：一个主权国家系统运动过程中发出的信息被公众映像后在特定的条件下通过媒介的输出[③]；是一种对外传播和跨文化传播，即在一种文化中编码，到另一种文化中解码的过程[④]；国家形象传播是作为一个具体的国家发出不同类型的信息，通过多种渠道输送和加工，最终形成国家形象的过程[⑤]。还有将其偏重政治层面，强调其政治意义，如国家形象传播实际上是以国家形象宣传作为主题的一种跨国政治传播[⑥]。国家形象是一个内涵丰富、构成多样的概念，它由具象的人的形象、城市形象和组织形象所构成，其中对奥运举办城市而言，城市形象与国家形象是包含于内的相互作用的关系，很多时候举办城市也直接影响并代表了国家的形象，一般不做具象到将国家形象与城市形象进行分别独立探讨与分析。

4.1.1　奥运城市形象定位与规划

由于夏奥会与冬奥会在展现国家形象方面的方法、手段与媒介环节较类似，同时最近的奥运赛事更能为2022北京冬奥会提供借

---

① 吴红梅．国际新闻传播中的国家形象问题［J］．新闻与传播研究，1996（2）：35－45.

② E. D. Jaffe. Branding in the time of virtual reality［J］. Journal of Business Research，2001.

③ 张毓强．国家形象刍议［J］．现代传播，2002（2）：27－31.

④ Samovar. State and Nation images of power and social bond 13－18 July 2002［J］. Historein，2004，4.

⑤ 张昆，徐琼．国家形象刍议［J］．国际新闻界，2007（3）：11－16.

⑥ 支荣廷．国家形象的多维塑造与传播策略［J］．清华大学学报（哲学社会科学版），2013，28（2）：141－152.

鉴，本课题将2020东京奥运会部分研究成果纳入分析。魏然（2017）系统梳理了东京冬奥会城市形象定位产生的过程，并进行了分类讨论①。2014年，东京奥组委在“全日本体制”（指由日本中央政府、东京都政府、日本奥组委、残奥组委和企业界共同推进奥运准备工作）下公布《关于推进2020年东京奥运会·残奥会准备及运转工作的基本方针》，指出2020年东京奥运会的意义是：“重振正在失去自信的日本，将成熟社会的先进经验展示给世界。”

2014年12月出台《东京都面向2020年的相关措施》，提出“作为在成熟大都市举办的体育盛会，2020年奥运会必须产生出成熟社会相应的奥运遗产，除了经济实力的增长，还要实现真正意义上的丰富多彩的生活。”其中主要关键词为“成熟社会”，具体内容是指：作为一个老牌的发达国家，也曾经举办过奥运会，东京除了拥有较强的经济实力和完善的基础设施之外，还拥有一些处理现今世界普遍难题的经验，这些经验将通过奥运会这一载体向世界进行传播，比如少子化、老龄化、资源匮乏、环境保护等问题。

2016年1月，东京奥组委公布的《东京2020行动与遗产计划》指出：2020年奥运会是绝无仅有的良机，让东京和日本能够反省和展示自己，再次引起世界性的关注，其中最重要的是体现日本价值的传统文化，以及日本的经济和高科技发展。其中，“成熟社会”“文化”“科技”成为东京展示城市形象的三个关键词，正如1964年的东京夏季奥运会，其科学技术在制造业、城市出行和电视转播等方面领先于世界，一举让日本确立了世界“技术大国”的地位。2020年奥运会日本继续强化技术都市的形象，以奥运会为“展厅”，向世界展示日本先进科技，包括研发机器人、机器翻译、电动汽车、无线上网、电子显示、电子支付等。

---

① 魏然.2020年东京奥运会城市形象国际传播策略及启示［J］.体育文化导刊，2017（3）：31－32.

4.1.2　国家形象传播要素及主客体

沈华柱（2014）对索契冬奥会以政治传播视角来研究，认为随着媒介变迁的推动，我国奥运报道的话语权有所缺失，报道中略显被动是其存在的主要问题，虽然未出现对中国过于不利的报道，但国外媒体在议程设置上一直领先于我国媒体，我国主流媒体如何扩大影响力并引领国际媒体是今后奥运报道中需解决的问题①。

国家形象传播有关主客体的研究案例大多将国家形象传播的主体限定在各级政府。在新媒体时代，社会各层面的信息交流更加直接与透明，这一单一主体说观点也将引起更多的讨论。孙瑜（2016）认为政府作为宏观层面来设定国家形象传播的定位与目标，能够集中资源，同时保障传播媒介与渠道的畅通，同时组织、个人以及他国政府、组织及个人也是新媒体时代不可忽视的国家形象传播主体。包括生产企业的产品和相关组织的服务在被他国接收时都会带有该国和该城市的标签，并对其进行相关评价。同时，国民形象作为个体也是重要传播主体，其重要性日益凸显，在传播国家形象中每个国民是他国接触频率最高、覆盖面最广、形象最鲜活和生动的传播主体。民众个体的一举一动都会被打上某国的标签，并传递国家形象的信息②。张昆（2007）在广义层面对国家形象要素构成进行分析，也形成理论界较一致的观点，其要素包含物质要素与非物质元素两大类③。

4.1.3　冬奥会与国家/城市形象传播策略

在奥运城市形象传播策略方面，魏然（2017）经研究得出东京

① 沈华柱等．从索契冬奥会看体育赛事政治传播的策略与效果［J］．新闻大学，2014（6）：39.

② 孙愉．俄罗斯国家形象传播研究［D］．哈尔滨：哈尔滨师范大学，2016（6）：9.

③ 张昆．国家形象刍议［J］．国际新闻界，2007（3）：46.

奥组委采用事件活动、都市文化传播及媒体传播的策划。一是使用事件活动进行传播。在强化科技都市方面，主要针对社会的老龄化、环保等全球共性问题，要重点向国外宣传氢能汽车、氢能自行车等环保技术，看护老人机器人和动力外骨骼装置等应对老龄化社会的解决手段。二是都市文化传播体验。东京奥组委联合政府在奥运主会场附近设置“日本屋”来展示日本的茶道、和食、书法等日本文化体验项目。同时在2008年就已经启动“东京文化传播项目”，包括“东京节”“东京大茶会”“六本木艺术之夜”“涩谷街舞周”“惠比寿映像祭”“狂热之日音乐节”以及“成就·儿童·东京”等活动。在里约奥运会后日本文化厅启动了“体育文化世界论坛”“文化招待之旅”“东京艺术大篷车队”等活动。三是在媒体传播方面，如2015年由日本唯一的公共广播电视机构日本放送协会（NHK）开设“TOKYO EYE 2020”栏目，其内容主要包括：立体生动地向世界介绍东京特色的繁华地段；从动漫、饮食和娱乐方面传播城市形象[①]。

张芸（2016）探讨河北地方形象传播的问题，冬奥会为传播河北地域文化搭建了重要平台；冬奥会是展示“美丽河北”形象的重要窗口；冬奥会是推动京津冀一体化的加速器；冬奥会将全面提升河北的开放度和国际化水平。面临的主要问题是，燕赵文化资源的发掘利用有待深化，文化传播尚未形成特色与品牌；对外传播平台尚不完善，对外发声的渠道不够畅通；对外传播资源整合度低，尚未形成集约化传播优势[②]。

4.1.4 北京冬奥会申奥宣传片

有关研究者在我国冬奥会申办成功后，从各角度对成功的原因进

---

① 魏然．2020年东京奥运会城市形象国际传播策略及启示［J］．体育文化导刊，2017（3）：31.32.

② 张芸．新时期地方形象对外传播的创新路径——以冬奥会背景下的“美丽河北”对外传播为例［J］．对外传播，2016（10）：72－76.

行了分析，其中申奥宣传片也直接发挥了传播作用，宣传片以视听展现方式能够直接为不同文化背景的人们所认识。方静（2016）以我国冬奥会申办宣传片为文本，分析英国广播公司（BBC）、美国广播公司（CNN）对中国申办的报道，探讨我国国家形象输出状况，得出结论：我国冬奥申办宣传塑造了开放自信、友好合作、文明进步的国家形象；英美两国媒体较少对中国体育大事件设置议题，环境认知层面的效果表现较弱；英美两国媒体常以西方意识形态为导向，塑造出的中国国家形象往往负面多于正面，其价值形成和维护层面的效果以负面为主；英美两国代表的西方媒体对中国体育报道数量很少，关注度不高，对中国体育文化报道产生的社会行为示范层面效果优劣参半[①]。蔡璇（2016）也对我国冬奥会宣传片进行了分析，认为该片能够结合体育元素展示了中国强大的经济形象，寓体育元素于悠久的文化形象。冬季活动的展示与长城、故宫及天坛等景观相得益彰，从体育视角凸显飞跃的体育形象，在全球化背景下，通过视觉影像将国家形象的塑造和体育元素融会贯通将是国家形象卓有成效的传播途径之一[②]。

4.2　冬奥会新闻报道的实务

4.2.1　平面媒体冬奥会报道

有关平面媒体奥运报道的研究集中在温哥华冬奥会之前，一是

① 方静．中国 2022 年冬奥会申办宣传中的国家形象塑造［D］．武汉：华中师范大学，2016.

② 蔡璇．北京冬奥会申办宣传片中的国家形象塑造［C］//2015 第十届全国体育科学大会论文摘要汇编（二），2015：1728－1729.

此时的平面媒体还未像如今呈现断崖式衰落的迹象；二是平面媒体的文本获取及分析相对便利，为研究提供了方便，有两篇研究比较具有代表性。王巍（2011）以新闻框架理论为基础对《人民日报》关于1980～2010年举行的9届冬奥会的报道进行研究，表明媒体报道量与中国运动员成绩成正相关，其报道框架的变化与形成和运动员在冬奥会赛场的成绩密切相关；话题的选择多样，报道角度以本土化为主；冬奥会报道语言风格和修辞策略日趋重视，叙事角度逐步向客观、中立化转变，表达方式由简单场面描写向多种表达综合运用转变；引语逐步呈现多样化，适当引用成语和隐喻①。

邹英（2012）等则选择《哈尔滨日报》等4家都市报及体育专业报纸《体坛周报》对温哥华冬奥会的报道进行梳理，认为报道过分关注金牌获得者，对非金牌获得者的关注带有片面性。北方媒体较南方媒体更重视冬奥会的报道②。

4.2.2 电视媒体的冬奥会报道

电视这个“老而新”的媒体始终是相关研究的关注点，同时央视拥有奥运独家报道的垄断权，几乎所有与电视有关的研究都围绕央视的报道来展开。其中白芸（2010）从电视新闻采访模式角度，经历史角度分析央视“采访体系”的变迁，得出“三位一体”的采访体系是今后奥运赛事的理想体系，包括：“混合采访区”“注入点采访”“新闻发布会采访”等数字采集形式，“**者说”为代表的一对一采访及演播室的大型访谈③。王艺臻（2014）从舆论学中拟

---

① 王巍．人民日报冬奥会新闻报道研究［D］．北京：北京体育大学，2011，5.

② 邹英．我国平面媒体冬奥会新闻报道的可持续发展对策研究［J］．沈阳体育学院学报，2012（2）：23－24.

③ 白芸．从温哥华冬奥会看电视体育报道的新发展［J］．新闻世界，2010（6）：75－76.

态环境理论入手，探讨索契冬奥会期间央视如何从媒介构建的“拟态环境”还原冬奥会的“真实面目”，主要原则是，坚持以人为本，还原真实场景；依托技术进步，实现全方位报道；提高解说质量，引导正确舆论[①]。刘石（2008）从宏观上对电视媒体转播发展与冬奥会影响进行探讨，认为促进了冬奥会项目布局的发展分化，国际合作也使得电视转播技术得到进步[②]。李金宝（2014）对索契冬奥会的解说特点及非普及项目的解说功能进行探讨，认为央视索契冬奥会解说具有解说嘉宾风格多样化，解说模式固定化与现场化，解说方式激情化与娱乐化的特点[③]。王艺臻（2014）同样对索契冬奥会解说的功能进行了分析，认为其具有告知信息、凝聚感情、传播奥运精神和传播人文关怀的功能[④]。

陈晨（2014）以独特的女性视角切入对央视索契冬奥会报道进行分析，得出结论，在冬奥会男性项目多于女性项目的背景下，央视对女性项目的报道要高于国际平均水平，其中黄金时间女性参与项目的直播、集锦和回放要高于男性。此外，在赛事采访时间和专题访谈中，男女运动员有差距但比较接近，媒体给予了较公平的播出时间和关注[⑤]。

4.2.3　新媒体的冬奥会报道

新媒体参与冬奥会报道历史可追溯到 2002 年盐湖城冬奥会，但由于新媒体不够成熟，相关研究均为一般作用及功能的概述。从

①④　王艺臻，基于“拟态环境”看央视冬奥会报道［J］．青年记者，2014（16）：81－82.

②　刘石．冬奥会电视传播机制现状与对策研究［J］．哈尔滨体育学院学报，2013，31（5）：17－21.

③　李金宝．试论中央电视台索契冬奥会赛事解说特点［J］．现代视听，2014（11）：66－69.

⑤　陈晨．基于女性主义视角的奥运会电视转播报道研究：以央视体育频道索契冬奥会报道为例［J］．新闻春秋，2014（4）：45－55.

2010年温哥华冬奥会开始网络对冬奥会报道研究成为研究热点，其后对以微博为代表社交媒体相关研究逐步增多。陈炎（2014）对央视网索契冬奥会报道的15个板块进行内容分析，认为存在新闻内容同质化、报道风格过于严肃、互动版块少、专题页面新闻信息量过大的问题①。

陶冶（2015）对腾讯体育在索契冬奥会期间的终端（腾讯网、腾信新闻App、腾讯微博、微信及微视）进行研究，认为腾讯体育主打体育明星的策略提升了关注度和专业水平，报道方式上以向可视化发展趋势明显，原创新闻以及情怀化报道比例增多，同时传媒媒介由PC端向移动端转型②。徐颖（2014）对微博平台的@新浪体育和@CCTV5账号进行对比分析，认为两家在发布方式、时效性、多媒体组合运用、报道框架、消息来源和主体框架方面存在一定的相似性，但在消息来源上都存在不足。由于自身媒体属性特点，@新浪体育更加大胆、更具多媒体特色③。

4.2.4 冬奥会传播与报道技术

传媒技术的变革是媒介发展的阶段性标志，尤其是在技术更新日新月异的今天，更有其研究价值。陈宇（2014）对在线包装技术在央视索契冬奥会报道的应用进行分析，通过对在线包装系统的设计、工作流程、备份方案、新技术采用和内容做了概述性介绍。在线包装已成为电视节目不可或缺的制作形态，如何挖掘其潜力，做出完美的包装图形并及时准确地为观众呈现，是在线包装系统要实

---

① 陈炎．央视网索契冬奥会体育报道的创新［J］．电视研究，2014（6）：43－45．

② 陶冶．腾讯体育2014年索契冬奥会传播策略研究［J］．北京体育大学，2015（5）：50－51．

③ 徐颖．新浪体育与CCTV5新浪官方微博索契冬奥会报道比较研究［D］．成都：成都体育学院，2014．

现的目标和宗旨[①]。侯佳（2014）同样从技术角度对索契冬奥会的IBC技术系统进行介绍，其总控系统、音视频系统、网络直播、在线包装及通话系统相互协作，提供了全方位技术支持，在新技术条件下满足了大型综合赛事的要求与考验[②]。

张璇（2017）对美国主流媒体的报道数据可视化表现技术进行内容分析，发现索契冬奥会可视化报道选题角度多样，制作流程团队化，数据来源多渠道化，数据抓取、清洗和分析专业化和工具化，呈现了全媒体视觉传达的艺术性、技巧性、社交化、人性化和移动化[③]。

4.3　索契冬奥会媒体传播

索契冬奥会是苏联解体后俄罗斯首次举办的大型国际运动会。长期未举办过大型国际运动会的俄罗斯在1998年和2002年两次申办冬奥会，均未成功，原因有很多，但重要的还是俄罗斯的经济状况不佳。当2007年俄罗斯的索契申办冬奥会成功后，俄罗斯特别渴望借此机会展开一系列活动传播正面国家形象，并以此带动国内经济发展。

4.3.1　索契冬奥会国家形象的构建

（1）官方仪式展现文化的厚重与多元。索契“9分钟”的展

---

① 陈宇．在线包装在大型综合体育赛事制播中的应用［J］．中国传媒技术，2014，14：59-60.

② 侯佳．2014索契冬奥会前场演播室系统概况及应用［J］．现代电视技术，2014（3）：18-22.

③ 张璇，肖焕禹．数据可视化在索契冬奥会报道中的应用研究——以《纽约时报》和《华盛顿邮报》为例［J］．武汉体育学院学报，2017，51（5）：10-14.

示。随着2010年温哥华冬奥会落幕，作为下届冬奥会主办国，在温哥华冬奥会闭幕式上进行了“通向未来之门”为主题的九分钟表演。表演由俄罗斯著名模特娜塔莉亚带着可爱的孩子们出场开始，她用魔棒点亮全场，随之全场开始活跃，俄罗斯著名指挥家瓦列里·捷吉耶夫隔空指挥远在俄罗斯红场的交响乐团，随后女子单人滑选手斯鲁茨卡娅带领着芭蕾舞演员开始翩翩起舞，将表演推向高潮。芭蕾舞结束后，俄罗斯女高音歌唱家玛利亚·谷列金娜高歌俄罗斯民族特色歌曲《伊戈尔王》，接着“冰王子”普鲁申科和三个可爱的孩子一同出现在舞台中央，随着歌声和孩子们的笑容表演结束。在九分钟的表演中，从索契、莫斯科和温哥华三地展示了来自俄罗斯的艺术和文化，包括音乐、芭蕾、冬季运动的强项。

索契冬奥会的开幕式。开幕式作为历届奥运会的一大看点，能够突出展示本国最具特色的文化艺术和发展历程。在主题为“俄罗斯之梦”的开幕式表演中，首先以基里尔字母表展示了俄罗斯在文学界、政治界、古典音乐和科学领域的名人，如普希金、托尔斯泰、门捷列夫、柴可夫斯基、康定斯基及爱森斯坦等巨匠，他们是人类文明史中璀璨的巨星，深深地影响了俄罗斯及全世界。三个小时的开幕式梳理了俄罗斯深厚的文化历史，也向世界展示了俄罗斯厚重的文化底蕴。文化底蕴是国家形象的重要组成部分，俄罗斯利用该因素扩展影响力，再次唤醒民族自豪感的同时，也将优秀的艺术文化传播了出去。

（2）传播普京和俄罗斯政府的多方外交和友好。在国家形象传播中，作为政府的代表，普京成为传播国家形象最具显著性的个体，在塑造自身形象的同时，也积极传播了政府和国家的形象。尤其是当面对不利形势和言论时，各项政策的颁布、会见各国政府首脑、造访代表团和观看比赛，无不体现出俄罗斯政府多方外交以及和平友好的对外政策。

以美国为首的西方国家长期以来对俄罗斯的人权问题一直存在质疑，在冬奥会举办前对俄罗斯颁布反同性恋宣传的法律更是进行了强烈批判甚至抵制。从中可以看到西方部分国家的傲慢和文化霸权。俄罗斯通过立法禁止向未成年人“宣传非传统性关系”，其出发点是为青少年提供安全的信息环境，普京总统在新闻发布会上表示，“俄罗斯没有干涉其他国家的同性恋宣传问题，也请求外界不要干涉俄罗斯在这一领域的决定。俄罗斯同性恋少数群体的权利不会受到任何侵害。他们是我们社会当之无愧的成员，绝对不会受到任何歧视。这一法案不是为了对宣传同性恋实施某种制裁，而是为了保护儿童不受相关信息的影响。”①

西方国家非要将所谓“自由”的观念强硬施加给他国，表现出的是文化霸权主义，同时出于攻击俄罗斯的政治目的将俄罗斯的敌对形象刻意夸大。即使在这种背景下，为了缓和国际舆论争取更多的支持，普京没有表现出以往的强硬形象，而是采取了一系列示好，缓和对俄罗斯的批评。针对有关“同性恋的法律”，俄罗斯还部分修改反同性恋法律，去除涉及同性恋相关条款。同时，普京接见了同性恋运动员，并表彰了获得突出成就的同性恋者。

表 4 - 1 为普京与冬奥会相关活动及政令，从冬奥会申办到组织管理，从场馆设施建设到开幕式设计，普京都投入了大量心血，赛时他还频繁会见各国领导人，慰问和看望各国运动员（包括同性恋运动员），以观众身份赴赛场观看赛事等。

在西方主要国家领导人集体缺席的情况下，仍有 65 位国家、政府和国际组织领导人，包括 44 位国家领导人出席索契冬奥会，创历届冬奥会的历史。

---

① 俄罗斯同性恋的权利不会受到侵害［EB/OL］.（2013 - 06 - 26）. 国际在线，http：//news. sina. com. cn/o/2013 - 06 - 26/142027503840. shtml.

表 4-1　　　　普京与冬奥会相关主要活动及政令

时间段	主要活动与政令
冬奥会申办	普京亲自率团参与申办，用英语向奥组委承诺俄罗斯为冬奥会做好了一切的准备
冬奥会开幕前	特赦石油大亨米哈伊尔·霍多尔科夫斯基，赦免“绿色和平组织”成员等政治要犯
	会见美、英等媒体记者、以普通人身份友善地回答了诸多问题，并赞扬美国实力很强，预祝美国队取得好成绩
	放宽冬奥会期间抗议活动的限制条件
	修改反同性恋法律，去除涉及同性恋相关条款
	在边境开通“俄罗斯之窗”为运动员提供免签证待遇
	会晤中国、日本和乌克兰等多国政府领导人
冬奥会开幕后	出席冬奥会开闭幕式
	到访“中国之家”在内的各国代表团住所，与运动员和教练员交谈
	与公开承认同性恋者荷兰运动员伍斯特进行交谈
	看望受重伤的俄罗斯自由式滑雪选手柯米莎洛娃
	接受英国、美国、中国等国主流媒体的采访
	以观众身份观看了花样滑冰、冰球等赛事

有评论说，他将个人和政治声望都压在了冬奥盛会上，奥运会能否顺利举行，将展示普京政府的执政能力。他将索契冬奥会作为在位 14 年间俄罗斯经济重新崛起的证据，希望把他心中的“新俄罗斯”展现给世界。普京也用行动向世界证明，俄罗斯积极进行多方外交，热情欢迎来到俄罗斯的客人，如此行动提升了俄罗斯在相关人员心中的形象，对俄罗斯国家形象传播具有正面意义。

（3）运动员竞技成绩传播体育强国的回归。在索契冬奥会中，俄罗斯选手获得 13 金、11 银和 9 铜的成绩排在奖牌榜首位，创造了参加历届冬奥会获得奖牌数纪录，也是继 1994 年挪威利勒哈默尔冬奥会后首次排在奖牌榜首位，运动员在赛场上的出色表现展示了俄罗斯体育强国的实力。

俄罗斯选手除了在传统的女子速滑、花样滑冰、雪橇、滑雪等项目中继续保持优势外，许多项目中也实现了历史性的突破，如单板滑雪男子回转、花样滑冰女子单人滑、男子速滑等项目均是首次获得金牌。俄罗斯《晨报》以“索契冬奥会重现苏联时期奖牌纪录”的文章称，上一次本国在冬奥会上取得这么多奖牌还是1988年加拿大卡尔加里冬奥会，当时苏联队获得11金9银9铜。俄罗斯代表团在索契的表现，可以说是“重现了苏联时期的辉煌”。俄罗斯运动员在赛场上不负众望，运动员努力为国争光，向世界传播着“新俄罗斯”的国家形象。

（4）期望“索契效应”带动俄罗斯经济崛起。冬奥会的举办看似是一场体育盛会，但也是带动城市和经济发展的催化剂，普京期待通过冬奥会的举办产生“索契效应”，他要为俄罗斯的经济发展寻找增长点。近年来，俄罗斯的经济发展高度依赖资源出口，其制造业、旅游业和服务业的发展相对落后。为改变这一局面，俄罗斯政府几年来大力发展基础设施建设，冬奥会的举办是一个难得的契机，大量资金的投入也适应了国有资产比例较高的俄罗斯实现“集中力量办大事”的愿景，而这一成果也逐步得到印证。冬奥会举办后一年，在俄罗斯经济整体停滞的背景下，以索契为代表的南部地区的经济高速增长，达到7%的增长速度。索契也一举成为国际知名的旅游度假目的地。同时，根据俄罗斯央行的预期，冬奥会为俄罗斯的经济增长贡献0.3个百分点①。

在外界质疑的比赛场馆投资过高方面，其实俄罗斯在赛前都有相应的赛后利用规划，当国际上出现质疑声时，俄罗斯也通过媒体向外发声公布其赛后利用计划。其大部分场馆将保留体育用途，部

---

① 冬奥会或为俄罗斯GDP增长贡献0.3%［EB/OL］.（2014-02-20）. http://www.chinanews.com/fortune/2014/02-20/5860378.shtml.

分将改造成购物中心、娱乐设施或会展中心，如速滑馆将被改造成俄南部最大的展览中心、奥运村将被改造成公寓、冰球馆将被改造为一座多功能体育馆、花滑馆将被改造成自行车馆。被诟病最多的仅举办开闭幕式的费施特奥林匹克体育场将会成为国家足球队的训练基地，同时将成为2018 年俄罗斯世界杯足球赛的赛场之一。对于没有合适世界杯球场的索契，这一提前完工的世界杯赛场可以同时为两届国际大赛服务。

当然超高的资金投入也使本就不景气的俄罗斯经济增加了负担，面对国际社会对建设中的贪污腐败问题，虽然俄罗斯政府没有正面回应，也没有直接证据证明冬奥会的建设与贪污案有关联，但 2013 年有数十名索契官员被指控收受了贿赂[①]。这成为俄罗斯难以回避的问题，这也为北京冬奥会“廉洁办奥”理念的提出提供了借鉴。

4.3.2 我国媒体索契冬奥会报道

（1）各类主流媒体的参与报道人数与报道规模创造纪录，超过历届冬奥会。在电视媒体方面，拥有索契冬奥会全媒体转播权的中央电视台，由于报道资源的垄断，成为民众获取奥运信息最主要的平台，其地位无人撼动。央视在索契冬奥会期间派出了 208 人组成的报道团，并投入 CCTV5、CCTV1 和 CCTV5 + 三个频道和网络平台 CNTV 进行播出，CCTV5 转播报道总时长达到 271 小时，由赛事实况、赛后采访、风云会、颁奖仪式和其他节目构成，其中赛事节目播出 200 小时占频道总播出量的 73. 89%[②]。奥运会前方发稿中心播发中英文文字稿件 1900 多条、图片 1 万多张，

① 冬奥会爆贪污丑闻 180 亿筹备金“蒸发”［N/OL］.（2014 - 01 - 16）. 沈阳晚报，http：//news. hexun. com/2014 - 01 - 16/161482199. html.

② 中国官媒发力索契冬奥会　央视报道规模创新高［EB/OL］.（2014 - 02 - 07）. http：//sports. 163. com/14/0207/08/9KFF2C2500051CAQ. html.

音视频稿件 100 多条、总时长 500 多分钟，单篇稿件最高被国内 223 家媒体用户采用①。

平面媒体方面，大多数平媒均未派记者到前方，以广州日报、新民晚报等代表的国内媒体共派出了约 60 名文字和摄影记者参与现场报道。在报道量上，都市报一般为半个到 1 个版面，专业体育媒体如《体坛周报》能占 6 个版面左右。在新媒体方面，腾讯投入最大，共派出 60 人团队参与报道，其中 13 人参与前方报道，包括文字记者、图片记者、策划、主持人、摄像师和后勤人员，负责现场新闻资讯获取及编辑、前方访谈节目录制与制作。报道载体包括 PC 端网站、腾讯新闻 App、腾讯微博、微信及微视等社交媒体。制作内容包括每天三档常规专题（比赛日、中国军团和当日花絮）、七档综述类专题（夺牌之路、金牌英雄、唯美瞬间、花絮瞬间和激情时刻）和五大项目专题（花滑、速滑、短道、自由式滑雪和高山滑雪）。冬奥期间共发布文字新闻 3974 条、组图报道 684 条、视频报道 1167 条，其中可视化报道占新闻总量的 46.6%②。作为新兴社交媒体代表，在冬奥会期间新浪微博中@新浪体育发布 574 条消息，@CCTV5 发布 732 条消息，分别占该时段总发布量的 22.8% 和 51.1%③。从全球角度来看，索契冬奥会的媒体报道也创造了新的纪录，电视转播频道由温哥华冬奥会的 240 个猛增至 464 个，转播时间达到 102000 个小时，比温哥华增长了一倍。获取冬奥信息的媒介也在增多，免费电视、数字高清、收费电视、手机、平板、PC 端、App 等全面开花④。

---

① 刘刚．以集成服务创新索契冬奥会报道［J］．中国记者，2014（3）：35.

② 陶冶．腾讯体育 2014 年索契冬奥会传播策略研究［J］．北京体育大学，2015（5）：22，32.

③ 徐颖．新浪体育与 CCTV5 新浪官方微博索契冬奥会报道比较研究［J］．成都体育学院，2014（6）：10.

④ 最赚钱一届冬奥会成定局［N/OL］．(2014－02－20)．广州日报，http：//sd.ifeng.com/lvyou/guoneiyou/detail_2014_02/20/1873987_0.shtml.

（2）电视仍是报道主力，新媒体报道受制。早在2012年中央电视台就与国际奥委会签订协议，拥有了2014年索契冬奥会在中国大陆和澳门地区全媒体版权（包括电视、付费电视、网络及手机移动端）。不仅索契冬奥会，以往奥运会央视均拥有电视转播和报道权，并以此构建了中国最权威和专业的报道团队和相应技术支持。虽然各主要媒体对索契冬奥会的报道均创新高，但由于对转播权的垄断使得各大门户及新媒体平台不能播放赛事视频，也使得奥运赛事在我国的传播受到一定程度的限制。

（3）整体报道中“唯金牌论”仍占主流。在冬奥赛事报道时，无论平媒、广电、网络及新媒体，大多仍将报道重心集中在金牌获得者身上，对非夺牌运动员的关注较少，甚至没有报道。当然对金牌的关注是竞技体育的魅力，但如果过于偏重就会产生种种负面效果，易对运动员参赛造成压力，限制媒体自身的报道选题极可能错过除胜负之外隐藏在运动员背后的体育精神和奥运文化的传播。

| 第 5 章 |

冬奥会对举办地的综合影响

冬奥会是世界规模最大的冬季综合性运动会，1994 年起与夏季奥运会交替举行。冬奥会的举办是一件全球关注的大事件，其商业价值及影响力已受到世界各国政府、媒体以及商业集团的高度重视。冬奥会对于举办地而言，无疑能够带来巨大的经济价值和社会意义，如能够显著提升举办地的形象和知名度，带动举办地及周边区域的经济发展，加快举办地基础设施建设，改善举办地生态环境；增加举办地就业岗位，刺激举办地体育产业尤其是冰雪产业的发展，增强举办地居民的民族自豪感，留下大量物质和非物质奥运遗产；但在一定程度上，冬奥会作为大型赛事对举办地居民的不利影响也是客观存在的。

5.1 冬奥会与城市竞争力

5.1.1 城市竞争力的理论阐释

一个城市的综合竞争力是一个城市整合自身经济资源、社会资源、环境资源和文化资源参与区域资源分配竞争及国际资源分配竞争的能力。现有城市竞争力理论都是在全球—国家竞争力模型（WEF－IMD）下的国际竞争力理论和迈克尔·波特的国家竞争力理论基础上发展而来的。真正对城市竞争力的研究主要侧重于三个方面：一是对城市竞争力的评价和测量；二是对城市竞争力的构成因素分析；三是对提升城市竞争力策略的研究[①]。根据研究的三个侧重面，基本可以将城市竞争力理论分为测评派、结构派和策略派。在三大派别中，由于结构派在城市竞争力重要因素包括哪些以及计量方法的使用上做到了二者兼顾，因此受到青睐。从2003年开始，结构派将研究范围拓展到工业竞争力＋商业竞争力＋服务业竞争力。仅从这一点就可以看出，冬奥会的举办与城市竞争力理论是紧密相关的。

5.1.2　举办冬奥会彰显城市竞争力

可以说，历届冬奥会从申办到举办均彰显了举办国家和城市的综合竞争力。根据中国城市竞争力研究会自主创立的《GN中国城市综合竞争力评价指标体系》，城市的综合竞争力涵盖经济、社会、环境、文化四大系统，由包括综合经济竞争力、产业竞争力、财政金融竞争力、商业贸易竞争力、基础设施竞争力、社会体制竞争力、环境/资源/区位竞争力、人力资本教育竞争力、科技竞争力和文化形象竞争力等在内的10项一级指标、50项二级指标、216项三级指标构成。从该评价指标中不难看出，上述指标也是一个城市成功申办和举办冬奥会所必需的，在上述资源方面更具有优势效应的城市无疑将在申办和举办冬奥会中获得更多成功的筹码。以具有划

① 马瑞华．城市竞争力理论及其新发展［J］．生产力研究，2006（9）：106－108.

时代意义的 1994 年第 17 届冬奥会为例（从 1994 年开始，夏奥会与冬奥会交替举行），举办城市利勒哈默尔虽然只是挪威的一个小城镇，居民仅 2 万多人，但由于具有明显的经济、环境和冰雪资源优势，加之有市政府的支持和直接管理，使得冬奥会的筹备工作和举办均非常顺利。

根据中国城市竞争力研究会发布的 2016 年中国城市综合竞争力排行榜，北京在综合竞争力和成长竞争力中分别排行第 4 和第 9 位；在最安全城市排行榜中，张家口位居 23 位。不得不说，这是北京、张家口联合申办 2022 年冬奥会获得成功的重要因素。

同时，一届成功的冬奥会又将不同程度地提升举办城市的综合竞争力。众所周知，冬奥会举办期间将吸引来自世界各地的冰雪运动爱好者和旅游人士，无论对于举办城市的冰雪产业竞争力、商业竞争力还是服务竞争力都既是一个挑战，又是一个机遇。通过举办冬奥会，举办国的冰雪人力资本竞争力在短期内将会有一个巨大的提升，而冬奥会的筹备和举办更将促进举办国家和地区冰雪产业的快速发展，“北京—张家口联合申办 2022 年冬奥会引爆 3 亿人上冰雪”便是鲜活的例证。另外，冬奥会为举办城市带来的更多商业和服务业机遇共同提升了举办城市的综合竞争力。

5.1.3　冬奥会对促进城市发展的影响

有学者从城市整体发展或管理角度研究了冬奥会对城市发展的促进作用。杨柏芳、刘冬冰和靖文（2014）阐述了冬奥会与城市发展的历史演进，分析每个阶段举办城镇的特征，并根据举办城市发展过程中存在的问题，提出发展策略[①]；姚小林（2016）以 2002～

① 杨柏芳，刘冬冰，靖文．冬季奥运会与城市发展的历史演进［J］．体育文化导刊，2014（8）：173－176.

2022年举办的六届冬奥会为例，分析各国在冬奥会场馆规划和建设方面的特色与问题，对冬奥会场馆规划发展趋势进行总结，提出将冬奥会场馆建设与城市发展规划结合考虑，同时将冬奥会分散举办，降低城市压力①。张卫星等（2018）运用文献资料和专家访谈，认为筹办冬奥会对提升北京国际体育中心城市建设的影响力、国际体育中心城市文化建设的竞争力、城市体育生活化社区建设质量和服务功能具有一定的影响效应②。钟秉枢等（2019）通过研究提出，2022年冬奥会与《北京城市总体规划（2016～2035年）》的正向耦合包括理念耦合、时间耦合、空间耦合、主（客）体耦合③。吕婵、阚军常（2020）采用文献资料、逻辑分析等研究方法，分析冬奥会综合效益及其对京津冀地区城市竞争力的影响④。贺桂珍等（2020）分析了冬奥会生态环境影响研究方面的主要进展，并提出未来生态环境保护方面需要关注的重点研究领域和问题⑤。

有的学者从可持续发展和冬奥遗产的专门角度开展冬奥会对城市发展的研究。徐子齐等（2020）通过研究提出，"可持续发展战略框架"在设施建设、城市生态、组织治理和人文建设四个方面为北京冬奥会城市遗产创造提供了实现策略⑥。王月、孙葆丽（2019）提出北京冬奥会遗产与奥林匹克运动可持续发展战略当中的发展指标应相互融合，其标杆效应将在促进奥林匹克运动代内公平发展方

---

① 姚小林.2002～2022年：冬奥会举办城市体育场馆规划发展趋势［J］.武汉体育学院学报，2016，50（3）：35－41.

② 张卫星，王颖，孔垂辉.筹办冬奥会促进北京国际体育中心城市建设效应及发展策略研究［J］.北京体育大学学报，2018，41（5）：23－31.

③ 钟秉枢，金媛媛，汪海波.2022年北京冬奥会与北京新总规的耦合［C］//中国体育科学学会.第十一届全国体育科学大会论文摘要汇编.北京：中国体育科学学会，2019：654－656.

④ 吕婵，阚军常.冬奥会效益助推京津冀地区城市竞争力提升研究［J］.体育文化导刊，2020（7）：7－13.

⑤ 贺桂珍，张衢，吕永龙.冬奥会对举办城市生态环境的影响研究进展［J］.生态学报，2020，40（4）：1129－1139.

⑥ 徐子齐，孙葆丽，董小燕."可持续发展战略框架"下北京冬奥会城市遗产愿景实现探究［J］.成都体育学院学报，2020，46（4）：89－94.

面具有重要价值；北京冬奥会遗产的直接受益方是举办城市、地区以及国家，北京冬奥会遗产将通过前期规划、中期发展、后期传承的路径推动城市可持续发展等①。孙葆丽等（2019）将冬奥遗产分为初创期、逐步扩展期和快速积累期，分别对三个时期的冬奥遗产特征开展了研究，产出系列研究成果②。其研究认为，在冬奥遗产快速积累期，奥林匹克运动思想体系、组织制度体系和活动体系的遗产得到了快速的积累，举办城市及国家体育领域和其他领域的遗产也实现了更快的发展。

5.2 效用视角的冬奥会

5.2.1 效用理论阐释

效用（utility）港译功用，是经济学中最常用的概念之一。一般而言，效用是指对于消费者通过消费或者享受闲暇等使自己的需求、欲望等得到满足的一个度量。经济学家用效用来解释理性的消费者如何把自身有限的资源分配在能给自己带来最大满足感的商品上。当下流行的消费者行为理论便是基于效用理论产生的。

从西方效用理论的发展过程来看，大体有三条主线贯穿始终：从绝对效用价值论到相对效用价值论，从主观效用价值论到客观效用价值论，从基数效用理论到序数效用理论。无论哪种效用理论，

① 王月，孙葆丽. 可持续发展视阈下北京2022年冬奥会遗产探析［J］. 北京体育大学学报，2019，42（1）：42－49.

② 孙葆丽，陈小蓉，王月，等. 奥林匹克运动可持续发展早期尝试阶段解析［J］. 武汉体育学院学报，2019，53（5）：5－10，17.

都以如下观点为基础，即一切物品的价值都来自它们的效用；无用之物，便无价值；物品效用在于满足需求；一切物品能满足人类天生的肉体和精神欲望，才成为有用的东西，从而才有价值。可以说，效用更多的是一种心理感受，即消费者在心理层面对自己所购买的商品和服务进行的估价。现今，效用理论被越来越多地运用于决策领域，因此用这一理论来解释冬奥会对举办地的综合影响是非常适切的。

5.2.2 效用视角的冬奥会

从冬奥会的举办角度来看，无论举办城市还是所在国家，之所以做出举办冬奥会的决策完全是出自效用论的考虑。换言之，在决策申办冬奥会之时，申办地区和国家已经对冬奥会可能带来的包括经济效用在内的各种效用进行了估算和预测，是基于举办城市和国家对这些效用的需求才做出的决策。当冬奥会成功举办后，给举办城市和国家所带来的产业发展机会、基础设施提升、居民满意度提高等均是效用的各种体现，这也是不少城市和国家不惜重金投资冬奥场馆建设和赛事运营的主要原因之一。这也在一定程度上印证了丹尼尔·伯努利在解释圣彼得堡悖论时提出的“挑战以金额期望值作为决策的标准”这句话的真谛。

也正因为如此，诸多学者在探讨和研究冬奥会对举办地综合影响时，建议将市场价值评估和非市场价值评估一并加以考虑，因为只有这样才能客观衡量冬奥会的效用价值究竟有多大。

从市场价值角度来看，历史经验证明，从 1964 年的东京，到 1988 年的首尔，在举办奥运会过后，都借力实现了经济的飞跃。2002 年的盐湖城冬奥会，至今仍强力带动着美国犹他州的经济发展。该州 2015 年 4 月的失业率仅为 3.8%，低于全美失业率。2014

年冬奥会举办地索契，在2013年第一季度俄罗斯经济陷入停滞的状况下，其所在的南部地区却一枝独秀，工业增长速度高达7%。同时，以我国张家口市为例，既非世界大都会城市，也非久负盛名的特色城市，如果不是借力与北京联合举办2022年冬奥会，难以快速被世界知晓，其房地产等行业也不会有如此快速的升温。

从非市场价值角度来看，以1994年挪威利勒哈默尔冬奥会为例，超过100万的游客来到利勒哈默尔，创造了自1988年卡尔加里奥运会以来的最高纪录，冬奥运让世界更多地了解了这个人口不多却非常热爱运动的北欧小国；同时，利勒哈默尔在冬奥会成功举办后，每年都吸引大量游客前去观光，又在2016年成功举办了第二届冬季青年奥林匹克运动会。与可以用数字计算的市场价值相比，利勒哈默尔所收获的非市场价值相当不可估量。再如，北京奥运经济研究会执行会长陈剑指出，虽然2014年索契冬奥会花销巨大，但从长远来看，它有助于将“索契名片”推向世界。

5.2.3　冬奥会对举办城市及区域经济发展的影响

有学者从理论层面分析了冬奥会对举办城市将带来的拉动作用。孟祺（2010）分析了我国如果举办冬奥会，“冬奥经济”对我国和承办地区的经济、文化、社会环境及相关行业的发展所带来的良好促进作用和影响①；焦亮亮等（2016）分析了冬奥会对举办城市经济的影响，结果表明冬奥会对举办城市经济的影响包含有形影响和无形影响②；王飞（2016）通过文献分析、实地调查及专家访谈法，对冬奥背景下我国区域滑雪产业结构效应的理论组成进行了研究，

---

① 孟祺.“冬奥经济”对我国冰雪体育经济发展的促进作用［J］. 中国商贸，2010（6）：198－199.

② 焦亮亮，张玉超，张倩.2022年冬奥会对我国举办城市经济发展的影响［J］. 湖北体育科技，2016，35（4）：309－312.

认为区域滑雪产业结构状态及其变动对区域经济增长及相关产业发展的带动作用突出，滑雪产业结构对区域其他产业发展的关联效应形成，对区域消费市场的引领与带动效应显现，对区域经济增长及城市发展的推动效应被重视①。张玉超、焦亮亮（2017）研究了冬奥会对我国京冀区域经济发展的影响，提出冬奥会能够拉动投资力度，促进京冀区域经济发展；调整产业结构，重塑经济发展架构；增加就业岗位，提高人民生活水平；改善环境质量，促进环保产业的可持续发展；引进高端人才，完善产业及赛事结构需求；推动体育产业发展，促使体育产业与其他相关产业的深度融合②。常晓铭、刘卫国（2020）采用文献、实地调研和综合分析等研究方法，开展"一带一路"背景下北京冬奥会推动我国冰雪旅游产业融合研究，并提出一系列构想③。

有的学者从实证分析角度测算了冬奥会对举办城市可能带来的经济影响。顾海兵、张晓燕（2016）运用投资乘数和旅游乘数的计量经济学模型，预测冬奥会前后十年对北京 GDP 的影响。具体结论为：冬奥会前，随着投资的逐渐增加、最终消费的增长，冬奥会拉动 GDP 增长的百分点逐渐扩大，可以拉动北京 GDP 平均每年增加 2.1%；冬奥会对经济的影响在举办年达到峰值，可以拉动北京 GDP 增长 3.0%；2022 年以后，冬奥会对两地滑雪产业产生的长期促进作用将逐渐释放，可以为北京 GDP 年均贡献 1.6%；冬奥会前后十年年均带动北京 GDP 增加 2.2%④。陈方英

① 王飞．冬奥背景下我国区域滑雪产业结构效应研究［J］．沈阳体育学院学报，2016，35（5）：34－39.

② 张玉超，焦亮亮．2022 年冬奥会对京冀区域经济发展的影响分析［J］．体育文化导刊，2017，（1）：124－128.

③ 常晓铭，刘卫国．"一带一路"背景下北京冬奥会推动我国冰雪旅游产业融合发展研究［J］．北京体育大学学报，2020，43（7）：86－96.

④ 顾海兵，张晓燕．冬奥会对北京经济的影响预测［J］．经济与管理研究，2016，37（9）：27－36.

（Chen，2016）通过构建一个动态模型估算了 2022 年冬奥会对张家口旅游产业将产生的拉动作用[①]。米奥斯和萨萨克（Miyoshi & Sasaki，2016）利用合成控制法研究了 1998 年长野冬奥会对不同的经济和劳动力市场的长效影响[②]。经济合作与发展组织（OECD）讨论了 2010 年温哥华冬奥会的经济和社会影响，研究得出仅在 2010 年第一季度，冬奥会就为加拿大的 GDP 增加了 862 百万加元，提供了 17000 个就业机会[③]。阮飞等（2021）采用投入产出法，构建 2022 年冬奥会对京张地区经济影响的模型，分析了冬奥会对京张地区经济规模的影响、对 GDP 的贡献和对相关产业的拉动作用，得出 2022 年冬奥会对京张地区经济影响的总体规模达到 3574.01 亿元，对北京和张家口 GDP 年平均贡献率分别为 0.28% 和 5.58% 等主要结论[④]。

有的学者专门就冬奥会的市场营销开展研究。如董杰、李勤友（2012）通过研究提出，冬奥会规模扩大，提高了自身的影响，使得组委会市场营销收入的增长势头超过规模更大的夏季奥运会[⑤]；同时，董杰、刘波（2015）从收益、风险与风险管理角度，对冬奥会的门票、冬奥组委的赞助、冬奥会的电视转播权进行了较为深入的分析[⑥]。

---

① Chen F. Influence of 2022 Winter Olympics on Tourism Development of Zhangjiakou City and the Countermeasures [J]. 景观研究（英文版），2016.

② Miyoshi, K. & Sasaki, M. The Long - Term Impacts of the 1998 Nagano Winter Olympic Games on Economic and Labor Market Outcomes [J]. Asian Economic Policy Review, 2016, 11 (1): 43 - 65.

③ Bench Strength: Winter Olympics 2010 [J]. OECD Observer, 2011 (284): 56 - 57.

④ 阮飞，刘春，林显鹏. 2022 年冬奥会对京张地区的经济影响研究 [J]. 天津体育学院学报，2021，36（2）：173 - 180.

⑤ 董杰，李勤友. 冬季奥运会市场营销总体趋势的研究 [J]. 武汉体育学院学报，2012，46（1）：29 - 34.

⑥ 董杰，刘波. 冬季奥运会的电视转播权：收益、风险与风险管理 [J]. 北京体育大学学报，2015，38（5）：31 - 38.

5.2.4 冬奥会对举办地形象提升的影响

王诚民（2015）等研究了举办冬奥会对我国国际形象的影响，认为举办冬奥会将进一步促进中国奥林匹克运动的发展、凝聚民族精神、推动经济快速发展、增强国家政治影响力，从而提升中国的国际影响力[①]。包路林等（2015）通过研究认为，从历届冬奥会举办经验来看，均为举办国和举办地区带来了巨大的国际影响和综合收益，在塑造城市形象、扩大国际影响、引发投资高潮、带动产业发展、完善城市建设等方面发挥出巨大的推动作用[②]。刘巍、汪秋菊（2019）基于顾客感知价值理论，通过市场调查与文献归纳法，综合分析冬奥会对城市形象的影响及不同群体感知的差异性[③]。刘东锋（2019）从冬奥会与国家形象的关系入手，借助认知心理学视角的图示理论与关联网络记忆模型，深入分析了冬奥会影响主办国国家形象的作用机制[④]。丛丽等（2021）运用 GooSeeker、ROSTCM6.0 和 ROSTEA 软件，对游客赴北京的网络日记进行内容和情感分析，探究获得冬奥会举办权对北京旅游目的地形象的影响[⑤]。

---

① 王诚民．举办冬奥会对提升中国国际形象价值的研究［J］．体育文化导刊，2015（9）：1－4.

② 包路林，贾皓，周威．历届冬奥会投资建设的经验与启示［J］．社会科学前沿，2015（3）：166.

③ 刘巍，汪秋菊．居民感知视角下北京冬奥会对城市形象的影响研究［J］．沈阳体育学院学报，2019，38（5）：71－76.

④ 刘东锋．冬奥会对国家形象与软实力的影响机制研究［J］．体育学研究，2019，2（1）：17－25.

⑤ 丛丽，徐琳琳，方小雨．冬奥会申办成功对北京旅游目的地感知形象的影响［J］．北京大学学报（自然科学版），2021，57（3）：496－506.

5.3　冬奥会与产业关联

5.3.1　产业关联理论阐释

产业关联理论的创始人是美国著名经济学家里昂惕夫（Leontief），他于 20 世纪 30 年代提出这一理论，又称产业联系理论或投入产出理论。

产业关联理论侧重于研究产业之间的中间投入和中间产出之间的关系，还可以用来分析各相关产业的关联关系（包括前向关联和后向关联等），产业的波及效果（包括产业感应度和影响力、生产的最终依赖度以及就业和资本需求量）等。它是一种经济数量分析方法，核心是利用投入产出表和投入产出模型，定量分析经济系统中各部门之间的投入与产出间的数量依存关系。这一理论也非常适用于对大型体育赛事的经济影响进行研究。

美国经济研究协会曾运用产业关联模型，研究了 1984 年洛杉矶奥运会对南加利福尼亚的经济影响。经计算，奥运会给该国带来了 23 亿美元的收入，并新增了 73357 个就业岗位①。汉弗莱斯和迈克尔（Humphreys & Michael，1995）对产业关联模型进行了改进，计算出 1996 年亚特兰大奥运会的经济效益为 51 亿美元，同时产生了

① Economic Research Associates. Community Economic Impact of the 1984 Olympic Games in Los Angeles and Southern California [M]. Los Angeles Olympic Organizing Committee, 1984: 46 - 65.

77026 个就业机会[1]。国内学者也运用这一理论进行了相关尝试，国家信息中心的张亚雄和赵坤运用产业关联理论和方法，就北京奥运会投资对北京、北京周边以及我国其他区域经济的拉动影响进行了研究[2]。

虽然目前尚无通过文献梳理发现有研究者专门运用产业关联理论对冬奥会的经济影响进行估算，但这一理论和方法的确可以用来测算和解释冬奥会对举办地及区域经济的影响。

5.3.2 冬奥会对举办城市的经济拉动作用

冬奥会对举办城市和国家经济所带来的拉动作用是有目共睹的。首先，每一次奥运会对于举办城市都是一次刺激经济的良机，从基础设施建设到服务业、通信、运输、物流以及高附加值奥运产品的销售。根据相关数据，目前全球冰雪旅游每年收入 700 多亿美元，相关的冰雪产业每年收入高达3500 多亿美元。按照国际惯例，滑雪旅游每收入 1 美元，将拉动社会收入 78 美元。其次，赛事筹备和举办过程中所联动的上游产业如建筑、交通等和下游产业如餐饮、旅游以及其他服务业等行业的增长和就业的增加。

再者，冬奥会举办前后所带来的比赛门票、转播和赞助收入等更是一笔巨大的收入。以 2014 年索契冬奥会为例，其与 50 多家公司建立了合作关系，实现了高达 13 亿美元的营销收入，是上一届温哥华冬奥会的 1.5 倍，创下历届冬奥会之最。以转播小时数和转播渠道多少来计算，索契冬奥会的全球转播量已超过温哥华冬奥会的

---

① Humphreys, Jefrey M. and Michael K. Plummer. The Economic Impact on the State of Georgia of Hosting the 1996 Olympic Games [M]. Terry College of Business, University of Georgia, 1995: 42 - 68.

② 张亚雄，赵坤．北京奥运会投资对中国经济的拉动影响——基于区域间投入产出模型的分析 [J]. 经济研究，2008 (3): 4 - 15.

2 倍，转播率创历年来冬奥会新高。同时，“索契效应”初步显现，据俄罗斯国立高等经济学院的报告，2013 年第一季度俄罗斯经济整体陷入停滞，但南部地区却因筹备冬奥会实现了高速增长，工业生产增速达 7%。而自从有了电视转播，转播权就成为奥运会最大的收入来源，冬奥会也不例外。如同夏季奥运会一样，冬奥会的转播权目前也是打包出售的。从 2002 年盐湖城冬奥会到 2014 年索契冬奥会，转播费用从 5.45 亿美元上升到 7.75 亿美元；而 2010 年温哥华冬奥会，这一费用更是高达 8.2 亿美元①。

5.3.3　冬奥会对举办地体育及相关产业的影响

有学者从宏观层面研究冬奥会对举办地体育及其他产业发展将带来的刺激和促进作用。如白金凤、江涛（2016）采用文献法、比较法、逻辑推理法等，探讨了北京冬奥会实际的经济潜力以及对我国体育行业将带来的巨大影响②；王军等（2019）采用区位熵和空间基尼系数方法对 2008～2016 年北京体育及相关产业进行测算，分析了冬奥会申办成功对北京体育及相关产业空间分布状况和空间分布均衡程度的影响，认为北京冬奥会的申办对北京体育及相关产业专业化水平和集聚程度具有强化效应，对北京体育及相关产业空间集聚具有积极影响但存在时效性③。吴玲敏（2019）等运用文献资料和实地调查等方法，对北京冬奥会推动京津冀冰雪旅游发展效应展开了研究，得出北京市冰雪场馆建设数量明显增加、连续举办的国际冰雪赛事和国内冰雪赛事对促进冰雪旅游发展的影响力明显提

---

① 索契冬奥营销收入达 13 亿美元　堪称史上最昂贵［N］. 第一财经日报，2014－02－07.

② 白金凤，江涛．2022 北京—张家口冬奥会的经济效益展望及其现实解析——基于体育产业发展视角［J］. 南京体育学院学报（社会科学版），2016，30（6）：56－62.

③ 王军，柯文进，孙珊珊，等．2022 冬奥会背景下北京体育及相关产业集聚研究——基于区位熵及空间基尼系数方法［J］. 地域研究与开发，2019，38（3）：23－26.

升、冰雪旅游融合效应显著等主要结论[1]。李国平、闫磊（2020）基于京津冀协同发展战略下的跨域协同视角，提出以冬奥为品牌、以冰雪产业为核心、以四季运营为特色，并与优势衍生产业和关联新兴产业融合发展的冬奥产业体系[2]。

有的学者从微观角度研究冬奥会对举办地体育产业带来的影响。如顾久贤（2016）以河北冰雪体育旅游为分析个案，探讨了冬奥会对民众冰雪体育旅游的消费态度、行为和决策产生的巨大影响，以及推动消费者对冰雪体育旅游形成消费动机、产生消费需求、影响消费决策和行为选择等研究[3]。有的学者基于某种理论，间接探讨了冬奥会对体育旅游的影响以及二者间如何实现良好对接。如任毅等（2015）提出冬奥会对承办地旅游业发展是一个历史性机遇，并以事件旅游为理论基础，归纳了张家口市旅游业与冬奥会相对接的6个奥运事件要素[4]。

5.4 冬奥会的外部性

5.4.1 外部性理论阐释

马歇尔（Marshall）在《经济学原理》（1890）中首次提出外部

① 吴玲敏，任保国，和立新，冯海涛，林志刚．北京冬奥会推动京津冀冰雪旅游发展效应及协同推进策略研究［J］．北京体育大学学报，2019，42（1）：50－59.

② 李国平，闫磊．京津冀协同发展战略视角下的京张冬奥产业带建设研究［J］．经济与管理，2020，34（1）：5－9.

③ 顾久贤．2022年冬奥会的举办对区域消费需求与行为影响的研究——以河北冰雪体育旅游为分析个案［J］．体育与科学，2016，37（3）：114－120.

④ 任毅，李宇，赵敏燕，朱少卿，王喆．基于事件旅游理论的张家口市旅游业与冬奥会对接模式研究［J］．城市发展研究，2015，22（7）：7－11.

性理论。之后，庇古（Pigou）、杨格、鲍莫尔和二战后的经济学家们对外部性问题的研究形成了不同的外部性理论。由于不同阶段的外部性理论内容有所差异，但核心未变，出于研究的需要，本书对马歇尔的嫡传弟子庇古的观点加以简要介绍。庇古在 1920 年出版的《福利经济学》一书中，扩充了外部性理论①。外部性又称溢出效应，经济的外部性是经济主体（包括厂商或个人）的经济活动对他人和社会造成的非市场化影响，即社会成员（包括组织和个人）从事经济活动时其成本与后果不完全由该行为人承担。

庇古将“外部性”分为正外部性（外部经济）和负外部性（外部不经济）两种。正外部性是某个经济行为个体的活动使他人或社会受益，而受益者无须花费代价，负外部性是某个经济行为个体的活动使他人或社会受损，而造成负外部性的人却没有为此承担成本。外部性理论可以非常全面地解释冬奥会给举办地带来的综合影响。

5. 4. 2　冬奥会的外部性

在冬奥会举办过程中，会产生大量的正外部效应。例如，有研究表明，由于冬奥会将给举办国家和城市的居民带来自豪感和荣誉感，因此在赛事举办的前后几年内，举办城市的犯罪率将明显减少。再如，冬奥会的举办使得举办国家和城市的居民对冰雪运动有了新的认识，更多的社会群体被吸引参与冰雪运动，健身意识得到提高。正如北京 2008 年奥运会以来，中国群众体育得到了快速发展，居民的健身意识得到不断提高，随处可见的健步走和健身跑就极具说服力。另外，举办城市为了迎接冬奥会和更好地打造城市名

---

① A. C. Pigou. 福利经济学［M］. 陆民仁，译. 台北：台湾银行经济研究室，1971：111.

片，会努力维护城市环境，清洁的环境将使周边城市部分受益。正如1994年利勒哈默尔冬奥会组委会主席海博格所说：“利勒哈默尔人为奥林匹克运动注入了新因素，开辟体育和文化之外的第三个领域——环境保护。”从一定程度而言，正是因为冬奥会可以为举办城市带来各种各样的正外部性，因此即便冬奥会很少能真正实现经济效益的盈利，各国家和城市还是争相举办。

同时，冬奥会的举办也将产生一定的负外部效应，这些负外部性主要表现在对于生态环境的破坏。例如，冬奥会的项目由于都是冰雪项目，无论是雪道还是冰场的建设尤其是必要情况下的人工降雪都将对生态环境产生一定的破坏性影响，这种破坏性建设将在一定程度上影响举办城市和周边地区的生态环境。以1992年法国阿尔贝维尔冬奥会为例，本届冬奥会毁掉了30多公顷森林，导致成千上万的动物失去家园，造成了生态危机①。再如，在大型体育赛事举办期间，将有大量人口涌入，这将增加机动车辆的行驶密度，不但会加剧城市交通负担，增加交通拥堵和交通事故发生的概率，还会增加汽车尾气的排放量，加剧大气污染。以1996年亚特兰大奥运会为例，为了减少汽车尾气排放所造成的环境污染，当地采取了限制汽车出行的方式。最多时，一天之内有250万辆汽车停驶②。另外，由于比赛需要的大兴土木和冬奥场馆及赛道的建设将在一定程度上增加对周边地区居民的噪声污染，同时大型赛事举办期间也会带来城市的喧嚣。如第27届悉尼奥运会举办期间，悉尼400万居民就有50万人选择离开这个城市，原因就是他们无法忍受奥运会带来的吵闹喧杂的环境③。

---

① 汪轶群，胡万祥．体育赛事破坏生态环境分析及对黄山市的启示［J］．重庆科技学院学报（社会科学版），2016（5）：51－53.

② 翁锡全，吴燕波，林文弢，王玉昕．举办大型运动会与城市生态环境保护的探讨［J］．体育与科学，2003（5）：53－55.

③ 唐雪姣，孙洪涛，刘花云．大型运动会对城市生态环境负面影响的经济学分析［J］．首都体育学院学报，2010，22（2）：19－21.

5.4.3　冬奥会对举办城市的社会影响

（1）冬奥会对开展冰雪运动等的影响。如王诚民等（2014）分析了申办冬奥会对我国冰雪运动发展的影响，认为冬奥会的申办将增加我国冰雪运动人口，有利于冰雪人才培养等①；逯明智（2016）分析了中国冬季运动项目发展现状及北京冬奥会对群众体育发展的影响，认为北京冬奥会对群众体育发展的影响有扩大冬季运动项目的群众基础，增加冰雪运动基础设施建设，丰富全民健身运动内容等②。珀克斯（Perks，2015）基于"涓滴效应"，研究了2010年温哥华冬奥会是否促进了加拿大居民的运动参与，其研究表明，二者之间并无直接关系③。倪莉（2020）采用文献阅读法、数据分析法等，研究提出奥运经济将会起到改变举办地经济发展、实现产业升级、推动城市区域建设、推进人民幸福与社会进步等价值④。

（2）冬奥会对举办城市及周边地区社会民生的影响。如石永秀（2016）等运用文献资料法、逻辑分析法对冬奥会的召开对冀北地区的经济发展和社会民生的影响进行研究，探索冀北地区社会发展趋势⑤；安德烈森和唐（Andresen & Tong，2012）研究了2010年冬奥会对在温哥华发生的殴打、偷盗、恶作剧和卖淫等犯罪事件的影

---

① 王诚民，郭晗，姜雨．申办冬奥会对我国冰雪运动发展的影响［J］．体育文化导刊，2014（11）：53－56．

② 逯明智．北京冬奥会对群众体育发展的影响［J］．体育文化导刊，2016（1）：23－27．

③ Perks，T. Exploring an Olympic "Legacy"：Sport Participation in Canada before and after the 2010 Vancouver Winter Olympics［J］. Canadian Review of Sociology，2015，52（4）：462－474.

④ 倪莉．北京－张家口冬奥会的奥运效应对我国冰雪运动发展的推动效力分析［J］．广州体育学院学报，2020，40（6）：8－11，15．

⑤ 石永秀，孙伟，郭朝阳，单林娜．京津冀一体化背景下冬奥会的召开对冀北地区的影响［J］．唐山师范学院学报，2016，38（5）：156－158．

响，研究表明，在几个主要的居住地区，殴打事件有所增加，这也验证了以往研究的发现，即安保力量的加强在一定程度上增加了潜在犯罪的发生①。朱春山等（2021）采用文献研究法和实地调查法对2018年平昌冬奥会举办愿景、举办效应进行分析，提出平昌冬奥会举办效应的特征是：建设“代替森林”、对平昌新建冬奥场馆进行“绿色建筑”认证、促进朝韩和解与世界和平、从精神层面到物质层面传播韩国传统文化、将社会效益与经济效益相结合等②。

（3）冬奥会的外部效应。如爱萨尼（Azzali，2017）对2014年索契冬奥会竞标书中提到的冬奥遗产进行了调查，尤其对阿尔德奥林匹克公园新公共开放区域进行了评估，研究发现，这些所谓的奥运遗产在赛后并未兑现③。卢恩（Luhn，2014）对2014年索契冬奥会筹备工作中的负面作用进行了研究，如建筑和道路建设以及建设过程中产生的垃圾对生态环境的影响④。胡孝乾等（2021）通过研究提出，新冠肺炎疫情的消极影响一是直接影响冬奥体育遗产；二是疫情导致东京奥运会延迟，间接影响冬奥体育遗产。其对冬奥体育遗产的积极影响一是利益相关者因疫情改变工作模式，获得新知识；二是疫情的消极影响产生替代效应；三是利益相关者在应对疫情中形成新关系⑤。

---

① Andresen，M. A. & Tong，W. The Impact of the 2010 Winter Olympic Games on Crime in Vancouver［J］. Canadian Journal of Criminology & Criminal Justice，2012，54（3）：333－361.

② 朱春山，韩改玲，朱美珍，等.2018年平昌冬奥会举办愿景与举办效应研究及启示［J］. 首都体育学院学报，2021，33（1）：49－55.

③ Azzali，S. The Legacies of Sochi 2014 Winter Olympics：An Evaluation of the Adler Olympic Park［J］. Urban Research & Practice，2017，10（3）：329－349.

④ Luhn，A. The Hidden Costs of SOCHI［J］. Nation，2014，298（6）：18－20.

⑤ 胡孝乾，吴楚楚，邓雪. 新冠疫情对2022年北京冬奥会体育遗产影响的内容、路径和方式［J］. 上海体育学院学报，2021，45（3）：27－38.

5.5　冬奥会对举办地的综合影响案例

据国际奥委会网站报道，2010 年冬奥会过去 2 年后，作为奥运会主办城市的温哥华仍在受益于温哥华冬奥组委（VANOC）、当地相关参与部门和国际奥委会共同规划和创建的宝贵遗产。因此本书以 2010 年温哥华冬奥会为例就冬奥会对举办地的综合影响加以分析。

5.5.1　2010 年温哥华冬奥会的综合影响

温哥华冬奥会后在全省举行的民调显示：81% 的人认为冬奥会给大温哥华地区带来了可观的正能量；76% 的人认为它也给所在的不列颠哥伦比亚省和全加拿大带来令人骄傲的全球性美誉①。具体地说，具有如下几方面影响：

（1）大量娱乐和专业性体育项目纷纷启动。在奥运会的带动下，非营利性组织“2010 遗产现在时”（2010 Legacies Now）与 2000 多家当地机构密切配合，为青年人创办了大量娱乐性和专业性的体育项目，使奥运会遗产持续发挥作用。“土著青年体育遗产基金会”也随之成立。同时，里士满奥林匹克体育场在赛后被改造为公共体育设施，包括：1 个室内田径场、2 个溜冰场、2 个羽毛球场、2 个排球场和 1 个面积约为 213 平方米的健身中心。“奥运会后，孩子们很快便纷纷来到溜冰场，报名学习冰壶、滑雪和跳台滑雪等项目，这是奥运会的作用”，温哥华奥组委首席执行官约翰 · 福隆（John Fur-

---

① 案例根据华奥星空网、人民网相关资料整理而成。

long）表示，“我们最终希望看到的就是，通过奥运会，每个孩子都能够获得亲身体验体育运动的机会”。

（2）让当地社区受益，积极影响显著。奥运会后，其他场馆也纷纷改造为服务于当地社区的公共设施。其中包括曾用作奥运会冰壶球赛场的温哥华奥林匹克中心，这座综合性建筑目前包括：1个社区中心、1个溜冰场、1个冰壶球俱乐部、1座幼儿园和室内外游泳馆。谈起冬奥会给大温哥华带来的影响，温哥华市府议员杰夫·麦格斯（Geoff Meggs）对记者说，冬奥会最大的收获是提高了温哥华的全球知名度，全球有35亿人观看了2010年冬奥会，由此带来大批旅游者和城市的商业繁荣。他说，12处新体育设施的建成，城市轻轨的开通，给城市带来了新的面貌；同时也极大地鼓舞了市民对城市发展的信心与爱心；提升了人们对冬季体育运动的兴趣与参与率；尤为可贵的是，它让市民的志愿者精神空前高涨。

（3）经济和就业方面巨大影响。根据加拿大会议局的统计，因奥运会而注入温哥华经济的资金额度约为6亿加元，创造了2500个全职就业岗位，推动当地经济增长了0.8个百分点。加拿大旅游局（CTC）在2010年的“等值广告”计划中，创造了10亿加元的效益。此外，全球观众在收看2010年奥运会转播的同时，加拿大旅游宣传信息的投放频率高达120亿次。未来品牌（Future Brand）咨询公司甚至将加拿大列为2010年国家品牌榜的榜首位置，对加拿大通过主办奥运会而产生的积极影响大加赞赏，并称CTC奥运会旅游战略对其强大的旅游品牌发挥了巨大作用。

（4）交通设施得以完善。温哥华交通管理部门在冬奥会前制定了雄心勃勃的扩充计划，包括新增48列架空列车（Sky Train）、一列海上巴士（Sea Bus）和180辆柴电混合动力公交车。冬奥会期间新建成的加拿大快线（Canada Line）大大提升了游客从温哥华机场抵达市中心的速度，海空高速的修缮同样使得温哥华至惠斯勒之间的交通更加便捷和安全。

5.5.2 案例分析与思考

从新建体育场馆和基础设施的完善，到巨大的环境和经济效益，冬奥会成为温哥华打造一系列长久社会遗产的催化剂。具体地说，2010 年冬奥会对温哥华和加拿大的综合影响主要呈现出以下特点：

（1）促进当地基础设施建设。体育场馆是冬奥会的重要遗产之一，也是冬奥会举办地重要的公共服务设施之一。温哥华冬奥会共新建和改建了 5 座场馆。这些场馆建设理念超前、标准先进、赛后利用规划合理。以里士满奥林匹克体育场为例，该体育场建筑面积 33000 平方米，可容纳 8000 名观众，它也是有史以来最大的速滑场馆。在温哥华冬奥会之后，这座体育馆可为世界高水平运动员表演提供场地，也可以作为当地群众聚会交流的大型综合性场馆。同时，交通设施的完善也可以为温哥华的基础设施建设锦上添花。

（2）带动青少年对体育运动的参与。居民对体育运动参与热情的增强是冬奥会影响作用的直接体现，也受到东道国良好比赛成绩的激励。根据引爆点理论，大型体育赛事的举办，能够在一定程度上带动当地居民对该项运动的参与热情，同时也在一定范围内促进居民对体育运动的参与度。如由于近年来马拉松赛事在我国开展得如火如荼，使得我国健身跑和健步走人群的数量出现了“井喷式”增长。温哥华冬奥会之后，当地青少年对体育运动的参与情况明显有所提升。

（3）刺激经济增长，增加就业机会。大型体育赛事的举办会产生“放大效应”，将在一定程度上刺激举办地和周边城市的经济发展，冬奥会也不例外。温哥华冬奥会首先吸引了来自世界各地的旅游者，增加了当地及加拿大的旅游收入；其次通过在全世界范围内的赛事转播，获得巨大的转播收入；最后，赛事筹备和体育场馆设施建设过程中创造了大量就业岗位，促进了就业。

（4）打造温哥华城市名片，提升城市形象。经济合作与发展组织（OECD）在《观察》上对温哥华冬奥会进行了总结，对其大加赞赏，这也印证了温哥华冬奥会的成功。同时，由于温哥华冬奥会的媒体宣传、电视转播以及吸引大量旅游者入境，加之加拿大代表队取得了非常好的比赛成绩，提升了温哥华在全球的城市形象，为温哥华带来了更多潜在的发展机会。

第 6 章

北京冬奥会举办地居民冬奥认知、情感和行为意向

一般而言，奥运会被认为是运动员的竞技场、国家体育实力和经济社会综合实力的比拼平台、不同民族文化的交流沟通理解舞台、举办城市形象、举办国国家形象集中展现的机遇。从一定程度上讲，人们看得最多也最习惯看的是奥运会作为世界最高级别、最大规模的体育赛事及由此而产生的巨大影响，而较少关注奥运会给举办地居民带来的真实影响，以及举办地居民对奥运会举办的真实想法和诉求。

6.1 研究设计与数据获取

6.1.1 研究设计

本章设计了比较全面系统的北京冬奥会举办地居民冬奥认知、情感、行为意向状况评价指标，覆盖了“冬奥基本知识”“冬奥个

人意义”“冬奥社会意义”“冬奥会负面影响”“践行冬奥精神”“支持冬奥筹办”“观看冬奥比赛”“参与冰雪运动”等多个方面，力求使研究结论更全面真实地反映北京冬奥会举办地居民冬奥认知、情感、行为意向状况，从而使政府对北京冬奥会普及奥林匹克知识、培养奥林匹克精神、传播奥林匹克理念、凝聚全民参与北京冬奥会的相关决策具有针对性。

6.1.2 数据获取

2022年北京冬奥会将设置北京、延庆、张家口三个赛区。根据2022年冬奥会赛区设置，本章将研究对象“北京冬奥会举办地居民”界定为北京和河北张家口城乡居民。

根据本书研究需要，设计出《北京冬奥会举办地居民冬奥认知、情感与行为意向调查》调查问卷，在进行问卷信度和效度检验后，采用分层抽样的方法在两地选取居民进行调查，调查对象年龄分布在20岁以下、20～30岁、31～40岁、40岁以上各个年龄段，涵盖了党员、民主党派、团员、群众等各类人群，同时还考虑了性别、教育背景、职业等其他因素。共计发放问卷2800份，回收有效问卷2677份，问卷有效率为95.61%。

全部有效样本中，性别变量：男性1275人，女性1402人。年龄变量：20岁以下650人，20～30岁716人，31～40岁703人，40岁以上608人。教育背景变量：高中及以下780人，大专776人，本科及以上1121人。职业变量：行政机关、事业单位人员357人，私营企业人员409人，国企、央企人员368人，自由职业387人，学生601人，教育科研人员259人，其他296人。地区变量：延庆861人，张家口908人，石景山480人，北京其他地区428人。具体如表6－1所示。

表 6－1　　有效问卷样本分布情况

变量	类别	数量（人）	百分比（%）
性别	男生	1275	47.6
	女生	1402	52.4
年龄	20 岁以下	650	24.3
	20～30 岁	716	26.7
	31～40 岁	703	26.3
	40 岁以上	608	22.7
教育背景	高中及以下	780	29.1
	大专	776	29.0
	本科及以上	1121	41.9
职业	行政机关、事业单位人员	357	13.3
	私营企业人员	409	15.3
	国企、央企人员	368	13.7
	自由职业	387	14.5
	学生	601	22.4
	教育科研人员	259	9.7
	其他	296	11.1
地区	延庆	861	32.2
	张家口	908	33.9
	石景山	480	17.9
	北京其他地区	428	16.0

6.2　举办地居民对北京冬奥会整体认知的特点

通过 SPSS 22.0 对基本认知的 5 个因子进行描述性统计分析，可以展现举办地居民对北京冬奥会的认知状况（见图 6－1）。

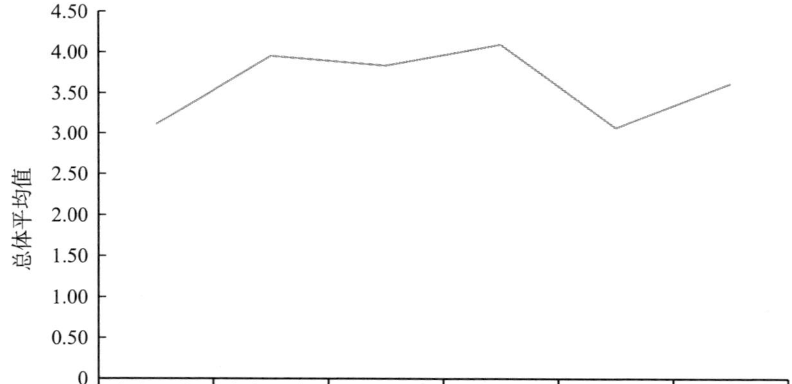

	冬奥基本知识	冬奥经济价值	冬奥个人意义	冬奥社会意义	冬奥负面影响	总体
—— 平均值	3.11	3.95	3.83	4.09	3.07	3.61

图 6－1　举办地居民对北京冬奥会的认知状况

从调查结果可以看出，举办地居民对北京冬奥会认知程度较高，总体均值在 3. 61。从举办地居民对冬奥认知各因子得分来看，居民对于冬奥的认知程度存在着明显差异，认知程度最高的是冬奥社会意义（4. 09），认知程度最低的是冬奥负面影响（3. 07）。从举办地居民对冬奥认知各因子得分内部排序来看，认知程度由高到低依次为：冬奥社会意义、冬奥经济价值、冬奥个人意义、冬奥基本知识、冬奥负面影响。

6. 3　举办地居民对北京冬奥会整体认知的差异性

为了进一步分析不同特征的举办地居民在冬奥基本认知方面的差异性，根据对相关文献的梳理，选取从性别、年龄、教育背景、职业、职业与冬奥是否有关、地区、收入水平、政治面貌、年参与冰雪运动次数、运动习惯 10 个方面对举办地居民的冬奥认知进行分析，探究举办地居民不同的人口学特征和社会背景特征对北京冬奥会各认知维度的影响。

6.3.1　基于性别的居民冬奥认知差异

从举办地居民对冬奥认知度总体得分来看（见图6－2），男性的整体认知水平略高于女性。具体到每一个认知度因子上，男性在冬奥基本知识、冬奥个人意义、冬奥负面影响的得分上高于女性，其他2个认知度因子得分低于女性，男女对于认知度各因子的认知程度得分顺序一样，由高到低依次为冬奥社会意义、冬奥经济价值、冬奥个人意义、冬奥基本知识、冬奥负面影响。

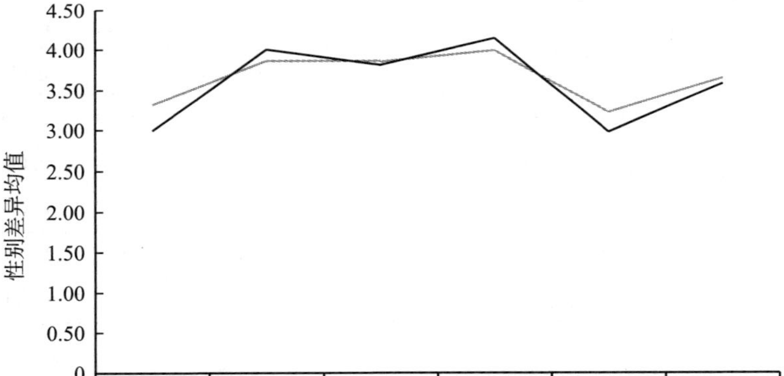

	冬奥基本知识	冬奥经济价值	冬奥个人意义	冬奥社会意义	冬奥负面影响	总体
男	3.32	3.86	3.85	3.99	3.22	3.65
女	2.99	4.00	3.81	4.14	2.98	3.58

图6－2　基于性别的居民冬奥认知情况

为了分析男女在举办地居民冬奥认知方面是否存在显著性差异，进一步进行独立样本T检验。从表6－2中可以看出男女两个组别除在冬奥个人意义上不存在显著性差异外（双侧），在冬奥基本知识、冬奥经济价值、冬奥社会意义、冬奥负面影响认知上均存在极其显著的差异（P<0.001），在总体认知度上存在非常显著的差异，即男性在冬奥基本知识、冬奥负面影响的得分上极其显著地高于女性，女性在冬奥经济价值、冬奥社会意义上的认识极其显著地高于男性，男性在总体认知得分上非常显著地高于女性。

表6-2　　基于性别的居民冬奥认知独立样本T检验

因子	方差是否相等	方差相等的Levene检验		t	P值（双侧）
		F检验	显著性		
冬奥基本知识认知度	假设方差相等	0.301	0.583	9.167	0.000
	不假设方差相等			9.163	0.000
冬奥经济价值认知度	假设方差相等	1.822	0.177	-3.617	0.000
	不假设方差相等			-3.633	0.000
冬奥个人意义认知度	假设方差相等	0.584	0.445	0.982	0.326
	不假设方差相等			0.982	0.326
冬奥社会意义认知度	假设方差相等	0.198	0.656	-4.607	0.000
	不假设方差相等			-4.572	0.000
冬奥负面影响认知度	假设方差相等	1.542	0.214	5.822	0.000
	不假设方差相等			5.803	0.000
总体	假设方差相等	11.314	0.001	2.716	0.007
	不假设方差相等			2.644	0.008

6.3.2　基于年龄的居民冬奥认知差异

根据冬季项目特点并结合本书研究需要，将年龄分为4个阶段，分别为20岁以下、20~30岁、31~40岁、40岁以上。不同年龄的举办地居民对北京冬奥会的认知状况如图6-3所示，在认知总体得分上，20~30岁居民得分最高，介于一般和比较符合之间（3.63），总体得分最低的是40岁以上居民，为3.53。具体到每一个因子的认知度上，20岁以下居民在冬奥经济价值、冬奥个人意义、冬奥社会意义认知度最高，31～40 岁居民在冬奥基本知识、冬奥个人意义（与 20 岁以下并列）认知度最高，20～30 岁居民在冬奥经济价值（与 20 岁以下并列）和冬奥负面影响的认知度最高；20 岁以下居民在冬奥基本知识、冬奥负面影响的认知度中最低，40 岁以上居民在冬奥经济价值、冬奥个人意义、冬奥社会意义上的认知度均最低（见图 6－3）。

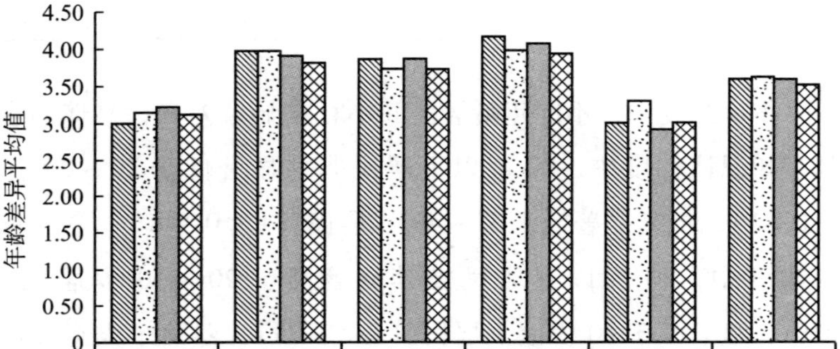

	冬奥基本知识	冬奥经济价值	冬奥个人意义	冬奥社会意义	冬奥负面影响	总体
20岁以下	3.00	3.98	3.87	4.17	3.01	3.61
20~30岁	3.15	3.98	3.74	3.99	3.31	3.63
31~40岁	3.22	3.91	3.87	4.08	2.92	3.60
40岁以上	3.12	3.82	3.73	3.94	3.02	3.53

图 6－3　基于年龄的居民冬奥认知情况

以年龄为自变量，检验举办地不同年龄居民冬奥认知度之间是否存在差异，通过单因素方差分析得出：举办地不同年龄人群在冬奥基本知识、冬奥个人意义、冬奥社会意义、冬奥负面影响 4 个方面的认知度上存在极其显著的差异（$P<0.001$），而不同年龄之间在总体认知度和冬奥经济价值认知度上不存在显著性（$P>0.05$）。

为了进一步了解不同年龄在冬奥认知方面的差异情况，以年龄为变量，对冬奥基本知识、冬奥经济价值、冬奥个人意义、冬奥社会意义、冬奥负面影响进行多重比较，结果如表 6－3 所示。

表6-3　基于年龄的冬奥认知度多重比较

年龄1	年龄2	冬奥基本知识显著性	冬奥经济价值显著性	冬奥个人意义显著性	冬奥社会意义显著性	冬奥负面影响显著性	总体显著性
20岁以下	20~30岁	0.004	1.000	0.015	0.000	0.000	1.000
	31~40岁	0.000	0.446	0.999	0.098	0.287	0.466
	40岁以上	0.512	0.207	0.408	0.029	1.000	0.234
20~30岁	31~40岁	0.345	0.541	0.024	0.155	0.000	0.519
	40岁以上	0.990	0.235	1.000	0.955	0.014	0.249
31~40岁	40岁以上	0.664	0.685	0.395	0.376	0.766	0.704

总体认知度中，不同年龄居民间不存在显著差异，具体而言，冬奥基本知识认知度中，20岁以下居民非常显著低于20~30岁居民（$P<0.01$），极其显著低于31~40岁居民（$P<0.001$）；冬奥社会意义认知度中，20岁以下居民极其显著高于20~30岁居民（$P<0.001$），显著高于40岁以上居民（$P<0.05$）；冬奥个人意义认知度中，20岁以下居民和31~40岁居民显著高于20~30岁居民（$P<0.05$）；冬奥负面影响认知度中，20~30岁居民极其显著高于20岁以下、31~40岁居民（$P<0.001$），显著高于40岁以上居民（$P<0.05$）；不同年龄居民对于冬奥经济价值的认知度间不存在显著差异。

6.3.3　基于教育背景的居民冬奥认知差异

根据本书研究需要，把教育背景分为高中及以下、大专、本科及以上3个层次对居民冬奥基本认知进行分析，分析结果如图6-4所示。从总体上来看，本科及以上教育背景居民的冬奥认知度最高；从认知度各因子来看，本科及以上教育背景居民对冬奥基本知识、冬奥经济价值、冬奥负面影响的认知度最高，大专教育背景居民对冬奥个人意义认知度最高，高中及以下教育背景居民对冬奥社会意义认知度最高。

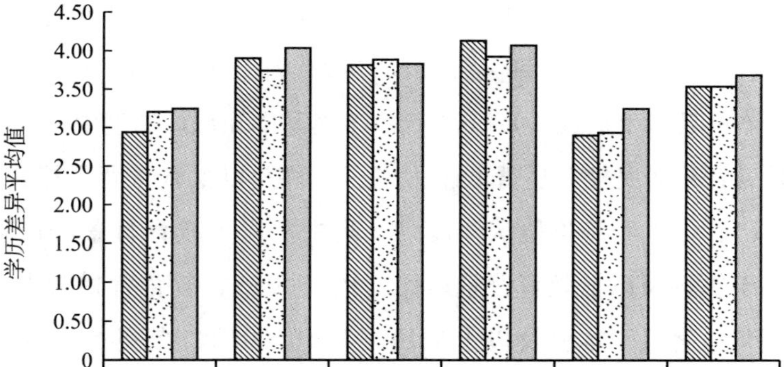

	冬奥基本知识	冬奥经济价值	冬奥个人意义	冬奥社会意义	冬奥负面影响	总体
高中及以下	2.94	3.90	3.81	4.13	2.90	3.54
大专	3.20	3.74	3.88	3.92	2.93	3.54
本科及以上	3.24	4.03	3.83	4.07	3.24	3.68

图 6－4　基于教育背景的居民冬奥认知情况

以教育背景为自变量，检验不同教育背景居民对冬奥的认知度之间是否存在差异，通过单因素方差分析得出，不同教育背景的举办地居民在冬奥总体认知和冬奥基本知识、冬奥经济价值、冬奥社会意义、冬奥负面影响的认知上存在极其显著差异（$P < 0.001$），在冬奥个人意义的认知度上未表现出显著差异（$P > 0.05$）。

为了进一步了解不同教育背景的居民在冬奥认知度方面的差异情况，以教育背景为变量，对总体认知、冬奥基本知识、冬奥经济价值、冬奥社会意义、冬奥个人意义、冬奥负面影响进行多重比较，结果如表 6－4 所示。

表 6－4　　基于教育背景的居民冬奥认知度多重比较

学历 1	学历 2	基本知识显著性	经济价值显著性	个人意义显著性	社会意义显著性	负面影响显著性	总体显著性
高中及以下	大专	0.000	0.051	0.555	0.004	0.891	1.000
	本科及以上	0.000	0.001	0.921	0.160	0.000	0.000
大专	本科及以上	0.786	0.000	0.675	0.056	0.000	0.001

总体认知度中，高中及以下教育背景的居民极其显著低于本科及以上教育背景的居民（P<0.001），教育背景为大专的居民非常显著低于本科及以上居民（P<0.01）。冬奥基本知识认知度中，高中及以下教育背景居民极其显著低于大专、本科及以上教育背景居民（P<0.001）；冬奥经济价值认知度中，高中及以下教育背景居民非常显著低于本科及以上教育背景居民（P<0.01），教育背景为大专的居民极其显著低于本科及以上居民（P<0.001）；冬奥社会意义认知度中，高中及以下居民非常显著高于大专居民（P<0.05）；冬奥负面影响认知度中，高中及以下、大专教育背景居民极其显著低于本科及以上教育背景居民（P<0.001）；冬奥个人意义认知度中，不同受教育背景的居民间不存在显著差异。

6.3.4 基于收入的居民冬奥认知差异

根据京张地区居民收入的一般状况以及结合本书研究的需要，把个人月收入分为5000元以下、5000~8000元、8001~12000元、12000元以上4个类别，不同月均收入的举办地居民冬奥认知度情况如图6-5所示：从总体认知度上来看，月均收入在12000元以上的居民对北京冬奥会基本认知度最高，月均收入在5000元以下的人群认知度最低，总体认知度由高到低排序分别为人均月收入12000元以上、8001~12000元、5000~8000元、5000元以下。从认知度各因子上来看，月均收入12000元以上的居民在冬奥基本知识、冬奥负面影响因子上的认知度最高，月均收入为8001~12000元的居民在冬奥经济价值、冬奥个人意义、冬奥社会意义认知度最高；月均收入为5000元以下的居民对冬奥基本知识、冬奥社会意义、冬奥负面影响认知度最低，月均收入为5000~8000元的居民在经济价值、个人意义、负面影响上的认知度最低。

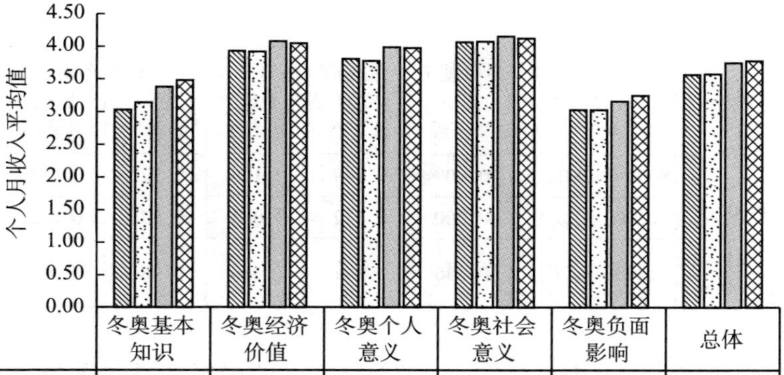

	冬奥基本知识	冬奥经济价值	冬奥个人意义	冬奥社会意义	冬奥负面影响	总体
5000元以下	3.03	3.93	3.81	4.07	3.04	3.58
5000~8000元	3.14	3.92	3.78	4.08	3.04	3.59
8001~12000元	3.38	4.08	3.99	4.16	3.17	3.76
12000元以上	3.48	4.05	3.98	4.13	3.26	3.79

图 6－5　基于月均收入的居民冬奥认知情况

以个人月均收入为自变量对举办地居民冬奥认知度进行单因素方差分析得出：不同收入居民在总体认知度和冬奥基本知识认知度上存在极其显著差异（P＜0. 001），在冬奥负面影响认知度上存在非常显著差异（P＜0. 01），在冬奥个人意义认知度上存在显著差异（P＜0. 05）；而在冬奥经济价值、冬奥社会意义认知度上，不同月均收入居民之间不存在显著差异（P＞0. 05）。

为了进一步了解不同月收入在冬奥认知度方面的差异情况，以月收入为变量，对冬奥认知度进行多重比较，结果如表 6－5 所示。

表 6－5　基于月均收入的居民冬奥认知度多重比较

月收入 1	月收入 2	冬奥基本知识显著性	冬奥经济价值显著性	冬奥个人意义显著性	冬奥社会意义显著性	冬奥负面影响显著性	总体显著性
5000 元以下	5000～8000 元	0. 070	0. 990	0. 976	0. 999	1. 000	0. 947
	8001～12000 元	0. 000	0. 239	0. 107	0. 600	0. 428	0. 002
	12000 元以上	0. 000	0. 290	0. 043	0. 775	0. 015	0. 000

续表

月收入1	月收入2	冬奥基本知识显著性	冬奥经济价值显著性	冬奥个人意义显著性	冬奥社会意义显著性	冬奥负面影响显著性	总体显著性
5000～8000元	8001～12000元	0.009	0.249	0.106	0.725	0.545	0.018
	12000元以上	0.000	0.312	0.054	0.879	0.053	0.000
8001～12000元	12000元以上	0.346	0.991	1.000	0.986	0.848	0.953

总体认知度中，月收入5000元以下的居民非常显著低于月收入8001～12000元的居民（$P<0.01$），极其显著低于月收入12000元以上的居民（$P<0.001$）；月收入5000～8000元的居民非常显著低于月收入8001～12000元的居民（$P<0.01$），极其显著低于月收入12000元以上居民（$P<0.001$）。冬奥基本知识认知度中，月收入5000元以下居民极其显著低于月收入8000元以上的居民（$P<0.001$）；月收入5000～8000元居民非常显著低于月收入8001～12000元居民（$P<0.01$），极其显著低于月收入12000元以上居民（$P<0.001$）。冬奥个人意义认知度中，月收入5000元以下居民显著低于月收入12000元以上的居民（$P<0.05$）。冬奥负面影响认知度中，月收入5000元以下居民显著低于月收入12000元以上居民（$P<0.05$）。冬奥经济价值和社会意义认知度中，不同收入水平居民间不存在显著差异。

6.3.5　基于职业的居民冬奥认知差异

不同职业类型的居民对冬奥的认知情况不同，从总体认知度来看（见图6－6），国企、央企人员的认知度最高，职业类型为其他的居民认知度最低。从冬奥基本知识、冬奥经济价值、冬奥个人意义、冬奥社会意义、冬奥负面影响5个因子来看，国企、央企人员在全部5个因子的认知度得分上均排在第一位；其他职业居民在冬奥基本知识、冬奥负面影响因子得分上排在最后；自由职业居民在冬奥经济价值、冬奥个人意义、冬奥社会意义因子的得分上排在最后。

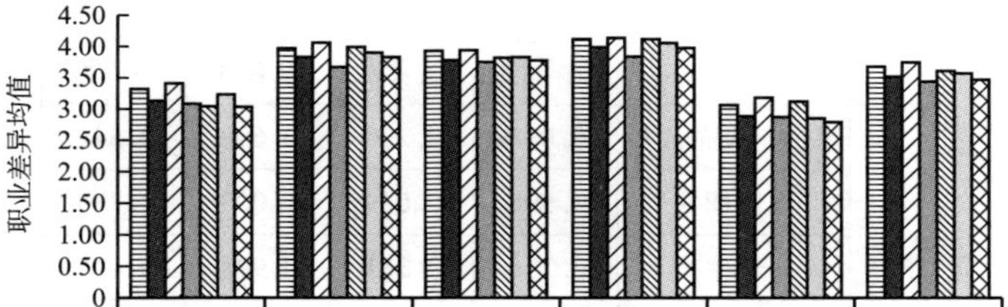

	冬奥基本知识	冬奥经济价值	冬奥个人意义	冬奥社会意义	冬奥负面影响	总体
行政机关、事业单位人员	3.32	3.97	3.93	4.12	3.06	3.68
私营企业人员	3.13	3.83	3.78	3.99	2.88	3.52
国企、央企人员	3.41	4.06	3.94	4.14	3.18	3.75
自由职业	3.08	3.67	3.75	3.84	2.87	3.44
学生	3.04	3.99	3.82	4.12	3.12	3.61
教育科研人员	3.23	3.90	3.83	4.06	2.85	3.57
其他	3.03	3.83	3.78	3.98	2.79	3.47

图 6－6　基于职业的居民冬奥认知情况

通过对举办地居民的冬奥认知度进行差异分析，得出如下结论：在职业维度上，举办地居民在总体认知度和冬奥基本认知、冬奥经济价值、冬奥社会意义、冬奥负面影响认知度方面存在极其显著的差异（$P<0.001$），在冬奥个人意义认知度上不存在显著差异（$P>0.05$）。

为了进一步了解不同职业在冬奥认知度方面的差异情况，以职业为变量，对冬奥认知度进行多重比较，结果如表 6－6 所示。

表 6－6　　基于职业的居民冬奥认知度多重比较

职业 1	职业 2	冬奥基本知识显著性	冬奥经济价值显著性	冬奥个人意义显著性	冬奥社会意义显著性	冬奥负面影响显著性	总体显著性
行政机关、事业单位人员	私营企业人员	0.167	0.739	0.574	0.694	0.483	0.095
	国企、央企人员	0.946	0.944	1.000	1.000	0.937	0.925
	自由职业	0.074	0.020	0.467	0.025	0.465	0.002
	学生	0.000	1.000	0.536	1.000	0.982	0.742
	教育科研人员	0.989	0.999	0.985	0.999	0.774	0.913
	其他	0.098	0.928	0.671	0.871	0.274	0.122

续表

职业1	职业2	冬奥基本知识显著性	冬奥经济价值显著性	冬奥个人意义显著性	冬奥社会意义显著性	冬奥负面影响显著性	总体显著性
私营企业人员	国企、央企人员	0.018	0.225	0.608	0.547	0.091	0.005
	自由职业	0.998	0.649	1.000	0.733	1.000	0.880
	学生	0.776	0.311	0.998	0.415	0.026	0.348
	教育科研人员	0.982	0.999	1.000	0.999	1.000	0.999
	其他	0.962	1.000	0.999	1.000	0.990	0.995
国企、央企人员	自由职业	0.008	0.002	0.495	0.015	0.089	0.000
	学生	0.000	0.964	0.622	1.000	0.996	0.078
	教育科研人员	0.807	0.930	0.982	0.995	0.362	0.563
	其他	0.017	0.575	0.668	0.778	0.054	0.017
自由职业	学生	0.997	0.001	0.975	0.002	0.030	0.009
	教育科研人员	0.906	0.676	0.998	0.719	1.000	0.846
	其他	0.999	0.869	1.000	0.919	0.995	1.000
学生	教育科研人员	0.623	0.993	1.000	0.998	0.415	0.998
	其他	1.000	0.787	0.985	0.785	0.034	0.366
教育科研人员	其他	0.784	1.000	0.997	0.999	1.000	0.968

总体认知度中，行政机关、事业单位人员以及国企、央企人员非常显著高于自由职业居民和私营企业人员（P<0.01），国企、央企人员极其显著高于自由职业居民（P<0.001），国企、央企人员显著高于其他职业居民（P<0.05），学生显著高于自由职业居民（P<0.05）。冬奥基本知识认知度中，行政机关、事业单位人员极其显著高于学生（P<0.001）；国企、央企人员非常显著高于私营企业人员和自由职业居民（P<0.01），显著高于其他职业居民（P<0.05），极其显著高于学生（P<0.001）。冬奥经济价值认知度中，行政机关、事业单位人员极其显著高于自由职业居民（P<0.001），国企、央企人员和学生非常显著高于自由职业居民（P<0.01）。冬

奥社会意义认知度中，行政机关、事业单位人员以及国企、央企人员显著高于自由职业居民（$P<0.05$），学生非常显著高于自由职业居民（$P<0.01$）。冬奥负面影响认知度中，私营企业人员、自由职业居民、其他职业居民显著低于学生（$P<0.05$）。冬奥个人意义认知度中，不同职业的居民间不存在显著差异。

6.3.6　基于地区的居民冬奥认知差异

举办地不同区域居民对冬奥认知度情况如图 6－7 所示，从总体上看，张家口居民的认知度最高，北京其他地区居民认知度最低，具体到每一个因子的得分上，延庆地区和张家口地区被调查居民对冬奥基本知识的认知度并列最高，张家口地区居民对冬奥经济价值和冬奥负面影响的认知度最高，石景山地区居民对冬奥个人意义的认知度最高，北京其他地区居民对冬奥社会意义的认知度最高；北京其他地区居民对冬奥基本知识的认知度最低，延庆地区被调查居民对冬奥经济价值、冬奥社会意义的认知度最低，张家口地区被调查居民对冬奥个人意义的认知度最低，石景山地区居民对冬奥负面影响的认知度最低。

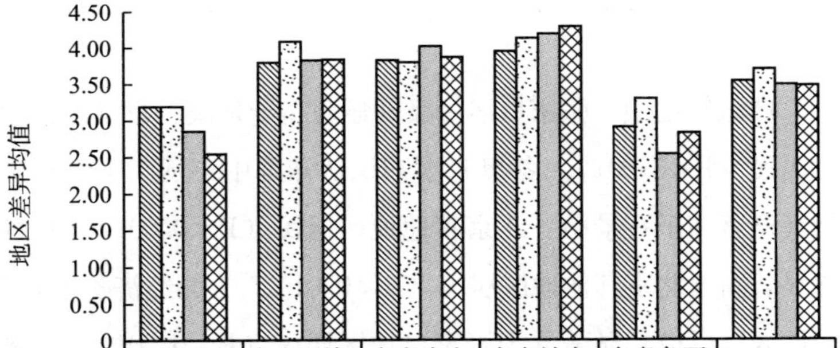

	冬奥基本知识	冬奥经济价值	冬奥个人意义	冬奥社会意义	冬奥负面影响	总体
延庆	3.19	3.79	3.82	3.94	2.90	3.53
张家口	3.19	4.08	3.79	4.12	3.29	3.69
石景山	2.85	3.82	4.01	4.18	2.53	3.48
北京其他地区	2.54	3.83	3.86	4.28	2.82	3.47

图 6－7　基于地区的居民冬奥认知情况

以地区为自变量对举办地居民冬奥认知度进行单因素方差分析，分析结果显示：不同地区被调查居民在冬奥基本知识、冬奥经济价值、冬奥社会意义、冬奥负面影响的认知度的 P 值均小于 0.001，冬奥个人意义的 P 值小于 0.01，因此不同地区居民在冬奥基本知识、冬奥经济价值、冬奥社会意义、冬奥负面影响的认知度上存在极其显著的差异，在冬奥个人意义的认知度上存在非常显著的差异。

为了进一步了解不同地区在冬奥认知度方面的差异情况，以地区为变量，对冬奥认知度进行多重比较，结果如表 6 - 7 所示。

表 6 - 7　　基于地区的居民冬奥认知度多重比较

地区 1	地区 2	冬奥基本知识显著性	冬奥经济价值显著性	冬奥个人意义显著性	冬奥社会意义显著性	冬奥负面影响显著性	总体显著性
延庆	张家口	1.000	0.000	0.886	0.000	0.000	0.000
	石景山	0.000	0.981	0.058	0.000	0.000	0.639
	北京其他地区	0.000	0.969	0.955	0.000	0.770	0.482
张家口	石景山	0.000	0.001	0.007	0.662	0.000	0.000
	北京其他地区	0.000	0.005	0.769	0.006	0.000	0.000
石景山	北京其他地区	0.009	1.000	0.462	0.411	0.023	0.997

总体认知度中，张家口居民极其显著高于延庆、石景山、北京其他地区居民（$P<0.001$）。冬奥基本知识认知度中，延庆、张家口地区居民极其显著高于石景山、北京其他地区居民（$P<0.001$），石景山居民非常显著高于北京其他地区居民（$P<0.01$）。冬奥经济价值认知度中，延庆地区居民极其显著低于张家口地区居民（$P<0.001$），石景山、北京其他地区居民非常显著低于张家口地区居民（$P<0.01$）。冬奥个人意义认知度中，张家口地区居民非常显著低于石景山居民（$P<0.01$）。冬奥社会意义认知度中，延庆地区居民极其显著低于张家口、石景山、北京其他地区居民（$P<0.001$），张家口地区居民非常显著低

于北京其他地区居民（$P<0.01$）。冬奥负面影响认知度中，延庆地区居民极其显著低于张家口地区居民（$P<0.001$），极其显著高于石景山地区居民（$P<0.001$）；张家口地区居民极其显著高于石景山、北京其他地区居民（$P<0.001$）；石景山居民显著低于北京其他地区居民（$P<0.05$）。

6.4　举办地居民冬奥情感和行为意向整体特点

居民对冬奥的支持并不仅仅表现在对冬奥的认知上，更表现为对北京冬奥会的情感和行为支持。对北京冬奥会举办地居民的情感和行为意向开展调查研究，有助于更加深入地了解举办地居民对北京 2022 年冬奥会的真实态度以及情感和行为倾向。根据认知到情感和行为意向的变化，可以区分出举办地居民对冬奥会的关心和支持所处的程度得分和阶段，有助于更好地根据实际情况制定居民参与冬奥的促进措施，助力全民参与冬奥。

通过 SPSS 22.0 对情感和行为意向四个指标进行描述性统计分析，可以展现举办地居民对北京冬奥会情感和行为意向状况。具体统计结果如图 6－8 所示。

从统计结果可以看出，举办地居民对北京冬奥会的情感和行为意向程度得分较高（总体均值在 3.74），在一般符合和比较符合之间；从举办地居民对冬奥情感和行为意向的各个因子上看，居民对于冬奥情感和行为意向程度得分存在着明显差异，得分最高的为践行冬奥精神（4.04），得分最低的是参与冰雪运动（3.55）。从举办地居民对冬奥情感和行为意向各因子得分的内部排序来看，得分由高到低依次为：践行冬奥精神、支持冬奥筹办、观看冬奥比赛、参与冰雪运动。

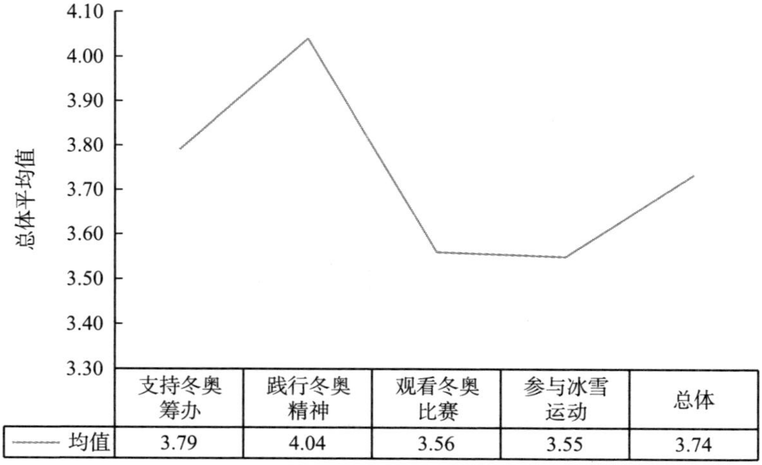

图 6－8　举办地居民冬奥情感和行为意向状况

6.5　举办地居民冬奥情感和行为意向的差异分析

为了详细了解具有不同人口学特征的举办地居民在冬奥情感和行为意向方面的差异，通过搜集大量相关文献资料进行整理，选取从性别、年龄、教育背景、职业、职业与冬奥是否有关、地区、收入水平、政治面貌、年参与冰雪运动次数、运动习惯 10 个方面对举办地居民的冬奥情感和行为意向得分进行分析，分析这些因素与举办地居民对北京冬奥会情感和行为意向各维度得分之间的关系。

6.5.1　基于性别的居民冬奥情感和行为意向差异

不同性别的举办地居民对冬奥会的情感和行为意向认知状况如图 6－9 所示，男性居民的情感和行为意向总体得分略高于女性。具体到每个题项上，女性在支持冬奥筹办和践行冬奥精神上的认知得分高于男性，男性在观看冬奥比赛、参与冰雪运动上的认知得分高于女性；男性对于冬奥情感和行为意向各题项的得分由高到低排序为：践行冬奥精神、支持冬奥筹办、观看冬奥比赛、参与冰雪运动；女性对于冬奥情感和行为意向各题项的得分由高到低依次为：践行冬奥精神、支持冬奥筹办、观看冬奥比赛、参与冰雪运动。

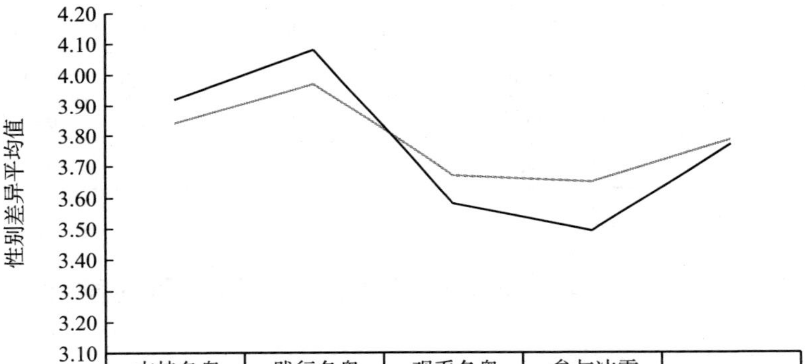

	支持冬奥筹办	践行冬奥精神	观看冬奥比赛	参与冰雪运动	总体
男	3.84	3.97	3.67	3.65	3.78
女	3.92	4.08	3.58	3.49	3.77

图 6－9　基于性别的居民冬奥情感和行为意向情况

为了分析不同性别的举办地居民在冬奥情感和行为意向方面是否存在显著性差异，进一步进行独立样本 T 检验。统计结果显示：从总体上看，不同性别之间不存在显著差异；从各因子得分来看，男性在观看冬奥比赛上显著高于女性（$P<0.05$），在参与冰雪运动上极其显著高于女性（$P<0.001$）；女性在支持冬奥筹办上显著高于男性（$P<0.05$），在践行冬奥精神上的得分非常显著高于男性（$P<0.01$），如表 6－8 所示。

表6-8　基于性别的居民冬奥情感和行为意向得分独立样本T检验

因子	方差是否相等	方差相等的 Levene 检验		t	P值（双侧）
		F检验	显著性		
支持冬奥筹办	假设方差相等	9.025	0.003	-1.946	0.052
	不假设方差相等			-1.987	0.047
践行冬奥精神	假设方差相等	3.083	0.079	-3.061	0.002
	不假设方差相等			-3.087	0.002
观看冬奥比赛	假设方差相等	0.700	0.403	2.362	0.018
	不假设方差相等			2.381	0.017
参与冰雪运动	假设方差相等	0.639	0.424	4.173	0.000
	不假设方差相等			4.147	0.000
总计	假设方差相等	10.140	0.286	0.540	0.589
	不假设方差相等			0.538	0.591

6.5.2　基于年龄的居民冬奥情感和行为意向差异

不同年龄的举办地居民对北京冬奥会的情感和行为意向状况如图6-10所示。在情感和行为意向总体得分上，31~40岁居民得分最高，介于一般和比较符合之间（3.80）；总体得分最低的是40岁以上居民，其总体得分为3.67，低于总体平均水平。具体到每个因子得分上，20岁以下居民在践行冬奥精神上得分最高；31~40岁居民在支持冬奥申办与筹办、参与冰雪运动和观看冬奥比赛上得分最高；20~30岁居民在观看冬奥比赛、参与冰雪运动上得分最低；40岁以上居民在支持冬奥申办与筹办、参与冰雪运动和观看冬奥比赛中得分均排在最后一位。

以年龄为自变量，采用单因素方差分析和检验居民冬奥情感和行为意向的差异性，统计结果显示：在情感和行为意向总体得分上，不同年龄居民在冬奥情感和行为意向上存在显著差异（P <

0.05）。具体到各因子得分中，不同年龄居民在践行冬奥精神和观看冬奥比赛上存在极其显著的差异（P<0.001）；不同年龄居民在支持冬奥申办与筹办上存在非常显著的差异（P<0.01）；不同年龄居民之间在参与冰雪运动上存在显著差异（P<0.05）；观看冬奥比赛中，不同年龄居民间不存在显著差异（P>0.05）。

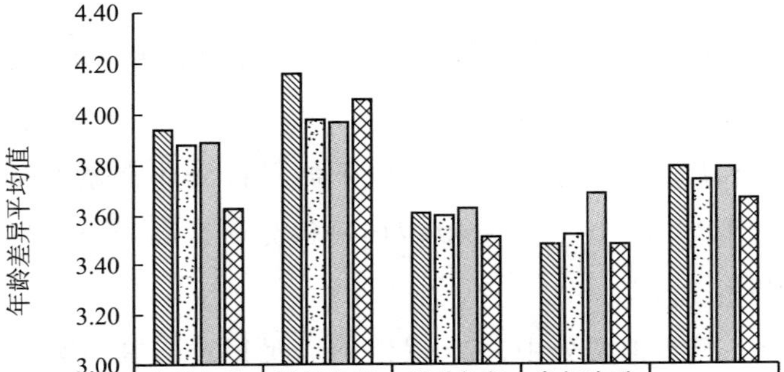

	支持冬奥筹办	践行冬奥精神	观看冬奥比赛	参与冰雪运动	总体
20岁以下	3.94	4.16	3.61	3.48	3.80
20~30岁	3.88	3.98	3.60	3.52	3.75
31~40岁	3.89	3.97	3.63	3.69	3.80
40岁以上	3.63	4.06	3.51	3.48	3.67

图 6-10　基于年龄的居民冬奥情感和行为意向情况

为了进一步了解不同年龄居民在冬奥情感和行为意向方面的差异情况，以年龄为变量，对冬奥情感和行为意向进行多重比较，结果如表 6-9 所示。

表 6-9　　基于年龄的冬奥情感和行为意向得分多重比较

年龄 1	年龄 2	支持冬奥筹办显著性	践行冬奥精神显著性	观看冬奥比赛显著性	参与冰雪运动显著性	总体显著性
20 岁以下	20~30 岁	0.468	0.000	1.000	0.850	0.463
	31~40 岁	0.689	0.000	0.987	0.000	1.000
	40 岁以上	0.003	0.001	0.651	1.000	0.060

续表

年龄1	年龄2	支持冬奥筹办显著性	践行冬奥精神显著性	观看冬奥比赛显著性	参与冰雪运动显著性	总体显著性
20～30岁	31～40岁	0.995	0.996	0.982	0.003	0.628
	40岁以上	0.028	0.257	0.684	0.109	0.280
31～40岁	40岁以上	0.023	0.334	0.560	0.109	0.810

冬奥情感和行为意向总体得分中，不同年龄居民中不存在显著差异（$P>0.05$）。

支持冬奥筹办得分中，20岁以下居民得分非常显著高于40岁以上居民（$P<0.01$）；31～40岁居民得分显著高于40岁以上居民（$P<0.05$）。

践行冬奥精神得分中，20岁以下居民得分极其显著高于20岁以上居民（$P<0.001$）。

观看冬奥比赛得分中，不同年龄居民间不存在显著差异（$P>0.05$）。

参与冰雪运动得分中，20岁以下居民得分极其显著高于31～40岁居民（$P<0.001$）；20～30岁居民非常显著低于31～40岁居民（$P<0.01$）。

6.5.3 基于教育背景的居民冬奥情感和行为意向差异

把教育背景分为高中及以下、大专、本科及以上3个层次对居民冬奥情感和行为意向进行分析，分析结果如图6－11所示，从总体上来看，本科及以上教育背景居民对冬奥情感和行为意向得分最高，其次是大专教育背景；从各因子得分来看，支持冬奥筹办、践行冬奥精神和观看冬奥比赛、参与冰雪运动上，本科及以上教育背景的居民得分最高；从排序上来看，支持冬奥筹办得分由高到低依次为本科及以上、高中及以下、大专；践行冬奥精神得分由高到低依次为本科及以上、大专、高中及以下；观看冬奥比赛得分由高到低依次为本科及以上、大专、高中及以下；参与冰雪运动得分由高到低依次为大专、本科及以上、高中及以下。

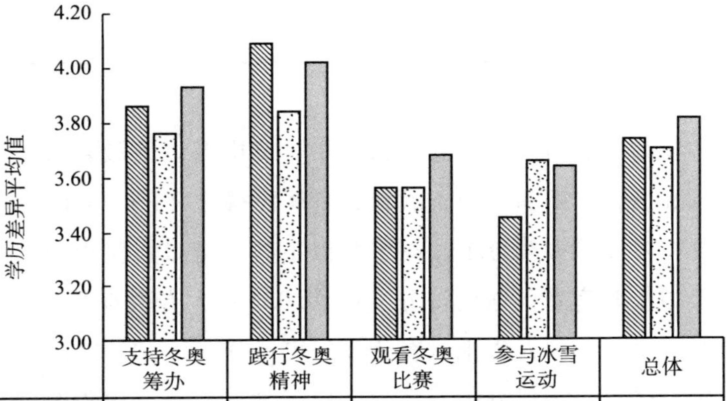

	支持冬奥筹办	践行冬奥精神	观看冬奥比赛	参与冰雪运动	总体
高中及以下	3.85	4.08	3.55	3.44	3.73
大专	3.75	3.83	3.55	3.65	3.70
本科及以上	3.92	4.01	3.67	3.63	3.81

图 6－11　基于教育背景的居民冬奥情感和行为意向情况

以教育背景为自变量，检验不同教育背景居民对北京冬奥会情感和行为意向是否存在差异，进行单因素方差分析结果显示：在情感和行为总体得分上，不同教育背景的居民在冬奥情感和行为意向上存在非常显著差异（$P<0.01$）。具体到各因子得分中，不同教育背景的举办地居民在支持冬奥筹办、践行冬奥精神和观看冬奥比赛上存在极其显著差异（$P<0.001$）。

为了进一步了解不同教育背景的居民在冬奥情感和行为意向方面的差异情况，以教育背景为变量，对支持冬奥筹办、践行冬奥精神、观看冬奥比赛和参与冰雪运动进行多重比较，结果如表 6－10 所示。

表 6-10　基于教育背景的居民冬奥情感和行为意向得分多重比较

教育背景1	教育背景2	支持冬奥筹办显著性	践行冬奥精神显著性	观看冬奥比赛显著性	参与冰雪运动显著性	总体显著性
高中及以下	大专	0.359	0.003	0.997	0.006	0.857
	本科及以上	0.011	0.553	0.007	0.00	0.005
大专	本科及以上	0.007	0.013	0.223	0.924	0.084

冬奥情感和行为意向总体得分中，高中及以下教育背景居民得分非常显著低于本科及以上教育背景居民得分（$P<0.01$）。

支持冬奥筹办得分中，高中及以下教育背景居民得分显著低于本科及以上教育背景居民得分（$P<0.05$）；大专教育背景居民得分非常显著低于本科及以上教育背景居民得分（$P<0.01$）。

践行冬奥精神得分中，高中及以下教育背景居民得分非常显著高于大专教育背景居民得分（$P<0.01$）；大专教育背景居民得分显著低于本科及以上教育背景居民得分（$P<0.05$）。

观看冬奥比赛得分中，高中及以下教育背景居民得分非常显著低于本科及以上教育背景居民得分（$P<0.01$）。

参与冰雪运动得分中，高中及以下教育背景居民得分非常显著低于大专教育背景居民得分（$P<0.01$）；极其显著低于本科及以上教育背景居民得分（$P<0.001$）。

6.5.4　基于收入的居民冬奥情感和行为意向差异

不同收入水平举办地居民的冬奥情感和行为意向得分情况如图 6-12 所示，从总体认知得分上来看，月均收入在 12000 元以上的居民在北京冬奥会情感和行为意向上的得分最高；月均收入在 5000 元以下的居民北京冬奥会情感和行为意向最低。情感和行为意向得分由高到低排序分别为：月均收入12000元以上、8001～12000元、5000～8000元、5000元以下。从认知得分各因子来看，月均收入12000元以上居民在支持冬奥筹办、践行冬奥精神、观看冬奥比赛和参与冰雪运动上的得分最高；月均收入5000元以下居民在观看冬奥比赛和参与冰雪运动上的得分最低；月均收入5000～8000元居民在支持冬奥筹办和践行冬奥精神上的得分最低。

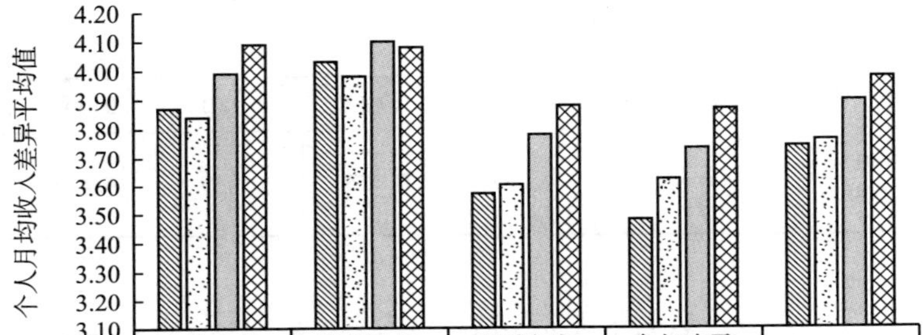

	支持冬奥筹办	践行冬奥精神	观看冬奥比赛	参与冰雪运动	总体
5000元以下	3.87	4.03	3.57	3.48	3.74
5000~8000元	3.84	3.98	3.60	3.62	3.76
8001~12000元	3.99	4.10	3.78	3.73	3.90
12000元以上	4.09	4.08	3.88	3.87	3.98

图6-12　基于收入的居民冬奥情感和行为意向情况

以个人月均收入为自变量对举办地居民冬奥情感和行为意向得分进行单因素方差分析，统计结果显示：在总体得分上，不同收入居民在冬奥情感和行为意向上存在极其显著差异（$P<0.001$）。具体到各因子得分中，不同收入水平居民在支持冬奥筹办和观看冬奥比赛上的得分存在极其显著差异（$P<0.001$）；在参与冰雪运动上的得分存在非常显著差异（$P<0.01$）；在践行冬奥精神上的得分存在显著差异（$P<0.05$）。

为了进一步了解不同月均收入的居民在冬奥情感和行为意向方面的差异情况，以月均收入为变量，对冬奥情感和行为意向进行多重比较，统计结果如表6－11所示。

表6－11　　基于收入的居民冬奥情感和行为意向得分多重比较

月均收入1	月均收入2	支持冬奥筹办显著性	践行冬奥精神显著性	观看冬奥比赛显著性	参与冰雪运动显著性	总体显著性
5000元以下	5000～8000元	0.947	0.609	0.916	0.022	0.944
	8001～12000元	0.358	0.813	0.041	0.009	0.069
	12000元以上	0.000	0.049	0.000	0.000	0.000
5000～8000元	8001～12000元	0.299	0.440	0.171	0.572	0.212
	12000元以上	0.000	0.013	0.001	0.002	0.000
8001～12000元	12000元以上	0.337	0.755	0.717	0.443	0.426

情感和行为意向总体得分中，月均收入5000元以下居民得分极其显著低于月均收入12000元以上居民（P<0.001）；月均收入5000～8000元居民极其显著低于12000元以上居民（P<0.001）。

支持冬奥筹办得分中，月均收入5000元以下居民得分极其显著低于月均收入12000元以上居民（P<0.001）；月均收入5000～8000元居民极其显著低于12000元以上居民（P<0.001）。

践行冬奥精神得分中，月均收入8000元以下居民得分显著低于月均收入12000元以上居民（P<0.05）。

观看冬奥比赛得分中，月均收入5000元以下居民得分极其显著低于月均收入12000元以上居民（P<0.001）；月均收入5000～8000元居民得分非常显著低于月均收入12000元以上居民（P<0.01）；月均收入5000元以下居民得分显著低于月均收入8001～12000元以上的居民（P<0.05）。

参与冰雪运动得分中，月均收入5000元以下居民得分极其显著低于月收入12000元以上居民（P<0.001），显著低于月均收入

5000～8000 元的居民（P＜0.05）；月均收入 8000 元以下居民得分非常显著低于月均收入 8001～12000 元以上居民（P＜0.01）。

6.5.5　基于职业的居民冬奥情感和行为意向差异

不同职业居民的冬奥情感和行为意向得分不同，除去“其他”这一职业外，从总体得分来看（见图 6－13），国企、央企人员的情感和行为意向得分最高，自由职业者得分最低。从支持冬奥的筹办、践行冬奥精神、观看冬奥比赛和参与冰雪运动的四个因子上来看，国企、央企人员在支持冬奥筹办、践行冬奥精神、观看冬奥比赛认知得分均排在第一位；自由职业者在支持冬奥筹办得分上排在最后一位；学生居民在参与冰雪运动认知得分上几乎排在最后。

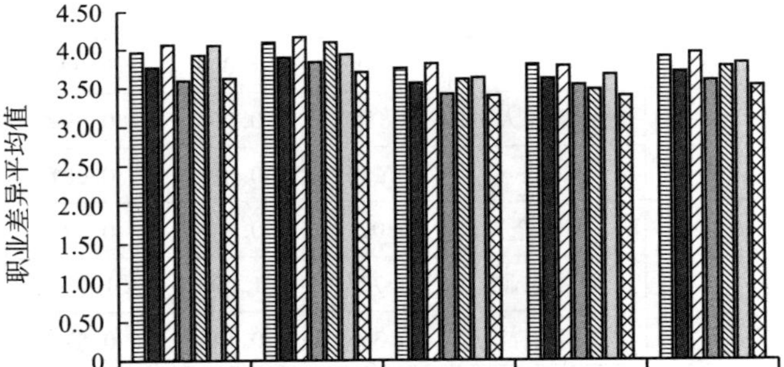

	支持冬奥筹办	践行冬奥精神	观看冬奥比赛	参与冰雪运动	总体
行政机关、事业单位人员	3.96	4.09	3.75	3.80	3.90
私营企业人员	3.76	3.89	3.56	3.62	3.71
国企、央企人员	4.06	4.16	3.81	3.78	3.95
自由职业	3.59	3.83	3.42	3.54	3.60
学生	3.92	4.09	3.61	3.48	3.78
教育科研人员	4.05	3.93	3.63	3.67	3.82
其他	3.62	3.70	3.40	3.40	3.53

图 6－13　基于职业的居民冬奥情感和行为意向情况

以职业为自变量，对举办地居民的冬奥情感和行为意向进行单因素方差分析，统计结果显示：在总体得分上，不同职业居民在冬奥情感和行为意向上存在极其显著差异（$P < 0.001$）。具体到各项中，不同职业的举办地居民在支持冬奥筹办、践行冬奥精神、观看冬奥比赛和参与冰雪运动上存在极其显著差异（$P < 0.001$）。

为了进一步了解不同职业居民在冬奥情感和行为意向方面的差异情况，以职业为变量，对情感和行为意向进行多重比较，结果如表6－12所示。

表6－12　基于职业的居民冬奥情感和行为意向得分多重比较

职业1	职业2	支持冬奥筹办显著性	践行冬奥精神显著性	观看冬奥比赛显著性	参与冰雪运动显著性	总体显著性
行政机关、事业单位人员	私营企业人员	0.354	0.549	0.694	0.468	0.151
	国企、央企人员	0.993	1.000	1.000	1.000	0.991
	自由职业	0.001	0.113	0.150	0.107	0.001
	学生	1.000	1.000	0.000	0.000	0.206
	教育科研人员	1.000	0.998	0.999	0.944	0.993
	其他	0.116	0.029	0.081	0.024	0.010
私营企业人员	国企、央企人员	0.021	0.125	0.881	0.468	0.032
	自由职业	0.724	1.000	1.000	0.644	0.772
	学生	0.363	0.146	0.572	0.984	0.930
	教育科研人员	0.520	1.000	1.000	0.380	0.967
	其他	0.925	0.726	0.873	1.000	0.632
国企、央企人员	自由职业	0.000	0.015	0.299	1.000	0.000
	学生	0.530	1.000	0.001	0.644	0.029
	教育科研人员	1.000	0.917	1.000	0.202	0.918
	其他	0.017	0.006	0.029	0.001	0.002
自由职业	学生	0.000	0.009	1.000	0.107	0.043
	教育科研人员	0.021	1.000	1.000	0.984	0.481
	其他	1.000	0.953	1.000	0.202	0.997

续表

职业 1	职业 2	支持冬奥筹办显著性	践行冬奥精神显著性	观看冬奥比赛显著性	参与冰雪运动显著性	总体显著性
学生	教育科研人员	0.998	0.992	0.884	0.661	0.999
	其他	0.146	0.008	0.523	0.988	0.136
教育科研人员	其他	0.130	0.820	0.767	0.591	0.362

冬奥情感和行为意向总体得分中，行政机关、事业单位人员得分非常显著高于自由职业居民（$P<0.01$）；私营企业人员得分显著低于国企、央企人员（$P<0.05$）；国企、央企人员得分极其显著高于自由职业居民、其他职业居民（$P<0.001$），显著高于学生（$P<0.05$）；学生显著高于自由职业居民（$P<0.05$）。

支持冬奥筹办得分中，行政机关、事业单位人员得分非常显著高于自由职业居民（$P<0.01$）；国企、央企人员得分显著高于私营企业人员（$P<0.05$）；自由职业居民得分极其显著低于国企、央企人员和学生（$P<0.001$）。

观看冬奥比赛得分中，行政机关、事业单位人员得分非常显著高于自由职业居民（$P<0.01$）；国企、央企人员得分极其显著高于自由职业居民（$P<0.001$）。

践行冬奥精神得分中，行政机关、事业单位人员得分显著高于其他职业居民（$P<0.05$）；国企、央企人员得分显著高于自由职业居民（$P<0.05$）；自由职业居民得分非常显著低于学生（$P<0.01$）。

参与冰雪运动得分中，行政机关、事业单位人员得分极其显著高于学生（$P<0.001$）；国企、央企人员得分显著高于其他职业居民（$P<0.05$）。

6.5.6 基于地区的居民冬奥情感和行为意向差异

不同地区的举办地居民在冬奥情感和行为意向上的得分情况如图6－14所示，从总体上看，张家口居民的情感和行为意向得分最高，北京其他地区居民的得分最低。具体到每一个因子的得分上：延庆地区居民在支持冬奥筹办和践行冬奥精神上的得分最低，在参与冰雪运动上的得分最高；张家口地区居民在观看冬奥比赛上得分最高；北京其他地区居民在支持冬奥筹办和践行冬奥精神上认知得分最高，在观看冬奥比赛和参与冰雪运动认知得分最低。

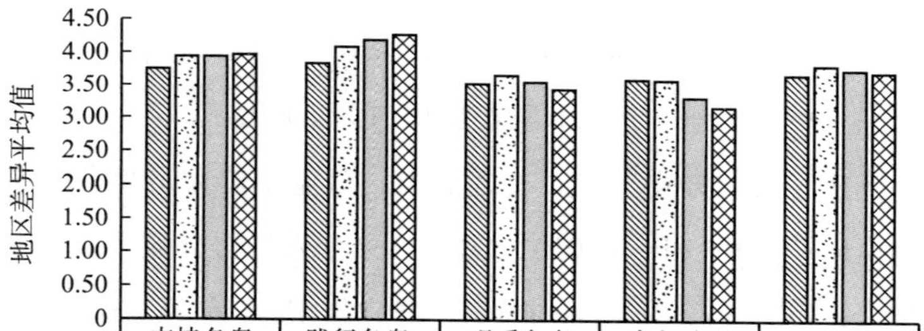

	支持冬奥筹办	践行冬奥精神	观看冬奥比赛	参与冰雪运动	总体
延庆	3.75	3.84	3.54	3.61	3.69
张家口	3.94	4.09	3.67	3.60	3.83
石景山	3.94	4.19	3.57	3.34	3.76
北京其他地区	3.97	4.27	3.46	3.19	3.72

图6－14 基于地区的居民冬奥情感和行为意向情况

以地区为自变量对举办地居民冬奥情感和行为意向得分进行单因素方差分析，统计结果显示：在总体得分上，不同地区居民在冬奥情感和行为意向上存在极其显著差异（$P<0.001$）。具体到各因子得分中，不同地区居民在支持冬奥筹办、践行冬奥精神和观看冬奥比赛的得分上存在极其显著差异（$P<0.001$），在参与冰雪运动上的情感和行为意向得分存在非常显著差异（$P<0.01$）。

为了进一步了解不同地区居民在冬奥情感和行为意向方面的差异情况，以地区为变量，对情感和行为意向进行多重比较，结果如表 6 - 13 所示。

表 6 - 13　　基于地区的居民冬奥情感和行为意向得分多重比较

地区 1	地区 2	支持冬奥筹办显著性	践行冬奥精神显著性	观看冬奥会比赛显著性	参与冰雪运动显著性	总体显著性
延庆	张家口	0.000	0.000	0.014	0.996	0.001
	石景山	0.051	0.000	0.984	0.001	0.554
	北京其他地区	0.047	0.000	0.768	0.000	0.913
张家口	石景山	1.000	0.354	0.358	0.000	0.571
	北京其他地区	0.981	0.054	0.024	0.000	0.198
石景山	北京其他地区	0.992	0.826	0.689	0.264	0.949

冬奥情感和行为意向总体得分中，延庆地区居民得分非常显著低于张家口地区居民（$P<0.01$）。

支持冬奥筹办得分中，延庆地区居民得分极其显著低于张家口地区居民（$P<0.001$），显著低于北京其他地区居民（$P<0.05$）。

践行冬奥精神得分中，延庆地区居民得分极其显著低于张家口地区居民、石景山地区居民和北京其他地区居民（$P<0.001$）。

观看冬奥比赛得分中，延庆地区居民得分显著低于张家口地区居民（$P<0.05$），张家口地区居民显著高于北京其他地区居民（$P<0.05$）。

参与冰雪运动得分中，延庆地区居民得分非常显著高于石景山地区（$P<0.01$），极其显著高于北京其他地区居民（$P<0.001$），张家口地区居民极其显著高于石景山地区居民、北京其他地区居民（$P<0.001$）。

| 第 7 章 |

北京冬奥会举办地居民冰雪运动媒介接触

冰雪运动的媒介接触直接影响到举办地居民对北京冬奥会的认知与行为意向。从问卷调查统计结果及访谈结果来看，在北京冬奥会举办地的北京（以石景山区为例）、延庆、张家口三地居民冰雪运动媒介接触存在一定的差异。北京冬奥会举办地居民冰雪运动媒介接触研究结论，为举办地居民冬奥认知与行为意向的差异提供了原因阐释的视角。

7.1 石景山地区居民冰雪运动的媒介接触

7.1.1 石景山地区调查样本居民基本情况

根据问卷调查，石景山地区被调查的 427 人中，男性人数为 67 人，占比 15.7%；女性人数为 360 人，占比 84.3%。在男性居民中，

20岁人群所占比例最高，达到74.6%；学历为高中及以下的居民占比最高，比例为74.6%，学生群体人数较多。女性居民基本情况与男性居民类似，表现为20岁以下人群所占比例最高（见表7-1）。

表7-1 石景山地区调查样本居民基本情况 单位：人

性别	数量	年龄	数量	学历	数量	职业	数量	月收入	数量
男	67	20岁以下	50	高中及以下	50	行政机关人员	2	5000元以下	54
		20～30岁	7	大专	4	私营企业人员	5	5000～8000元	9
		31～40岁	3	本科	11	国企、央企人员	3	8001～12000元	3
		41～50岁	7	研究生及以上	2	自由职业	3	12001～16000元	0
		50岁以上	0			学生	53	16001～20000元	0
						教育科研人员	0	20000元以上	1
						其他	1		
女	360	20岁以下	348	高中及以下	343	行政机关人员	3	5000元以下	350
		20～30岁	9	大专	3	私营企业人员	1	5000～8000元	5
		31～40岁	1	本科	11	国企、央企人员	1	8001～12000元	1
		41～50岁	1	研究生及以上	3	自由职业	16	12001～16000元	0
		50岁以上	1			学生	352	16001～20000元	1
						教育科研人员	3	20000元以上	3
						其他	1		

石景山地区居民在运动习惯方面，每周运动3次以上，每次30分钟以上，但运动习惯没有超过6个月居民人数最多，达到了203人，占比47.6%；保持6个月以上居民人数次之，达到了132人，占比为30.9%；每周运动3次以下，每次30分钟以下居民人数最少，达到82人，占比21.5%（见图7-1）。

石景山地区居民家庭拥有媒介情况方面，电视、智能手机和个人电脑达到90%以上，其次为70.7%的平板电脑和52.0%的收音机，最少为17.8%的报纸媒体（见图7-2）。

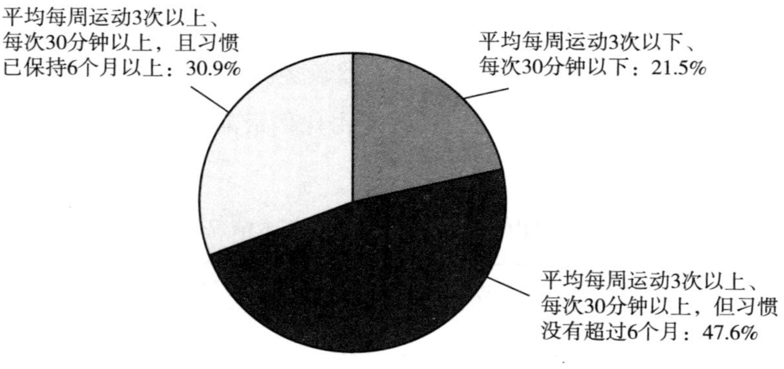

图 7－1　石景山地区调查样本居民运动习惯情况

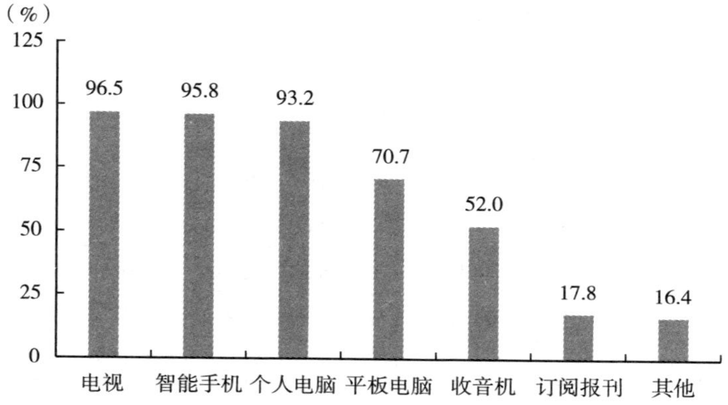

图 7－2　石景山地区调查样本家庭拥有媒介形式

7.1.2　石景山地区居民媒介接触现状及意愿

（1）居民获取冰雪运动信息媒介使用情况。石景山地区居民在获取冰雪运动相关信息时主要通过电视、智能手机等媒介。使用个人电脑、平板电脑、收音机、订阅报纸以及其他设备获取冬奥会相关信息人群所占比例较少。该地居民更喜欢使用电视接收冰雪运动相关信息，有 397 人，占比 93.0%，使用智能手机获取冰雪运动信息的居民数量为 327 人，占比 76.6%（见图 7－3）。

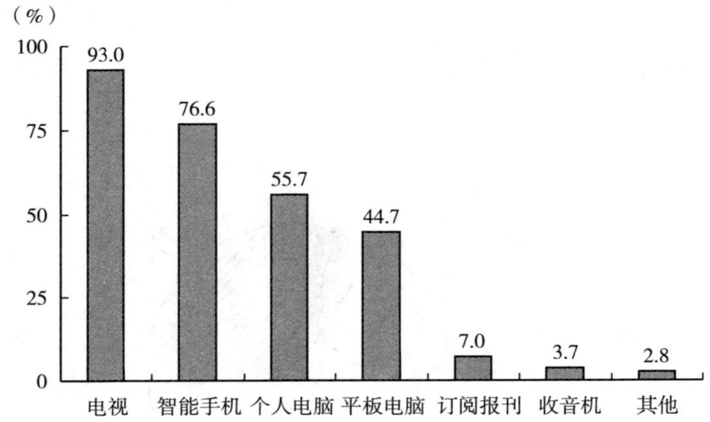

图 7－3　石景山地区居民获取冰雪运动信息媒介使用情况

（2）居民日均接触冰雪运动信息时长。石景山地区居民日均获取冬奥会相关信息时间在 15 分钟以下的居民人数最多，达到 284 人，占比为 66.5%。没有接触习惯的人数为 85 人，占比 19.9%。平均每天冬奥会信息接触时长大于 1 小时的人数为 8 人，占比 1.9%（见图 7－4）。

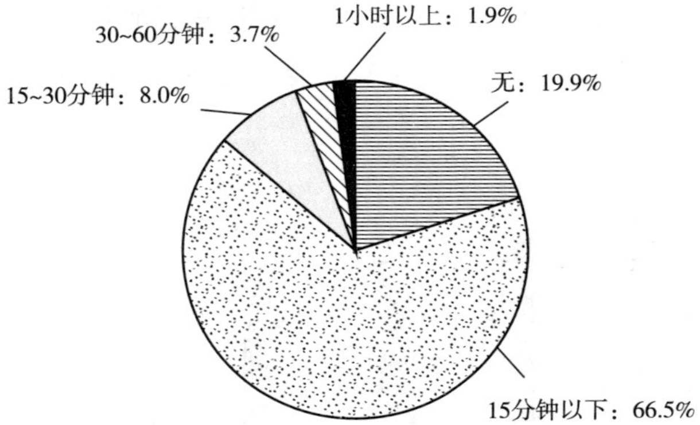

图 7－4　石景山地区居民日均接触冰雪运动信息时长

（3）居民冬奥会期间日均获取冰雪运动信息时长。2018 年平昌冬奥会期间，该地区居民日均获取冰雪运动信息时长 15 分钟以下人数最多为 156 人，占比 36.5%；无接触人群为 117 人，占比 27.4%；

15～30分钟人群为116人，占比27.2%；1小时以上的人数为26人，占比6.1%；30～60分钟的人数为12人，占比2.8%（见图7－5）。

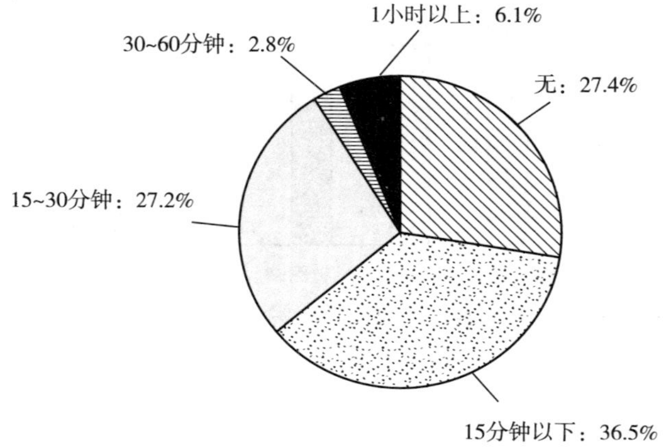

图7－5　2018年平昌冬奥会期间石景山地区居民日均获取冰雪运动信息时长

（4）居民冬奥会期间获取信息类型。2018年平昌冬奥会期间，居民获取信息方式主要是体育新闻（占74.2%）、比赛直播（占71.2%）、比赛重播（占60.9%）和冬奥特别节目（占44.3%），且有8.4%的居民完全没有关注冬奥会（见图7－6）。

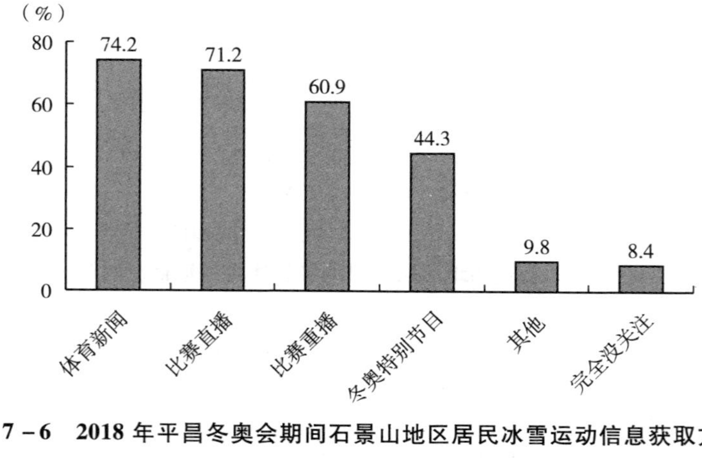

图7－6　2018年平昌冬奥会期间石景山地区居民冰雪运动信息获取方式

（5）居民获取冰雪运动信息的意愿。在获取冰雪信息意愿方面，排名前三的是获得冰雪装备信息（72. 4%）、冰雪资讯（59. 3%）和赛事直播（51. 8%），而对于滑雪旅游信息获取意愿最低，占 32. 1%（见图 7 – 7）。

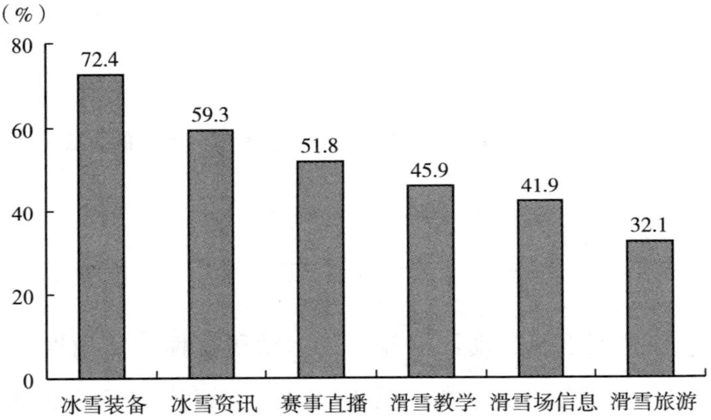

图 7 – 7　石景山地区居民希望获得冰雪运动信息的类型

（6）冰雪运动信息的呈现方式。居民最希望通过视频方式获取冰雪信息，占比为 61. 6%，其次，对于电影的需求也较高，占比为 52. 5%。相较而言，传统的报道方式如音频、文字在石景山地区居民中间受欢迎程度较低。石景山地区居民对于新的报道方式如虚拟现实技术、数据新闻等在冰雪运动新闻报道中的使用接受程度相对而言较高，占比分别为 36. 1% 和 24. 6%。这种现象的出现也与石景山地区的经济发展程度、设备拥有率、新鲜事物接受程度等因素息息相关（见图 7 – 8）。

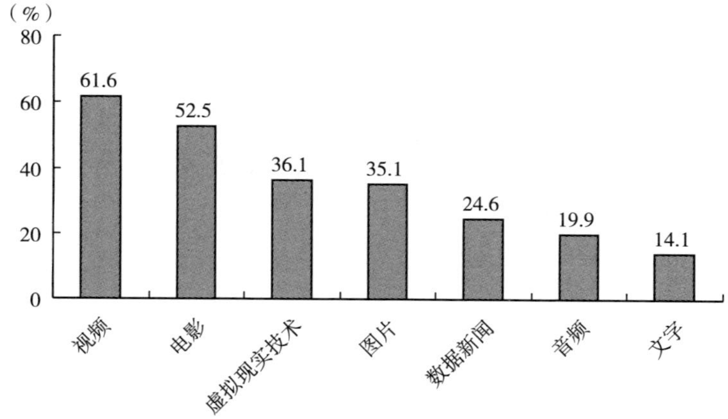

图7-8　石景山地区居民希望获取冬奥会信息的方式

7.1.3　小结

石景山地区居民运动习惯较好，运动积极性与主动性较高。该地区居民家庭拥有的媒介数量较多，电视、智能手机、电脑占据家庭拥有媒介数量的前三位。

该地区居民主要通过电视和智能手机获取冰雪运动相关信息，且通过订阅报刊及收音机等传统媒体获取信息比例较低；从冰雪运动信息接触时长来看，日均冰雪运动信息接触时长15分钟以下居民所占比例最多；平昌冬奥会期间，该地区居民通常以体育新闻、比赛直播以及比赛重播作为其获取相应信息的节目形式；该地区居民主要希望获取冰雪装备信息和冰雪资讯；从冰雪运动信息呈现方式来看，该地区居民希望以视频和电影的方式获取相关信息。

在性别层面，石景山地区女性比男性更加关注冰雪资讯、冰雪装备、滑雪场等信息，男性对于视频类型的冬奥会信息接收程度更高。

7.2　延庆地区居民冰雪运动的媒介接触

7.2.1　延庆地区调查样本居民基本情况

根据问卷调查，延庆地区被调查的579人中，男性人数为221人，占比38.1%，女性人数为358人，占比61.9%。在男性居民中，31～40岁人群所占比例最高，达到52.9%，20岁以下所占比例次之，为21.7%；学历为高中及以下的居民占比最高，比例为56.5%，且学生群体人数较多。女性居民基本情况与男性居民类似，表现为31～40岁人群所占比例最高，月收入为5000元以下的居民人数为236人，占比65.9%（见表7－2）。

表7－2　　延庆地区调查样本居民基本情况　　单位：人

性别	数量	年龄	数量	学历	数量	职业	数量	月收入	数量
男	221	20岁以下	48	高中及以下	125	行政机关人员	44	5000元以下	122
		20～30岁	9	大专	47	私营企业人员	41	5000～8000元	54
		31～40岁	117	本科	40	国企、央企人员	20	8001～12000元	26
		41～50岁	43	研究生及以上	9	自由职业	39	12001～16000元	8
		50岁以上	3			学生	46	16001～20000元	1
						教育科研人员	3	20000元以上	10
						其他	28		
女	358	20岁以下	67	高中及以下	191	行政机关人员	87	5000元以下	236
		20～30岁	13	大专	86	私营企业人员	60	5000～8000元	88
		31～40岁	232	本科	69	国企、央企人员	20	8001～12000元	22

续表

性别	数量	年龄	数量	学历	数量	职业	数量	月收入	数量
女	358	41～50 岁	45	研究生及以上	12	自由职业	71	12001～16000 元	2
		50 岁以上	1			学生	68	16001～20000 元	2
						教育科研人员	13	20000 元以上	8
						其他	39		

在延庆被调查居民中，有 13.1% 的居民从事的职业与冬奥会相关，人数为 76 人，另外 86.9% 的居民从事的职业与冬奥会无关，人数为 503 人。延庆为 2022 年冬奥会高山滑雪项目以及雪车雪橇比赛的主办地。依靠小海坨山独特的地理地貌，在延庆赛区形成高山滑雪场馆群。同时，延庆赛区的建设也将会带动周边地区交通以及市政基础设施的建设，为该地区发展创造了有利条件，增加该地区居民就业机会。其比赛场馆的建立也会尽量与环境相结合，节省工程量，有利于节俭办奥运。

在从事冬奥会相关工作的 76 人中，男性人数为 26 人（占比 34.3%），女性人数为 50 人（占比 65.7%）。年龄在 21～40 岁的居民人数最多，占比 51.3%。月收入在 5000 元以下的居民占到了 60.5%，而每年参与冰雪运动的居民高达 77.6%（见表 7－3）。

在延庆地区，从事与冬奥会相关工作的居民中女性要比男性人数多，且年龄在 31～40 岁。大部分工作人员月收入为 5000 元以下，每年参与冰雪运动的居民人数较多，运动氛围较好。

在对延庆地区居民进行家庭拥有的媒介形式调查后发现，电视、智能手机、个人电脑为家庭拥有率最高的三种媒介，占比分别为 94.3%、93.6%、81.3%。而平板电脑、收音机以及订阅报刊等媒介拥有率与前三者相比有较大的差距，三种媒介中，占比最高的为平板电脑，所占比例为 54.9%，而收音机和报刊占比仅有 20.2%、14.9%（见图 7－9）。

表7－3　延庆地区从事与冬奥会相关职业居民基本情况分析　单位：人

性别	数量	年龄	数量	收入	数量	每年参与冰雪运动次数	数量
男	26	20岁以下	16	5000元以下	46	0次	17
女	50	20～30岁	3	5000～8000元	21	1～3次	46
		31～40岁	39	8001～12000元	5	4～6次	6
		41～50岁	18	12001～16000元	1	6次以上	7
		50岁以上	0	16001～20000元	0		
				20000元以上	3		

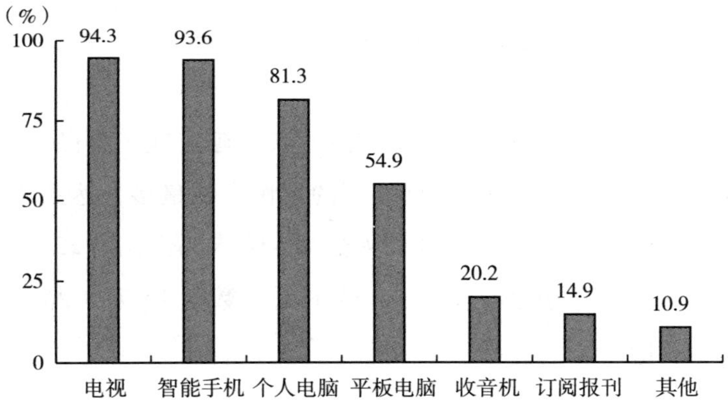

图7－9　延庆地区调查样本家庭拥有媒介形式

7.2.2　延庆居民媒介接触现状及意愿

（1）居民获取冰雪运动信息媒介使用情况。延庆地区居民在获取冰雪运动相关信息时主要通过智能手机、电视、个人电脑等媒介。使用平板电脑、收音机、订阅报刊以及其他设备获取冬奥会相关信息人群所占比例较少。虽然该地区家庭拥有媒介种类占比最高的为电视，但该地区居民更喜欢使用智能手机接收冰雪运动相关信息，有503人，占比86.9%（见图7－10）。

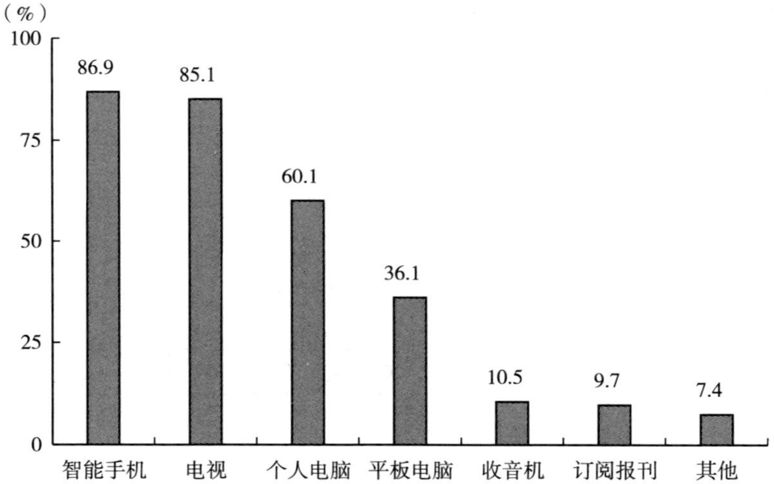

图 7－10　延庆地区居民获取冰雪运动信息媒介使用情况

（2）居民日均接触冰雪运动信息时长。延庆地区居民日均获取冬奥会相关信息时间在 15 分钟以下的居民人数最多，达到 262 人，占比为 45.3%。没有接触习惯的人数为 134 人，占比为 23.1%。平均每天冬奥会信息接触时长大于 1 小时的人数为 16 人，占比 2.8%（见图 7－11）。

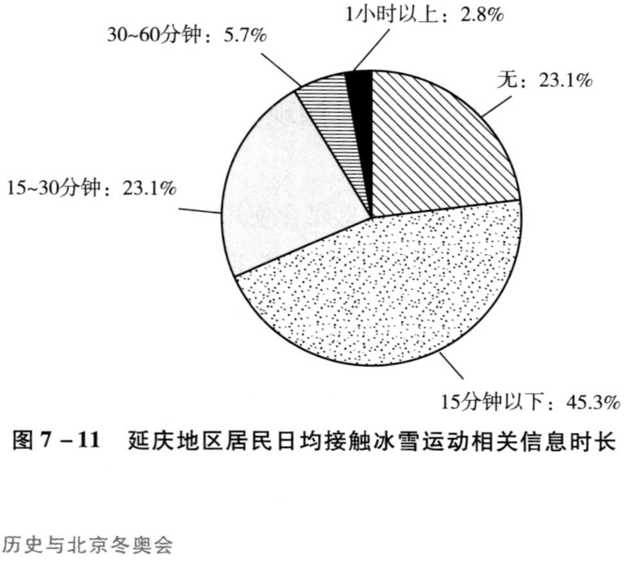

图 7－11　延庆地区居民日均接触冰雪运动相关信息时长

（3）居民冬奥会期间日均获取冰雪运动信息时长。2018 年平昌冬奥会期间，该地区居民日均获取冰雪运动信息时长在 1 小时以上的人数在 21 人，占比 3. 6%；每天接触时间在 30 ~ 60 分钟的人数在 37 人，占比 6. 4%；每天接触时长在 15 ~ 30 分钟的人数为 134 人，占比 23. 1%；每天接触时长在 15 分钟以下的人数为 261 人，占比 45. 1%；无冰雪运动信息接触人数为 126 人，占比 21. 8%（见图 7 – 12）。

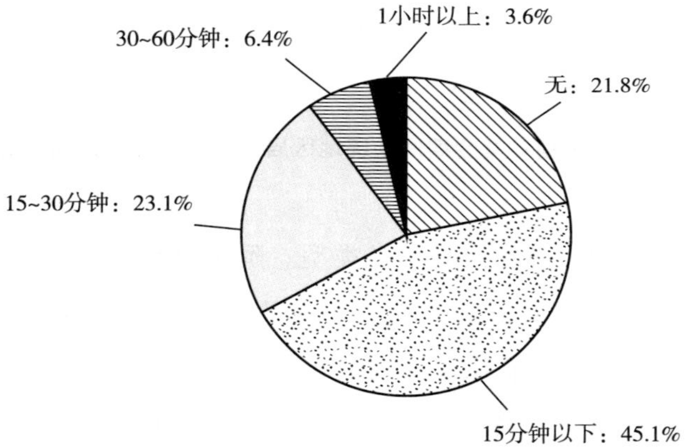

图 7 – 12　2018 年平昌冬奥会期间延庆地区居民日均获取冰雪运动信息时长

经过对比后发现，延庆地区居民平昌冬奥会期间与日常日均接触冰雪运动信息时长之间有相应变化。其中，冬奥会期间日均关注时长超过 1 小时人数增加 5 人，无冰雪运动信息关注人数由 134 人下降为 126 人。日均接触 15 ~ 30 分钟居民人数持平。可见，平昌冬奥会期间延庆地区居民对于冰雪运动的关注程度有显著提升。

（4）居民冬奥会期间获取信息的主要方式。2018 年平昌冬奥会期间，该地区有 63. 2% 的居民通过体育新闻来了解冬奥会相关信息。而通过比赛直播、冬奥特别节目、比赛重播获取冬奥会信息的居民数量呈明显下降趋势，比例分别为 54. 9%、48. 7%、38. 7%，且有6.9%的居民完全没有关注冬奥会（见图7－13）。

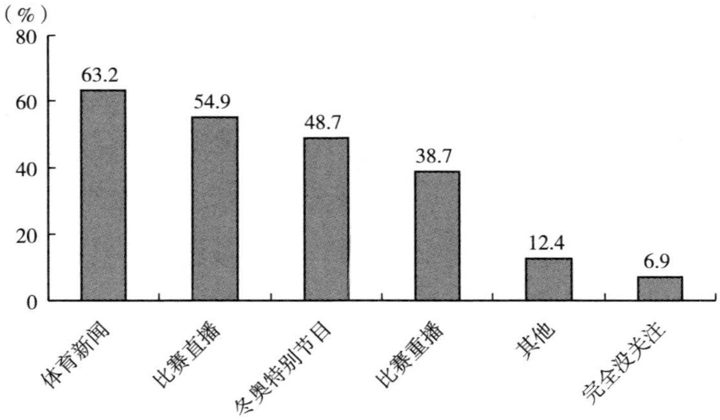

图7－13　2018年平昌冬奥会期间延庆地区居民冬奥会冰雪运动信息获取方式

（5）居民获取冰雪运动信息类型。延庆地区有54.2%的居民希望获得赛事直播相关信息。滑雪旅游以及冰雪教学信息排在第二、第三位，而对于冰雪资讯、冰雪装备、滑雪场信息等冰雪运动信息较赛事直播信息而言关注人数较少（见图7－14）。

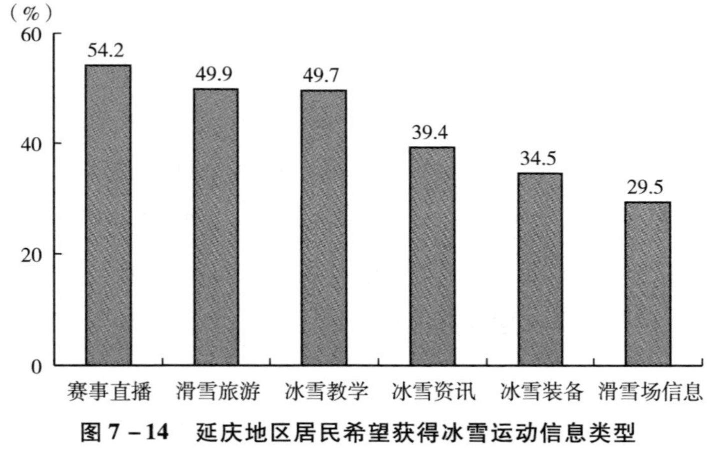

图7－14　延庆地区居民希望获得冰雪运动信息类型

（6）冰雪运动信息呈现方式。延庆地区居民最希望通过视频的方式获取冰雪运动相关信息，占比为 77.2%，其次，对于图片、电影的需求也较高，占比分别为 47.3% 和 45.4%。相较而言，传统的报道方式如文字在延庆地区居民中间受欢迎程度较低。且延庆地区居民对于新的报道方式如数据新闻以及新技术如虚拟现实技术在冰雪运动新闻报道中的使用接受程度并不高，占比为 27.3% 和 26.3%。最不受该地区居民欢迎的媒介传播类型为音频，所占比例仅为 21.2%（见图 7－15）。

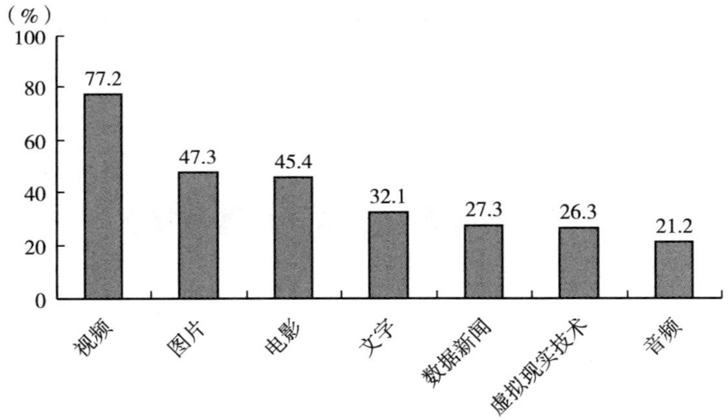

图 7－15　延庆地区居民希望获取冬奥会信息的方式

7.2.3　小结

延庆地区有一成左右的居民从事的职业与冬奥会及冰雪运动有关联，且女性多于男性；电视、智能手机、个人电脑占据家庭拥有媒介数量的前三位，而传统媒体家庭拥有的数量则较少。

该地区居民主要通过智能手机、电视获取冰雪运动相关信息；居民日均冰雪运动信息接触时长为 15 分钟以下所占比例最多；平昌冬奥会期间，该地区居民以体育新闻、比赛直播、冬奥特别节目、比赛重播作为其获取相应信息的节目形式；该地区超过六成的居民表示将会参与到未来的冰雪旅游活动中，且冰雪旅游时长在半天以上所占比例最多；该地区居民希望以视频和图片的方式获取相关信息，对于传统媒体所报道的信息兴趣不高。

在性别层面，延庆地区女性冰雪运动信息日均接触时长高于男性，且女性更加关注赛事直播、滑雪旅游、滑雪场信息、滑雪教学等冰雪运动信息。

7.3 张家口地区居民冰雪运动的媒介接触

7.3.1 张家口地区调查样本居民基本情况

根据问卷调查，在被调查的901人中，男性人数为348人，占比38.6%，女性人数为553人，占比61.4%。在男性居民中，20~30岁人群所占比例最高，达到68.1%；20岁以下所占比例次之，为20.6%；学历为大学本科的居民占比最高，比例为83.6%，且学生群体人数较多。女性居民基本情况与男性居民类似，表现为20~30岁人群所占比例最高；职业为学生且学历为大学本科的人数居多（见表7－4）。

表7－4　张家口地区调查样本居民基本情况　单位：人

性别	数量	年龄	数量	学历	数量	职业	数量	月收入	数量
男	348	20岁以下	72	高中及以下	28	行政机关人员	23	5000元以下	277
		20~30岁	237	大专	11	私营企业人员	9	5000~8000元	21
		31~40岁	33	本科	291	国企、央企人员	20	8001~12000元	8

续表

性别	数量	年龄	数量	学历	数量	职业	数量	月收入	数量
男	348	41～50 岁	5	研究生及以上	18	自由职业	3	12001～16000 元	10
		50 岁以上	1			学生	290	16001～20000 元	4
						教育科研人员	1	20000 元以上	28
						其他	2		
女	553	20 岁以下	167	高中及以下	106	行政机关人员	37	5000 元以下	392
		20～30 岁	214	大专	11	私营企业人员	41	5001～8000 元	38
		31～40 岁	162	本科	371	国企、央企人员	63	8001～12000 元	39
		41～50 岁	10	研究生及以上	65	自由职业	16	12001～16000 元	19
		50 岁以上	0			学生	371	16001～20000 元	8
						教育科研人员	22	20000 元以上	57
						其他	3		

在被调查的居民中，有 136 人（占比 15.1%）从事的职业与冬奥会相关。张家口为2022 年冬奥会雪上项目主办地，同时张家口崇礼拥有全国最大的滑雪场集群，在“3 亿人参与冰雪运动政策”引领下、在冬奥会筹备关键阶段，有越来越多的当地居民开始从事滑雪产业相关工作暨与冬奥会相关的工作。可见冬奥会的举办对当地居民就业、当地经济增长具有明显的拉动作用。

这些人群中，男性为 70 人（占比 51.4%），女性为 66 人（占比48.6%）。年龄在20～30 岁的居民人数最多，占比40.4%。月收入在5000 元以下的居民占到了 58.8%。每年参与冰雪运动的居民高达70.5%（见表7－5）。在张家口地区，从事与冬奥会相关工作的居民中男性和女性人数相差无几，且年龄在20～30 岁上下。大部分工作人员月收入为5000 元以下，每年亲自参与冰雪运动的居民人数较多。

表7－5　张家口地区调查样本居民从事冬奥相关职业分析　单位：人

性别	数量	年龄	数量	收入	数量	每年参与冰雪运动次数	数量
男	70	20岁以下	33	5000元以下	80	0次	40
女	66	20～30岁	55	5000～8000元	15	1～3次	61
		31～40岁	45	8001～12000元	5	4～6次	24
		41～50岁	2	12001～16000元	7	6次以上	11
		50岁以上	1	16001～20000元	3		
				20000元以上	26		

在张家口地区居民家庭拥有的媒介方面，前三位是智能手机（91.1%）、电视（86.5%）、个人电脑（79.0%）。而平板电脑、订阅报刊以及收音机等媒介拥有率与前三者相比有较大的差距，普及率最高的为平板电脑，占38.1%（见图7－16）。

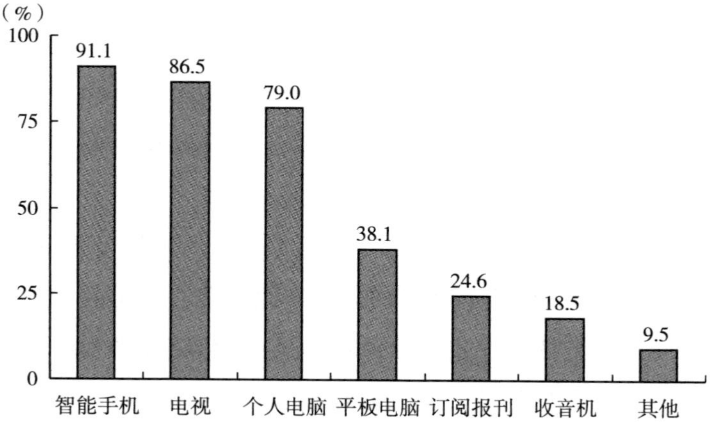

图7－16　张家口地区调查样本家庭拥有媒介形式

移动互联网时代，智能手机逐渐成为人们获取信息的主要方式。方便、快捷、易携带等特征完全符合碎片化传播时代居民对于媒介的种种要求。现阶段作为传统媒体的电视仍旧具有较高的家庭普及率，数字电视的出现使电视具有传统媒体功能的同时也赋予了其新媒体的属性。个人电脑能够满足居民生活与工作的需要，近年来居民拥有率也在不断增高。除此之外，平板电脑与智能手机以及个人电脑功能较为重叠，广播、报纸等传统媒体日渐式微也能解释其为何拥有率不高。种种原因造就了智能手机、电视、个人电脑占据居民家庭拥有媒介的前三位。

7.3.2　张家口地区居民媒介接触现状及意愿

（1）居民获取冰雪运动信息媒介使用情况。张家口地区居民在获取冬奥会相关信息时，排前三位的是智能手机（86.1%）、电视（74.4%）、个人电脑（60.6%）。使用平板电脑、订阅报纸、收音机以及其他设备获取冬奥会相关信息人群所占比例较少。与家庭拥有的媒介种类相同，智能手机、电视、个人电脑依旧占据前三名（见图 7－17）。

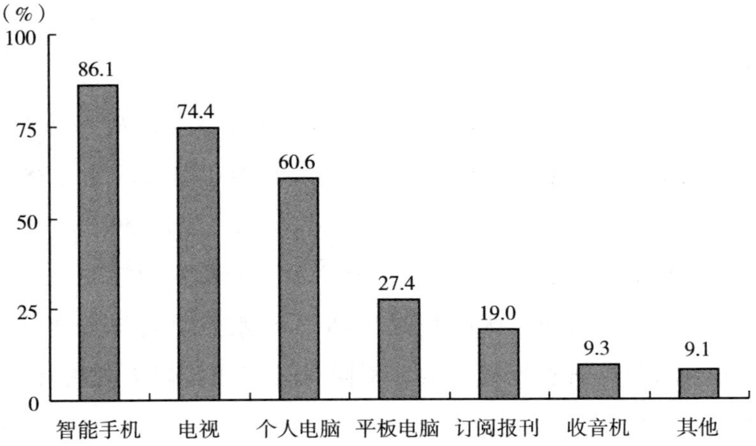

图 7－17　张家口地区居民获取冰雪运动信息媒介使用情况

（2）居民日均接触冰雪运动信息时长。张家口地区居民日均获取冬奥会相关信息时间在 15 分钟以下的居民人数最多，达到 505 人，占比为 50.6%。没有接触习惯的人数为 175 人。平均每天冬奥会信息接触时长大于 1 小时的人数为 18 人，占比 2.0%（见图 7－18）。

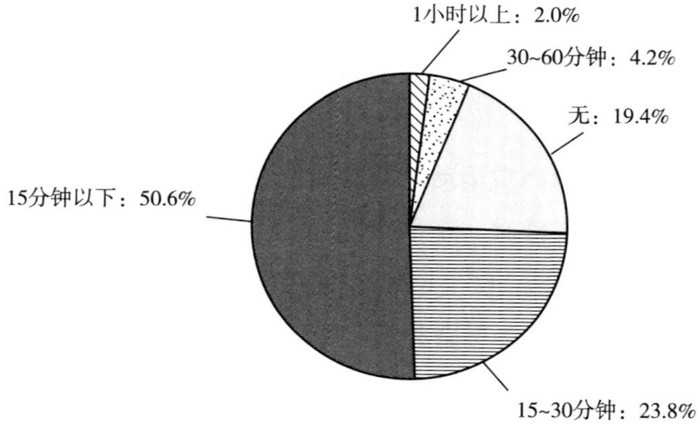

图 7－18　张家口地区居民日均接触冰雪运动信息时长

（3）居民冬奥会期间日均获取冰雪运动信息时长。2018 年平昌冬奥会期间，每天获取冰雪运动信息时长在 1 小时以上的人数为 16 人，占比 1.8%；每天接触时间在 30～60 分钟的人数为 44 人，占比 4.9%；每天接触时长在 15～30 分钟的人数为 254 人，占比 28.2%；每天接触时长在 15 分钟以下的人数为 407 人，占比 45.1%，无冰雪运动信息接触人数为 180 人，占比 20.0%（见图 7－19）。

经过对比后发现，张家口地区居民冬奥会期间与日常日均接触冰雪运动信息时长变化不大。不同时长媒介接触人数大体持平。由此可见，平昌冬奥会并没有使该地区居民的日均信息接触时长增加。

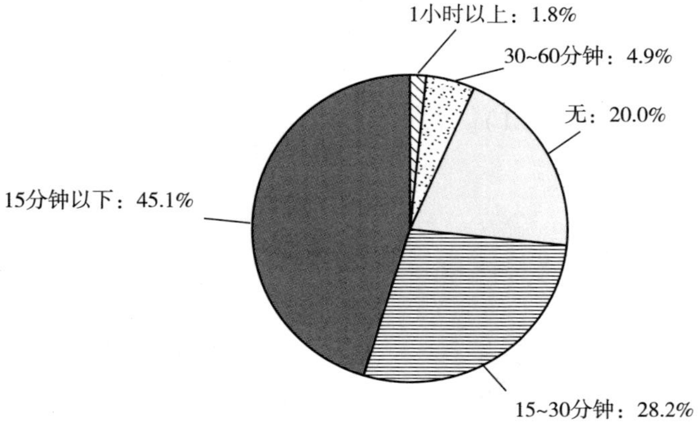

图 7 – 19　2018 年平昌冬奥会期间张家口地区居民日均获取冰雪运动信息时长

（4）居民冬奥会期间获取信息的主要方式。2018 年平昌冬奥会期间，张家口地区有 69.7% 的居民通过体育新闻来了解冬奥会相关信息。而通过比赛直播、比赛重播、冬奥特别节目来获取冬奥会信息的居民数量大体持平，比例分别为 48.4%、47.9%、43.3%，且仅有 3.8% 的居民完全没有关注冬奥会（见图 7 – 20）。

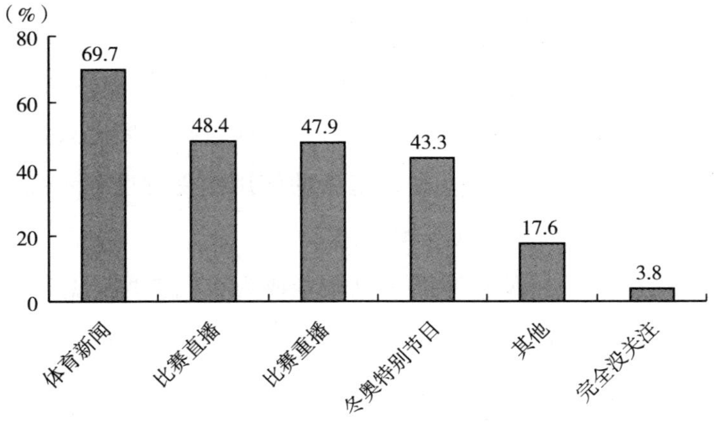

图 7 – 20　2018 年平昌冬奥会期间张家口地区居民冰雪运动信息获取方式

（5）居民获取冰雪运动信息类型。张家口地区有 61% 的居民希望获得滑雪旅游相关信息。比赛直播以及冰雪资讯信息排在第二和第三位，而对于滑雪装备、滑雪场信息相较滑雪旅游信息而言关注人数较少（见图 7 - 21）。

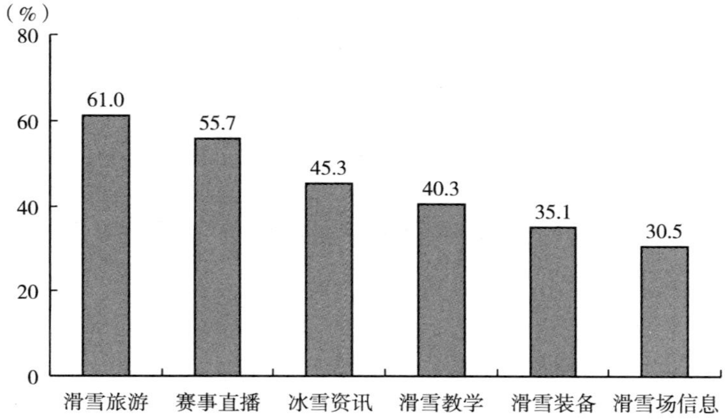

图 7 - 21　张家口地区居民希望获得冰雪运动信息的类型

（6）冰雪运动信息呈现方式。张家口地区居民更希望通过视频的方式获取冰雪运动相关信息，占比为 73.8%。其次，对于电影、图片的需求也较高，占比分别为 54.7% 和 47.3%。相比较而言，传统的报道方式如文字以及音频的方式并不受张家口地区居民欢迎。最后，张家口地区居民对于新的报道方式如数据新闻以及新技术如虚拟现实技术在冰雪运动新闻报道中的使用接受程度并不高，占比分别为 30.9% 和 22.3%（见图 7 - 22）。

移动互联网时代使得智能手机逐步成为人们获取信息的最主要方式。智能手机的广泛使用也能够满足人们碎片化接收信息的需要。视频尤其是短视频，在满足用户碎片化接收信息的同时，也能提供声音图像所具有的感官刺激。视频用于冬季项目的报道，能够明显提升新闻报道的趣味性，吸引受众的注意力。而诸如文字、音频等传统形式的报道由于趣味性较差，新闻时效性较低且感官刺激不强烈等原因渐渐被受众所淘汰。针对数据新闻以及虚拟现实技术用于新闻报道情况，目前张家口地区居民接受程度不高，一部分原因是现阶段利用数据新闻对冰雪运动进行报道的数量较少，另一部分原因是对于虚拟现实技术来讲，居民的设备拥有率很低，但新技术运用于冰雪运动的报道当中仍是大势所趋。

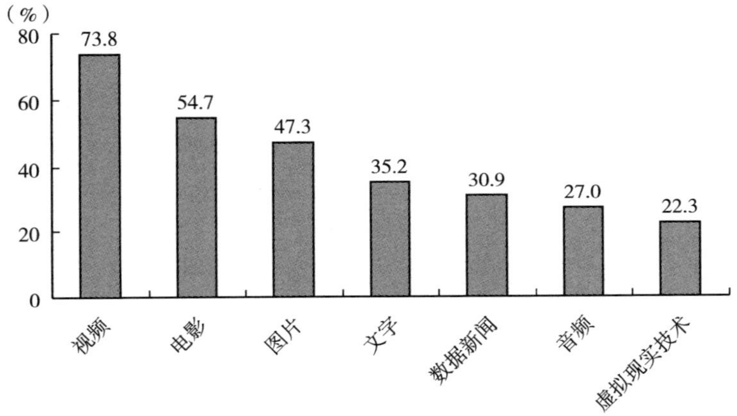

图 7-22　张家口地区居民希望获取冬奥会信息的方式

7.3.3　小结

张家口地区有一成左右的居民从事的职业与冬奥会相关，男性和女性比例相近；智能手机、电视、个人电脑占据家庭拥有媒介数量的前三位，平板电脑家庭拥有率也较多。

该地区居民主要通过智能手机获取冰雪运动相关信息，其次为电视和个人电脑；接近半数居民日均冰雪运动信息接触时长为 15 分钟以下；平昌冬奥会期间，该地区居民通常以体育新闻、比赛直播、比赛重播及冬奥特别节目作为其获取相应信息的节目形式；该地区居民主要关注冰雪旅游信息，此外对赛事直播、冰雪资讯、滑雪教学、滑雪装备等信息也较为关注；该地区接近八成居民希望参与冰雪旅游活动，冰雪旅游活动普及度较高；从冰雪运动信息呈现方式来看，该地区居民希望以视频方式获取相关信息，且对于新兴技术的应用不感兴趣。

在性别层面，张家口地区女性冰雪运动信息日均接触时长高于男性，且女性更加关注赛事直播、滑雪旅游、滑雪场信息、滑雪教学等冰雪运动信息；在职业层面，从事与冬奥会相关职业的居民参与冰雪运动次数更多。

第8章

冬奥会背景下北京居民冰雪运动参与及消费情况

2022北京冬奥会是促进北京市冰雪消费市场发展的里程碑。现基于冬奥会契机，对北京居民冰雪运动参与及消费情况进行调查，分析北京冰雪市场供给及消费概况，提出促进北京居民冰雪运动消费的策略，以期助力北京市冰雪运动与冰雪消费健康发展。

8.1 研究设计及数据获取

8.1.1 研究设计

体育消费已成为助推我国服务消费提质扩容的重要内容，体育产业也已成为我国消费领域重点细分市场。其中，冰雪运动产业近年来发展势头强劲，正逐步成为拉动我国体育产业发展，乃至助推中国经济社会发展的新动力[①]。根据《中国冰雪旅游发展报告2020》统计信息，2018～2019冰雪季我国冰雪旅游人数已达2.24亿人次，该冰雪季冰雪旅游人数首次超过2亿人次，人均消费达1734元，是国内旅游人均消费的1.87倍。然而，受到新冠肺炎疫情影响，我国2020年冰雪产业市场规模下滑超过20%，产值约为3811亿元[②]。

2022年，北京携手张家口举办第24届冬季奥林匹克运动会，对于巩固北京体育产业基础与奥运品牌、延伸体育产业链条具有重要价值与时代意义。北京作为我国的首要窗口、首善之区，各方面工作具有代表性、指向性[③]。2017～2018雪季全市有20家滑雪场开放运营，有雪道115条，接待171.4万人次，总营业收入约2.23亿元。现阶段，北京市冰雪运动市场仍有较大增量空间，呈现快速发展的态势。但是也不能回避其起步晚、基础薄弱，长期整体性功能落后，存在若干发展短板的现实境况。

基于2022年北京冬奥会契机，对北京居民冰雪运动的参与及消费情况进行调查，分析北京冰雪市场供给及消费概况，提出促进北京市居民冰雪运动消费的策略，以期助力北京市冰雪运动与冰雪消费健康发展。

8.1.2 数据获取

严格按照社会学、统计学以及体育科研方法的相关要求，运用简单随机抽样法，随机抽取。本次调查抽样涉及北京市东城、西

---

① 国家体育总局副局长李颖川：落实相关政策，恶补冰雪产业短板［EB/OL］.（2018－12－21）［2019－01－03］. http：//www. sportip. cn/yjsy/zjsj///. html.

② 韩元军．中国冰雪旅游发展报告（2020）［R］. 2020.

③ 北京日报社论：春潮澎湃起　正是扬帆时［EB/OL］.（2016－02－26）. http：//cpc. people. com. cn/pinglun/n///c－. html.

城、朝阳、海淀、丰台、昌平、大兴、房山、平谷、顺义等区，进行问卷调查，调查日期为 2019 年 1 ~ 3 月，按照抽样调查的要求，共计发放问卷 850 份，回收 834 份，有效问卷 823 份，有效回收率为 96.8%。问卷经过信度、效度检验，克隆巴赫 a 系数大于 0.9，说明北京居民冰雪运动参与及消费情况调查问卷的内部一致性非常好，误差较小，量表的信度系数较高。KMO 值大于 0.7，说明北京居民冰雪运动参与及消费情况调查问卷的结构效度良好。

对本章的调查问卷进行编码，将最终的问卷录入 SPSS 21.0 软件，利用 SPSS 21.0 和 Excel 统计软件，对比处理北京居民冰雪运动参与及消费情况调查问卷相关数据。

8.2　北京居民冰雪运动参与及消费政策环境

为了进一步提高居民消费能力，全面营造良好的冰雪运动消费环境，借助 2022 年北京冬奥会机遇，我国相继发布《进一步促进体育消费的行动计划（2019 ~ 2020 年）》《关于以 2022 年北京冬奥会为契机大力发展冰雪运动的意见》等文件，以丰富冰雪运动消费产品与服务内容，带动升级体育消费结构，抓好潜力产业，以冰雪运动等特色项目为突破口，促进健身休闲项目的普及和提高。制定冰雪运动规划，引导社会力量积极参与建设一批冰雪运动场地，促进冰雪运动发展，形成新的体育消费热点。2018 年国家体育总局正式公布《“带动 3 亿人参与冰雪运动”实施纲要（2018 ~ 2022 年）》，旨在普及冰雪运动、发展冰雪产业、推动冰雪消费、实现冰雪运动跨越式发展。2016 年 3 月北京市政府常务会、市委常委会审议发布《北京市人民政府关于加快冰雪运动发展的意见（2016 ~

2022年)》和7项配套规划(简称“1+7”文件),是全国首个以地方政府名义出台的冰雪运动发展规划,首次明确了北京市发展冰雪运动的7项核心任务,绘制了“1248”发展蓝图,明确加快推动冰雪体育产业发展,积极促进冰雪体育消费。此外,北京市还印发了《全民健身实施计划(2016~2020年)》,提出广泛普及群众参与冰雪运动达到500万人,积极培育冰雪等具有休闲消费引领特征的运动项目。

以上政策从消费机制、消费环境、消费内容等方面给予北京市冰雪消费极大的支持。在消费机制方面,北京市创新激励机制,试行冰雪运动消费券,鼓励冰雪场馆等引导群众参与冰雪运动;大力推动冰雪运动场地设施普惠性开放;加大资金补助力度,持续推动冰雪运动场地设施运营单位分时间、时段向群众免费或优惠开放。探索建立政府补助、场馆让利、个人消费相结合的冰雪惠民机制。在消费环境方面,举办国际冬季运动(北京)博览会,进行冰雪运动宣传活动,形成浓厚的冰雪体育文化氛围,引导群众养成良好的运动习惯和消费习惯,积极参与冰雪运动。根据实际需要,对冰雪运动优秀企业、学校、俱乐部等单位和个人进行表彰,推动北京市冰雪运动健康蓬勃发展。在消费内容方面,深入落实京津冀协同发展战略,与河北省共同建设京张冰雪体育休闲旅游带;大力发展花样滑冰、冰壶、冰球、滑雪等有发展空间的冰雪体育项目;支持冰雪健身、旅游、培训、会展、器材销售等业态发展。

相关的政策文件为北京市冰雪产业及消费营造了良好的政策环境,不断释放消费内需潜力,推动城市高质量经济转型升级。发展冰雪运动有利于满足人民群众多样化的体育健身需求、培养文明健康生活方式,有利于加快发展冰雪体育产业、促进体育消费、培育新的经济增长点,有利于激发群众体育健身热情、营造全社会积极支持参与北京2022年冬奥会的浓厚氛围。

8.3　北京居民冰雪运动参与及消费市场供给

8.3.1　北京居民冰雪运动参与及消费场馆服务业供给

近年来，中国冰雪场地数量大幅度提升。2000～2017 年我国滑雪场从 50 家增加到 738 家，室内滑冰场累计增加 688 块①。北京作为 2022 年北京冬奥会的主办城市之一，冰雪场地数量持续增加、场地设施更加完善，以不断满足北京市民冰雪消费的需要。2018 年北京市拥有滑雪场地 61 座，包括专用滑雪场、依托公园及体育场馆建立的滑雪乐园、嬉雪场地等。滑雪场地主要分布在全市 15 个辖区，其中，朝阳区、昌平区、怀柔区及海淀区的滑雪场地数量相对较多，东城区及西城区仅有 1 座滑雪场地，石景山区尚未建立滑雪场地。平谷区渔阳国际滑雪场、延庆区万科石京龙滑雪场、昌平区军都山滑雪场、丰台区万龙八易滑雪场、顺义区莲花山滑雪场、密云区南山滑雪场、怀柔区怀北国际滑雪场、北京八达岭滑雪场等滑雪场地具有较高的知名度，其他滑雪场地多数依托公园及体育场馆建立，以娱乐嬉雪为主。

2018 年北京市拥有室内滑冰馆 39 座，室外滑冰场 53 座。室内滑冰场主要分布在全市 13 个辖区，其中，朝阳区拥有室内滑冰馆 13 座，石景山区、丰台区、通州区等 8 个辖区仅有 1 座滑冰馆，平谷区、门头沟区及密云区 3 个辖区尚未建立室内滑冰馆。39 座室内

---

① 杨越，骆秉全，金媛媛．我国居民冰雪运动消费困境与促进策略［J］．体育文化导刊，2019（7）：19－24.

滑冰馆中，由世纪星、浩泰及全明星运营的场馆多达 9 座，且具有较高的知名度。

2018 年北京冰雪场地数量及各区分布如图 8－1 和图 8－2 所示。

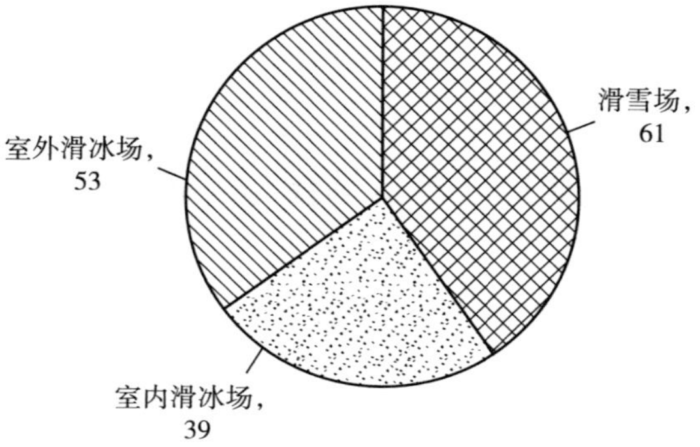

图 8－1　2018 年北京市冰雪场地数量（家）

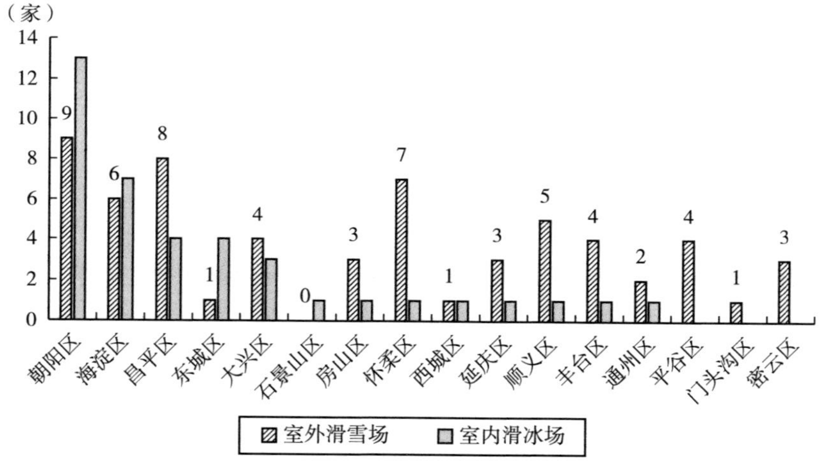

图 8－2　2018 年北京市冰雪场地各区数量分布

按照北京市政府冰雪运动意见及七项配套规划，到 2022 年，还将有序建设室内滑冰场 16 座、室外滑冰场 50 片、嬉雪场地 30 片，规范提升现有滑雪场软硬件水平。北京居民冰雪运动参与度及消费场馆服务业供给数量还会持续上升，扩大北京冰雪运动消费选择，加快北京冰雪消费提质扩容。

8.3.2　北京居民冰雪运动参与及消费赛事表演业供给

2015 年 7 月，我国赢得 2022 年第 24 届冬季奥林匹克运动会的举办权。自此，我国冰雪产业与冰雪消费迎来快速发展的黄金期。近年来，北京市在政策、市场、资本、技术等层面为冰雪赛事消费发展营造了良好的环境，倾力打造冰雪品牌赛事，广泛开展群众冰雪赛事活动，践行“3 亿人参与冰雪运动”战略（见表 8－1）。第一，全力打造北京市民快乐冰雪季，持续扩大冰雪消费内需。快乐冰雪季已连续举办 4 届，覆盖人群不断扩大，广泛受到群众好评。第四届快乐冰雪季举办 336 项市、区级冰雪赛事活动、3753 场“一区一品”冰雪活动，参与群众 502 万人次，营造了全民欢乐冰雪文化，培养了北京居民冰雪运动消费习惯①。第二，北京市打造“双奥城市”“冰雪之城”亮丽名片，举办国际性冰雪赛事，提高居民冰雪文化认同感与城市归属感，增加有效冰雪消费供给。继续办好冰壶世界杯总决赛、2019/2020 国际雪联高山滑雪世界杯、2019 年全国冰球锦标赛、单板滑雪大跳台世界杯、北美职业冰球联赛中国赛等国际高水平赛事和北京国际青少年冰球邀请赛、京津冀青少年冰球邀请赛等冰雪品牌赛事，加快北京市冰雪运动发展，助力冰雪产业消费规模的持续增长。第三，广泛开展青少年冰雪赛事，壮大冰雪市场主体，培养居民冰雪运动消费后备力量，引导居民冰雪运动消费需求增长。2018 年北京青少年冰球俱乐部联赛有 31 家俱乐部、199 支代表队、2613 名运动员参加冰球、滑雪、花样滑冰等赛事活动，比赛场次达 824 场，成为亚洲规模最大的青少年冰球赛事；北京市中小学生校际冰球联赛有 105 所学校、120 支代表队、1500

---

① 北京市体育局办公室 . 2018 年北京市体育工作总结［R］. 2019－03－04.

名运动员参加，比赛场次达 326 场，有力推动了全民“上冰雪”氛围。第四，举办首届北京市冬季运动会，为广大冰雪运动爱好者提供展示舞台。市冬会总参与人数达到 6.24 万人，有 5700 余人参加决赛阶段比赛，进一步激发了北京市各区开展冰雪运动积极性，巩固了冰雪运动消费基础。

表 8－1　2018 年北京居民冰雪运动参与及消费赛事表演业供给内容

级别	举办场数	参与人数	代表赛事
国际和国家级	14 项	—	越野滑雪积分赛、全国短道速滑系列赛
省际级	9 项	—	京津冀冰雪节、2019 京津冀鸟巢冰雪定向挑战赛
市级	820 场	43.4 万	北京市中小学滑雪比赛、首都高校大学生高山滑雪比赛
区级赛	3753 场	232.1 万	王府中环户外冰上嘉年华、奥园运动会

筹备和举办北京冬奥会，迎来了冰雪运动开展的最好时期。北京作为“双奥城市”，结合新时期特点，进一步增强大众对冰雪运动的关注度和参与度，推进全民冰雪运动发展，将冰雪赛事融入全民健身，为筹办好北京 2022 年冬奥会，促进奥林匹克事业发展，释放居民冰雪运动消费潜力，逐步扩大居民冰雪运动消费规模，进一步提升北京市冰雪运动消费规模做出贡献。

8.3.3　北京居民冰雪运动参与及消费相关配套设施与服务供给

（1）滑雪场魔毯。2007～2017 年，北京市魔毯数量每年都有增加（见表 8－2），年平均增长数量 5.4 条，平均增长长度 163.42 米，2017 年，北京滑雪场魔毯数量达 59 条，魔毯长度达到 9519.2 米，大多数雪场的拖牵设备逐步被魔毯替换和取代，极大地提高了北京市滑雪场的运载能力与消费者满意度。

表 8－2　　北京 2007～2017 年滑雪场魔毯信息

年份	新增魔毯数量（个）	新增魔毯长度（米）	平均每条魔毯长度（米）
2007	3	463.0	154.30
2008	2	168.0	84.00
2009	2	341.0	170.50
2010	7	1112.0	158.86
2011	5	830.0	166.00
2012	3	795.0	265.00
2013	9	1305.0	145.00
2014	13	2217.0	170.54
2015	7	931.3	133.04
2016	6	984.2	164.03
2017	2	372.7	186.35
总计	59	9519.2	163.42

（2）滑雪场配套设施升级情况。从表 8－3 的内容可知，北京部分滑雪场的硬件设施进行了较大规模的升级改造，主要集中在雪道、雪具、运力设施的升级，以提高雪场容客量与运载能力，刺激冰雪消费内需，不断满足日益增长的消费者需求，提升居民滑雪体验。

表 8－3　　2015～2017 年北京部分滑雪场升级改造情况

序号	场馆名称	升级改造情况
1	石京龙滑雪场	2016～2017 年雪季纳入万科雪业进行统一管理 • 造雪面积从 12 万平方米提升至 20 万平方米 • 3800 平方米综合服务楼全面升级改造至 6000 平方米 • 雪板数量从 2000 副提升至 3500 副，提升 75% • 开放灯光夜场 • 增加地形公园、娱雪乐园 • 新增 4 条雪道、1 条拖牵、5 条魔毯

续表

序号	场馆名称	升级改造情况
2	南山滑雪场	• 初级道拖牵改魔毯 • 优化后山极限雪沟下半段，增设青少年旗门训练场地，并配合独立拖牵运营 • 新增探路者南山咖啡吧 • 原室外烧烤统一改为室内烤制，并改善室外休息区环境 • 更新了一批滑雪设备，包括：单板 150 块、单板鞋 150 双、双板 200 副、双板鞋 800 双、雪杖 1000 副、雪镜 800 个、雪服 500 套、雪裤 400 条、手套 1100 副，可供出租的滑雪板、雪靴总量增加至 7697 套
3	莲花山滑雪场	• 投资 30 余万元对收银系统进行了改进 • 对单板公园进行了重新的规划和改扩建 • 滑雪场增加了夜场照明 • 新增 400 米魔毯，淘汰原有拖牵 • 新增 6 架全新造雪枪、2 台造雪机 • 新增 4000 套品牌雪具
4	军都山滑雪场	• 新增 BURTON LTR 系列的滑雪板和滑雪鞋 • 为游客新增出租系列滑雪设备 • 雪场商业服务区新增了专卖店 • 将原拖牵更换为 3 条魔毯，并对原有 2 条索道设备进行全面提升 • 新扩容的水库 • 新扩建的别墅，全新的室内设施及地暖
5	云佛山滑雪场	• 场地增设 LED 大型显示屏 • 5 条拖牵全部升级为魔毯 • 单板公园全新开放 • 雪具大厅新增雪板、雪鞋等雪具

（3）滑雪场相关配套服务。以滑雪场为经营核心，北京市滑雪产业链逐步向滑雪培训业、地产销售、休闲体育、雪地销售等领域扩展，以更丰富的消费业态让消费者增加在滑雪场逗留的时间，提高北京居民冰雪运动参与积极性，进一步提升冰雪运动消费空间（见表 8 -4）。

（4）滑冰场冰面面积。2019 年冰面面积超过 10 万平方米，冰场总面积也在逐步扩展（见图 8 -3）。商场冰场开始提供冰鞋租赁，设置花滑形体教室、更衣室、陆训室、冰上装备商店等。一些位置较为偏远的独立冰场，为了吸引消费者停留更长时间，配套有自习室和小型图书馆。

表 8－4　　北京部分滑雪场相关配套服务

分类	服务内容
雪季项目	滑雪场地、雪具租赁、夜场滑雪、冬令营、雪上娱乐项目、雪上用品销售、酒店、会议、滑雪培训、滑雪文化产品、餐饮、滑雪赛事
非雪季项目	拓展训练场地、垂钓乐园、木屋别墅、青年旅舍、露营住宿、会议培训、餐饮服务、户外运动项目、绿色采摘、宿营、自助烧烤、野外拓展、篝火晚会、夏令营、营地活动

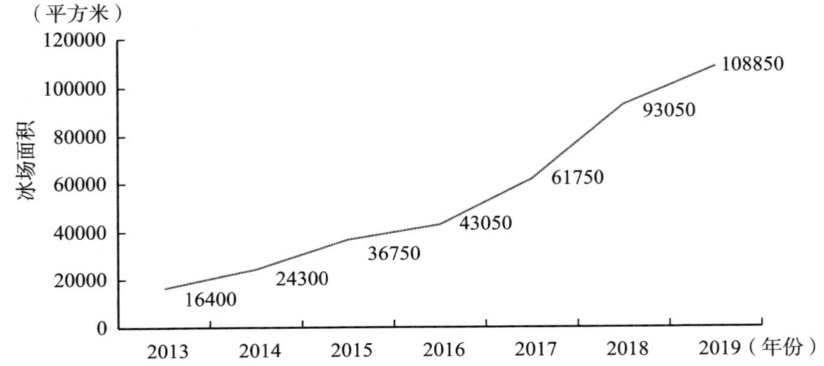

图 8－3　2013～2019 年北京市滑冰场面积增长趋势

综上所述，北京居民冰雪运动参与及消费相关配套设施与服务供给数量与质量日益提升，然而，随着冰雪运动在我国的持续升温，现阶段的消费与服务内容还存在较大的提升空间。

8.4　北京居民冰雪运动参与及消费状况

8.4.1　受访者特征

从表 8－5 可知，大部分滑雪消费者居住于北京市朝阳区，比例是24.67%；男性滑雪消费者较女性数量较多，占比为66.10%；40岁以下的滑雪消费者占北京市冰雪消费市场主流，比例为47.51%；大多数滑雪消费者具有大学本科学历，占比为60.15%；10000元以上、8000~10000元收入人群较其他收入群体占比较高，具备冰雪消费实力，占比为36.57%和34.51%。

表8-5　　受访者特征统计

名称	选项	频数（人）	百分比（%）	累积百分比（%）
您居住于北京市	东城区	143	17.37	17.37
	西城区	157	19.08	36.45
	朝阳区	203	24.67	61.12
	丰台区	22	2.67	63.79
	石景山区	24	2.92	66.71
	门头沟区	30	3.65	70.35
	房山区	19	2.31	72.66
	通州区	24	2.92	75.58
	顺义区	20	2.43	78.01
	昌平区	30	3.65	81.65
	海淀区	24	2.92	84.57
	大兴区	18	2.19	86.76
	怀柔区	26	3.16	89.92
	平谷区	34	4.13	94.05
	密云区	22	2.67	96.72
	延庆区	27	3.28	100.00
您的性别	男	544	66.10	66.10
	女	279	33.90	100.00
您的年龄	18~30岁	155	18.83	18.83
	31~40岁	236	28.67	47.50
	41~50岁	283	34.39	81.89
	51~60岁	98	11.91	93.80
	61岁及其以上	51	6.20	100.00

续表

名称	选项	频数（人）	百分比（%）	累积百分比（%）
您的学历	初中	33	4.01	4.01
	高中	169	20.53	24.54
	大学本科	495	60.15	84.69
	硕士研究生	105	12.76	97.45
	博士研究生	21	2.55	100.00
您的收入	3000元以下	37	4.50	4.50
	3000～5000元	109	13.24	17.74
	5000～8000元	92	11.18	28.92
	8000～10000元	284	34.51	63.43
	10000元以上	301	36.57	100.00
合计		823	100.00	—

由以上人群画像可知，北京市滑雪消费群体反映出不同年龄类型的冰雪消费者比例关系不合理，具有经济实力的中青年消费内需并未被充分释放。在我国冰雪产业快速发展的同时，居民冰雪运动消费没有养成长期稳定的消费意愿与运动习惯，缺乏专业技术训练与文化习得，不利于冰雪消费的长远发展。

8.4.2　消费选择

从表8－6可知，大部分为消费者倾向于进行雪上运动，占比为73.15%。而滑雪更是成为消费者最喜欢的大众冰雪项目，比例为56.14%。偶尔参加冰上或雪上运动是冰雪消费的主流，占67.19%。

从以上三个消费选择来看，滑雪运动由于其项目优势明显，受到多数消费者的青睐；大众参与滑雪次数较少，“体验式”消费占比较高，没有养成长期稳定的冰雪消费意愿与运动习惯，缺乏专业技术训练与文化习得，不利于我国冰雪消费的健康发展。

表 8－6　　　　消费选择统计

名称	选项	频数（人）	百分比（%）	累积百分比（%）
您经常参与	冰上运动	221	26.85	26.85
	雪上运动	602	73.15	100.00
您最喜欢参与哪项大众冰雪项目	滑雪	462	56.14	56.14
	滑冰	110	13.36	69.50
	冰壶	134	16.28	85.78
	冰球	117	14.22	100.00
您参与冰上或雪上运动的频率	几乎不参加	142	17.26	17.26
	偶尔参加	553	67.19	84.45
	经常参加	128	15.55	100.00
合计		823	100.00	—

8.4.3　消费价格

从表 8－7 可知，利用单样本 t 检验对于雪上和冰上项目的消费预期与上一次参与雪上和冰上运动实际消费情况作对比，其结果认为，雪上和冰上项目的消费预期与上一次参与雪上和冰上运动实际消费情况均呈现出显著性（$P<0.05$），意味着两者具有统计意义上的差异。

表 8－7　　　　冰雪消费预期与实际消费差异

名称	样本量（人）	最小值	最大值	平均值	标准差	t	P 值
您对于雪上项目的消费预期	823	1.000	4.000	1.633	0.964	48.621	0.000**
您上一次参与雪上运动实际消费情况	823	1.000	4.000	2.104	0.754	80.098	0.000**

续表

名称	样本量（人）	最小值	最大值	平均值	标准差	t	P 值
您对于冰上项目的消费预期	823	1.000	4.000	1.614	0.906	51.079	0.000 **
您上一次参与冰上运动实际消费情况	823	1.000	4.000	2.115	0.727	83.517	0.000 **

注：* P<0.05；** P<0.01。

数据说明，北京市冰雪消费市场的实际消费不符合北京居民的消费预期，从侧面证实了大多数消费者介于经济考虑，多属于一次性消费群体，进一步说明冰雪消费价格在培养初级冰雪消费群体时至关重要。

8.4.4　消费动机

从表 8－8 可知，“体验冰雪运动”“活动促销”“冬奥会”是支持北京市居民参与冰雪运动的最主要因素，“服务质量不好”“冰雪运动容易受伤”“运动量太大”等因素成为阻碍居民参与冰雪运动最主要因素。

表 8－8　北京市居民冰雪消费动因统计

名称	选项	频数（人）	百分比（%）
支持您参与冰雪运动最主要因素	家人或朋友	48	5.83
	冬奥会	174	21.14
	提升专业技能	59	7.17
	媒体宣传	46	5.59
	假日休闲	59	7.17

续表

名称	选项	频数（人）	百分比（%）
支持您参与冰雪运动最主要因素	活动促销	178	21.63
	热爱冰雪运动	58	7.05
	体验冰雪运动	201	24.42
阻碍您去参与冰雪运动最主要因素	冰雪器材质量不好或租赁不方便	724	87.97
	没有专业教练	650	78.98
	缺乏专业技能	672	81.65
	冰雪消费费用较高	184	22.36
	没时间	212	25.76
	冰雪场地距离远	238	28.92
	没有朋友陪同	758	92.10
	运动量太大	795	96.60
	冰雪运动容易受伤	799	97.08
	气温太低	795	96.60
	相关配套设施不完善	280	34.02
	服务质量不好	801	97.33
	保险体系不完善	797	96.84

可以看出，文化和经济因素是促进冰雪消费的主要原因，而冰雪消费质量与安全问题是消费者较为重视的要素。

8.4.5　消费环境

根据表 8－9，说明目前北京居民对冰雪消费环境比较满意，占比为 59.17%。然而，随着北京相邻的津冀两地冰雪产业迅速发展，其自然资源相对较好，约 60% 的北京居民在经济条件允许的情况下，会去外地滑雪场消费。这说明北京市冰雪消费环境还存在较大的提升空间，与周边城市存在竞争关系，对于具备消费能力的人群而言，北京市冰雪企业可替代性与同质性较强。从长远来看，市场竞争的引入，有利于北京市冰雪经营者优胜劣汰，提升冰雪消费服务质量，进而整体完善北京市冰雪消费环境，提高北京市冰雪消费市场的认可度。

表 8－9　　北京市居民冰雪消费满意度

名称	选项	频数（人）	百分比（%）	累积百分比（%）
您对目前北京居民冰雪消费环境满意程度	非常满意	185	22.48	22.48
	比较满意	487	59.17	81.65
	一般	81	9.84	91.49
	不满意	70	8.51	100.00
您会去北京以外的滑雪场滑雪吗	时间允许的话会去外地滑雪场	130	15.80	15.80
	经济条件允许的话会去外地滑雪场	478	58.08	73.88
	因为北京滑雪场的条件不理想，会去外地滑雪场	110	13.36	87.24
	不会去外地滑雪场	105	12.76	100.00
合计		823	100.00	—

8.4.6　政策与特殊事件对冰雪消费的影响

通过表 8－10 可知，政策与北京冬奥会对居民参与冰雪消费起到了一定的推动作用，有大多数居民因为政策鼓励与冬奥宣传了解并参与到冰雪运动中，极大地带动了北京冰雪消费市场。然而，从长远来看，政策的持续补贴不利于市场充分竞争，容易造成后冬奥时期冰雪消费的大幅下降。

表 8-10　　政策与特殊事件对冰雪消费的影响

名称	选项	频数（人）	占比（%）	累积占比（%）
您认为政府促进居民冰雪运动参与及消费的政策对您的影响	很大影响	141	17.13	17.13
	有一定影响	519	63.06	80.19
	没有影响	163	19.81	100.00
您认为北京冬奥会对您参与冰雪运动及消费的影响	很大影响	138	16.77	16.77
	有一定影响	511	62.09	78.86
	没有影响	174	21.14	100.00
合计		823	100.00	—

综上，北京居民冰雪运动参与积极性较早前有较大提高，消费选择空间进一步扩大，消费环境稳步提升，外界的积极影响对进一步释放北京居民冰雪消费内需有着较大的推动作用。然而，现阶段北京市冰雪消费总量占北京市体育消费总量比例较少，仍有较大的提升空间，应进一步营造全民冰雪的良好氛围，丰富冰雪消费内容，优化消费服务水平，制定合理的价格，提高消费者参与冰雪运动的兴趣。

8.5　影响北京居民冰雪运动参与及消费的因素

8.5.1　北京冬奥会

北京成功申办 2022 年第 24 届冬奥会对我国冰雪运动产业的发展具有划时代的意义。从国际经验来看，成功举办过冬季奥林匹克运动会的地区，都曾对当地经济社会发展产生深远影响，这种经济现象又被称为“奥运经济”。2008 年，北京市体育产业在“奥运经济”的外部作用下，实现增加值 154 亿元，按现价计算，比上年增长 75.8%，实现增加值占 GDP 的比重达到 1.39%[①]，达到历史最高水平。冬奥会申办成功对北京市居民参与冰雪运动产生了积极的推动作用。具体表现在：(1) 北京市居民参与冰雪运动的认知已经逐步改善，参与意愿大幅度提升。(2) 冬奥会申办成功对北京市城镇居民参与冰雪运动及冬季体育生活方式的养成具有促进作用。(3) 2022 年冬奥会申办成功后，北京市冰雪政策、场馆数量、赛事数量明显增加，基础设施更加完善。2022 年北京冬奥会是我国重要历史节点的重大标志性活动，是京津冀三地协同发展的历史机遇，是冰雪运动蓬勃发展的契机，有利于北京市广泛开展冰雪项目及活动，培育新的经济增长点，进一步促进本地区冰雪消费内需释放，进一步激发群众体育健身热情，营造全社会积极支持参与北京 2022 年冬奥会的浓厚氛围。

8.5.2　政策红利

北京市紧抓冬奥机遇，大力强化政策研究，制定了一系列促进体育产业发展、鼓励冰雪消费、支持冰雪运动发展的政策文件，包括财政金融政策、税费价格政策、规划布局和土地政策、人才和就业创业政策以及无形资产开发保护和创新驱动政策，极大地带动了北京市居民参与冰雪运动的热情。为了进一步扩大冰雪消费规模，北京市财政局加大对冰雪运动资金扶持力度，2018 年已安排资金 3 亿元，比 2017 年增长 60%，重点用于推动群众冰雪运动普及、支持冰雪场地建设、丰富冰雪运动消费等主题，极大地消减了北京市

---

① 北京市统计局，国家统计局北京调查总队，北京市体育局．北京市体育及相关产业发展报告［R］. 2010－02－08.

冰雪企业经营负担，有利于吸引更多消费者参与冰雪运动，享受到冰雪运动发展的红利。预计到2022年，北京市参与冰雪运动人口达到800万人，冬奥会、观赛礼仪和冰雪运动知识进校园覆盖率达到100%，冰雪体育产业收入规模达到400亿元左右，实现增加值80亿元左右，进一步打破冰雪体育消费壁垒，加快完善冰雪运动产品和服务供给，逐步实现“3亿人参与冰雪运动”的宏伟目标，助力北京2022年冬奥会成功举办，加快建设国际一流的和谐宜居之都。

8.5.3 消费价格

价格是影响消费的重要因素，即一种体育商品价格提高，其需求量减少；价格降低，其需求量反而增大。通常，在其他因素保持不变的前提下，体育商品的需求量同价格呈反方向变化，现阶段，北京市冰场、滑雪场资源稳步提升，但其高昂的经营成本使得相关冰雪消费价格较高，把大部分消费者拦在了消费门槛之外。根据《2018中国冰雪产业白皮书》显示，冰雪运动人群人均全年在冰雪项目上花费接近6000元，最高消费为38500元。在冰雪项目的花费上，主要集中于交通、住宿、餐饮、场馆门票、运动装备、教练费用等，其中住宿（1537.6元）、运动装备（1477.3元）、教练（1360元）成为冰雪项目中花销最大的三个部分。滑雪消费者多为高收入人群，具备较高的消费能力。这一统计情况与北京市实际状况吻合。我国冰雪产业发展还在初级阶段，冰雪消费价格设置较高，不利于培养消费者冰雪消费习惯，若冰雪消费价格设置较低，冰雪经营的成本较高，又影响冰雪产业的长期发展。这一矛盾需要政府部门在冰雪产业发展的早期，适当给予资金补贴、政策优惠来有效化解。

8.6　促进北京居民可持续冰雪运动参与及消费的建议

总体来看，北京市冰雪消费供给内容逐步丰富，但仍处于发展初期。相对于国外滑雪文化厚重的城市，北京市冰雪消费只是处于初步培育阶段，一次性体验者占比较多，冰雪运动花费偏低，大众参与滑雪次数较少，没有养成长期稳定的冰雪消费意愿与运动习惯，缺乏专业技术训练与文化习得，不利于北京市冰雪消费的健康发展。北京居民冰雪运动消费热情逐步提高，但仍存有较大的增量空间。现阶段北京市冰雪消费总量占北京市体育消费总量比例较低，随着冰雪运动在我国的持续升温，北京市冰雪消费还存在较大的增量空间。冰雪产业发展还处在初级阶段，冰雪消费价格设置较高，不利于消费者培养冰雪消费习惯，限制了居民冰雪消费热情。

8.6.1　转变北京市居民冰雪运动消费观念，夯实冰雪运动消费基础

积极培育北京市居民冰雪运动消费观念，提升冰雪消费体验，引导消费者形成冰雪爱好和消费习惯，不断夯实冰雪运动消费基础。第一，加强冰雪运动文化普及与宣传，引导冰雪运动融入青少年群体，推动奥林匹克文化中国化①，进一步拉动冰雪运动普及度与参与度，带动“3亿人参与冰雪运动”，营造良好的冰雪消费氛

① 庞博韬，刘俊一．冰雪运动进校园的价值与实施路径［J］．体育文化导刊，2019（1）：88－93.

围。第二，加大冰雪消费品牌引领，重视冰雪运动体验性消费产品研发，以体验性消费服务带动冰雪参与，塑造一批具有冰雪产业特色、冰雪文化内涵的活动品牌，不断释放冰雪消费活力。第三，发挥北京市冰雪领域知名运动员、体育明星、运动名人的带领作用，积极利用各种途径，转变居民冰雪运动消费观念，进一步推动消费者以各种形式参与冰雪运动，扩展更多冰雪运动消费覆盖范围。第四，提高消费者冰雪项目专业技术，以“技术升级”带动“消费升级”，使初学人群转变为长期冰雪爱好者，促进北京市居民冰雪运动消费能力增长，持续释放市民冰雪运动消费潜力，逐步扩大市民冰雪运动消费规模，进一步巩固冰雪运动消费基础。

8.6.2 提升冰雪运动供给水平，培养北京市居民冰雪运动消费文化

2022 年北京冬奥会极大程度激发了北京市居民对于冰雪运动的多层次多样化消费需求，为我国冰雪运动可持续发展①，高质量提升冰雪产业供给水平提供了契机。提升冰雪运动供给水平，培养北京市居民冰雪运动消费文化，第一要积极组织北京市“冰雪 +”项目。大力发展花样滑冰、冰壶、冰球、滑雪等有发展空间的冰雪体育项目，支持冰雪健身、旅游、培训、会展、器材销售等业态发展，加快推进冰雪产品全产业链的数字化、网络化、多元化进程，拓展新媒体冰雪运动消费。第二要支持冰雪装备制造业加大研发投入，鼓励创新，提升冰雪产品和服务的科技含量和个性化设计水平，多渠道研发多样化、智能化、潮流化的冰雪产品，促进北京市冰雪装备器材产业转型升级。第三要打造一批高质量的冰雪特色小镇，

① 张婷，李祥虎，等．北京冬奥会背景下我国冰雪运动可持续发展路径研究［J］．体育文化导刊，2018（7）：17－21.

构建高水平冰雪运动竞赛体系，广泛开展群众性冰雪活动，优化冰雪运动供给，充分发挥“节庆效应”（festival effect）作用，举办国际冬季运动（北京）博览会，积极推动各级各类冰雪健身场所安排一定时段免费向社会开放，鼓励商业性冰雪健身场所在非高峰时段低收费开放，促进北京市居民冰雪运动参与①，壮大冰雪市场主体，培养居民冰雪运动消费文化，引导居民冰雪运动消费需求增长。

8.6.3　强化冰雪运动市场监管，优化北京市冰雪运动消费环境

完善市场监管服务机制是全面营造冰雪运动良好消费环境的重要保障。第一，推进冰雪运动产品和服务标准体系建设。进一步加快推进北京市政府部门、行业协会等力量制定冰雪产品质量标准和冰雪服务行业规范，逐步建立冰雪运动标准体系，提升冰雪运动场地设施建设、维护运营、服务产品、职业技能、赛事管理、器材装备等各方面的标准化水平。第二，构建多渠道冰雪运动消费维权网络。充分发挥社会资源和市场力量，切实维护冰雪市场秩序，逐步减少和避免冰雪运动消费纠纷，搭建多元化冰雪运动消费维权网络，不断增加冰雪运动消费者信心，保障冰雪运动消费者权益。加强第三方组织的宣传与引导的作用，持续提高冰雪运动消费者维权意识。第三，加强居民冰雪运动消费数据统计监测。建立健全冰雪运动产业的统计制度，完善覆盖冰雪消费领域的指标体系，建立冰雪及相关行业动态监测机制。运用大数据等新兴技术，开展冰雪运动形势分析和政策辅助决策的制定，客观反映冰雪运动消费发展水平，促进居民冰雪运动消费环境提升。

---

① 周平，白晋湘．民族传统节庆体育与旅游产业融合机理及效应——以内蒙古那达慕为个案［J］．西安体育学院学报，2018（1）：82－87.

第9章

北京冬奥会与北京冰雪体育产业发展

北京冬奥会为冰雪体育产业发展提供了历史机遇，政府促进冰雪运动、冰雪产业发展政策催发了北京冰雪体育产业发展。本章内容主要涉及在北京冬奥会影响下北京冰雪运动用品业、冰雪场馆业、冰雪文化旅游业、冰雪竞赛表演业、冰雪运动传媒业、冰雪运动培训业的发展及相关问题研究。

9.1 冬奥会与北京冰雪运动用品业发展

冰雪运动用品业是冰雪产业的重要组成部分，是贯通冰雪竞技与大众冰雪运动，连接冰雪运动各方参与者的重要载体。冰雪运动用品是进行冰雪运动时所使用的服装、器材、配件、场地设备的总称，是开展冰雪运动的基础。冰雪运动用品主要由两部分产品构成：一是冰场、雪场装备及相关配件，如制冰机、压雪车、造雪机、雪地摩托等；二是个人装备，如冰刀鞋、滑雪板、滑雪服等。

9.1.1　冬奥会和政府政策催发北京冰雪用品业快速发展

（1）冬奥会为北京冰雪运动用品发展提供了强大的市场推动力。北京市作为2022年冬奥会的举办地，拥有巨大的地缘优势，冬奥会带动了北京大众冰雪运动热潮，为冰雪运动用品发展提供了强大的市场推动力。由于冬奥带动了巨大的冰雪运动用品需求，企业运作大量资本纷纷涌入市场。国外企业借助冬奥势头打入中国市场，对北京冰雪运动用品产业既是激励也是挑战。对于北京冰雪运动用品企业来说，冬奥会也是一次极好的树立品牌形象、打开全球市场的机会。

（2）政府出台一系列政策支持冰雪运动及冰雪产业发展。在国家政策层面上，政府大力支持冰雪运动用品行业发展，鼓励企业通过海外并购、合资、合作等多种方式，提升自主创新的能力，研发安全性高、功能性强的冰雪装备，提升高端冰雪装备的本土化水平。在地方政策层面上，鼓励建立冰雪装备产业园，引入知名冰雪装备企业，结合自身技术，学习先进的冰雪装备技术，加快研发中高端冰雪装备。

2019 年 3 月，北京市政府发布的《关于以 2022 年北京冬奥会为契机大力发展冰雪运动的意见》中提出：创新发展冰雪装备制造业，制定冰雪装备器材产业发展行动计划，建立冰雪装备器材产业发展平台，推动产业链上下游需求对接、资源整合，支持企业开发科技含量高、拥有自主知识产权的冰雪运动产品。鼓励中小学校采购使用安全系数高、训练效果好的冰雪装备，促进冰雪装备行业发展。2019 年 6 月发布的《冰雪装备器材产业发展行动计划（2019 ~ 2022）》中强调，为实现“3 亿人参与冰雪运动”，亟须开发更多物美质优的冰场、雪场专用装备和设施，研制安全性高、功能性强的冰刀、滑雪板、滑雪服等大众普及型个人运动器材。围绕2022年冬奥会、冬残奥会办赛参赛，亟须研制开发一批冰雪运动用品器材，初步形成具有高质量发展基础的冰雪运动用品产业体系。

（3）冰雪装备行业市场规模持续增长。2014～2018年，中国冰雪装备行业市场规模（按销售额统计）从40.1亿元增长至103.5亿元，年复合增长率为26.8%。2019年国内冰雪运动用品器材市场规模在300亿元左右，2022年将增长至1500亿元。从2018年后的五年内，中国冰雪装备行业市场规模预计以19.2%的年复合增长率发展，并于2023年达到248.7亿元。

9.1.2 北京冰雪运动用品业现状

（1）加强冰雪运动用品研发。2020年11月，北京市贯彻落实《体育强国建设纲要》实施方案中强调“做大做强冰雪产业”。北京市体育局、冬奥组委、北京冰雪运动代表队等相关单位的项目需求为创新技术产品提供了应用场景和市场空间。结合冬奥组委、北京冰雪运动队等应用需求，北京理工大学以及冰雪运动、体育训练、体能监测等领域的12家中关村企业，重点推介了室内多自由度模拟滑雪训练系统、“冰睿”智能冰球系统、优浮智能漂浮舱、滑雪运动智能化解决方案等近30项创新产品。中关村一批科技成果目前已在冰雪运动体育训练项目中落地应用，如北京理工大学研发的室内多自由度滑雪训练系统随高山滑雪队进驻哈尔滨、秦皇岛训练基地，中关村企业研发的滑雪自动化平台、复眼成像训练系统、雪道训练机、冰球训练系统等相关创新产品已在国家体育总局、省市体育局项目中实现应用。为推动形成冰雪高端智能运动装备研发、生产、销售产业链，北京市体育局、北京市财政局、中关村科技园区管理委员会、首钢集团有限公司、北京理工大学主办，中关村民营科技企业家协会承办了“中关村体育训练领域新技术新产品供需对接会”。对接会旨在搭建供需对接和洽谈沟通平台，助力科技冬奥建设，促进新技术新产品在科技冬奥项目中的示范应用。

（2）打造全国最大的滑雪者装备品牌汇聚地。据亚洲运动用品与时尚展北京展会数据，2018 年有 463 家展商、745 个品牌参加展会，相比于 2017 年增长 23%。相关信息显示，目前北京有 162 家冰雪装备公司，2021 年 9 月，北京西单商场北楼经过改造，成为世界知名运动品牌和冰雪运动品牌的聚集地和互动体验街区。近几年来许多新兴企业加入冰雪运动用品业，更多冰雪运动品牌开始布局市场。

（3）做强冰雪运动用品企业。探路者作为老牌北京户外用品企业，品牌营销网络遍布全国 2000 多个大中城市，拥有标准化门店 1100 余家。企业产品作为“中国南北极考察队独家专用产品”“2008 年奥运会特许生产商”，拥有国内户外行业规模最大、创新能力最强的研发中心。目前，探路者已与芬兰知名运动品牌“单向运动”（One Way Sport）共同成立中芬体育企业，研发高端运动产品，积极参与北京冬奥会张家口赛区的筹备，将自主研发的科技平台系列技术应用到冬奥冰雪运动的综合保障。北京卡宾滑雪体育发展股份有限公司是国内从事滑雪产业综合化服务的企业，也是国内少有的具有完整冰雪产业链的企业。卡宾滑雪率先提出了滑雪场“一站式服务”解决方案的构想，并成功使之落地。经过多年发展，从滑雪场规划设计、滑雪道施工设计、设备器材销售、融资租赁、视觉识别（VI）系统包装、经营管理等滑雪场一站式服务出发，完成了以滑雪场服务为基础，延伸至冰雪设备、器材生产制造、冰雪旅游四季运营及投资管理、冰雪教育培训、冰雪产业及大数据研究、冰雪文化投资等领域的战略发展布局。

（4）拓展冰雪运动用品需求市场。在国内各省份的滑雪者分布中，北京以169万人次位居榜首，占全国滑雪者总量的13.5%。北京不只是滑雪旅游客源的排头兵，滑雪运动相关产品销量也位居排行榜首位，是全国最大的滑雪运动用品市场。作为一线城市，北京居民对政策的敏感度及响应度都是其他城市所不能比拟的。通过开展多项冰雪普及赛事，北京冰雪运动用品需求得到了极大的推动。截止到2018年底，中国城市滑雪模拟器参与人次占比，北京以43.5%的占比率排名全国第一。

9.1.3 国外冰雪运动用品业发展经验

目前，国外冰雪运动用品企业大致分为三类，一类是以阿托密为代表，致力于打造“专而精”的品牌形象，只为打造最专业的冰雪运动用品并将这样的专业性深深烙印在消费者的脑海中。其次是以所罗门为代表的双保险策略，除冰雪用品线外还开发了其他相关运动用品的产品线，不仅提升产品形象还能吸引新顾客，扩大产品覆盖面，降低推广成本，提高促销费用的使用效率并满足消费者多样化的需求。第三类则是以金鸡品牌为代表，选择打造著名体育用品制造商的形象，将商品组合全面扩展，带来强大的全球业务。

（1）注重产品的设计研发。国外冰雪运动用品企业创始人都对冰雪运动拥有极大的热情，站在消费者的角度考虑市场需求。以海德品牌为例，公司是由航空工程师霍华德·海德于1950年成立。霍华德·海德熟悉滑板原材料，经过两年的设计研究，制成首批使用铝和塑料层压板的复合材料速降滑雪板，将木质滑雪板淘汰出市场。在20世纪50年代，海德的销售额迅速增长，在60年代占据了美国市场的 50% 以上。由此可见，新技术的应用对于一个品牌占领市场具有关键性作用。国外冰雪运动用品品牌有极强的研发能力，一是市场需求旺盛，二是市场竞争激烈，几乎每个品牌都有标志性产品。企业需要根据市场需求变化，研发新产品，对经典产品进行升级改造，从而使产品质量及研发能力趋于成熟。

（2）提供人性化、个性化的服务。阿托密建立的企业平台可以让消费者与设计人员直接交流，更直观地了解消费者需求，为消费者提供更为人性化、个性化的服务。企业将产品的客户群组织建立为自身品牌的俱乐部，定期举办滑雪活动，并提供新产品测试等服务。大部分上市的冰雪运动产品都经过多名运动员、技术专家及普通用户的测试，从产品的质量、功能、舒适度和性价比四个方面进行评测。根据测试结果发现产品存在的问题，并做出改进，最后投入量产，通过服务运营取得固定客户群的良好口碑。

（3）选择准确的产业突破点。日本的个人滑雪装备产业较欧美起步晚。其突破点没有选择在雪板、固定器等技术性强、研发周期长的装备上与欧美“死磕”，而是选择了在销售占比更大、技术性较弱、研发周期较短的滑雪服市场上崭露头角，建立产业聚集地，如长野滑雪器材生产集散地、奈良滑雪鞋生产工业园等。1954 年，石本创始人石本伍夫（Takeo Ishimoto）邀请了日本第一位专业滑雪选手西林一郎（Kazuyoshi Nishimura）成为品牌顾问，并借此推出了专业滑雪服系列。1961 年，石本他家男注册了迪桑特（DESCENT）商标，品牌的定位从泛男装转变为高端专业运动品牌。20 世纪 70 ~ 80 年代，迪桑特为美国速滑队提供比赛服，帮助埃里克・海登（Eric Heiden）在 1980 年冬奥会获得速滑“五冠王”，树立起了国际品牌形象。

9.2 冬奥会与北京冰雪运动场馆业发展

9.2.1 政府冰雪运动场馆建设支持政策

2015 年 7 月 31 日，中国取得 2022 年北京冬奥会举办权，北京市政府有关部门均先后颁布了与冰雪运动相关的政策文件。《北京市贯彻落实〈体育强国建设纲要〉实施方案》等文件对集中一切社会力量建设居民身边的冰雪场馆做出了明确指示和规划，在数量、质量、辐射范围上要满足人民群众的冰雪运动诉求。《关于进一步扩大旅游文化体育健康养老教育培训等领域消费的意见》《群众冬季运动推广普及计划（2016～2020 年）》《“带动 3 亿人参与冰雪运动”实施纲要（2018～2022 年）》《关于以 2022 年北京冬奥会为契机大力发展冰雪运动的意见》《北京市全民健身实施计划（2016～2020 年）》《体育强国建设纲要》《关于制定北京市国民经济和社会发展第十四个五年规划和二〇三五年远景目标的建议》等文件指出，要结合北京市城市规划现状和居民需求，适当适时执行“一场多用”策略，采用新技术新材料为有条件的场馆、健身中心、公园、广场、球类等运动场地规划冰雪运动功能，推进冰雪场馆供给侧结构性改革和可持续利用。具体内容见表 9－1。

表 9－1　　北京市政府部门建设冰雪运动场馆相关政策

发文时间	发文单位	文件名称	相关内容
2016 年	北京市人民政府	《北京市全民健身实施计划（2016～2020 年）》	优化完善群众冰雪健身设施，推动冰雪运动进校园、进公园、进商业场所等，满足群众冰雪健身需求
		《关于加快冰雪运动发展的意见（2016～2022 年）》及七项配套规划	2022 年，北京市将基本形成较为完善的冰雪运动服务体系，为成功举办 2022 年北京冬奥会奠定坚实基础。在场地设施建设方面，将新建室内滑冰场 16 座、室外滑冰场 50 片、嬉雪场地 30 片，并规范提升现有 22 座滑雪场软硬件水平
2017 年	北京市丰台区政府	《丰台区全民健身计划（2016～2020 年）》	到 2022 年，至少建成室内冰馆 2 处以上，冬季嬉雪（冰）场地 5 处以上，建立 5 所以上冰雪特色学校
2018 年	北京市体育局	《北京市新建体育场馆补助管理办法》	北京市体育局通过北京市体育局网站，面向社会公开征集、补助的项目包括新建室内外的足球、篮球、排球、网球、游泳场馆，室内乒乓球、羽毛球、冰上运动场馆
2020 年	北京市体育局	《北京市贯彻落实〈体育强国建设纲要〉实施方案》	加强冰雪场地设施建设。充分利用公园、广场、社区、学校及疏解非首都功能腾退用地建设冰上场地设施，鼓励在有条件的河湖等自然水域建设冰上场地设施，完成各区室内标准冰场建设任务。充分利用北京冬奥会场馆，服务群众冰雪和重大赛事活动
	北京市人民政府	《关于制定北京市国民经济和社会发展第十四个五年规划和二〇三五年远景目标的建议》	因地制宜规划推进场馆可持续利用

资料来源：笔者整理。

9.2.2　北京冰雪运动场馆的演进

（1）北京冰雪活动历史悠久。《清文献通考》记载：“每年十月，各族选善走冰者二百名，内务府预备冰鞋、行头等项，每年冬至后，皇帝到滋台等处看表演冰嬉。”记载中清皇帝所参观盛会的地点便是如今的北京北海桥南面的冰面。除了皇家的冰上运动，民间的冰嬉活动也同样具有一定程度的普及性和多样性，特别是在京津地区，流行的主要形式有拖冰床、溜冰、花样滑冰等。由此可见，北京的冰上文化由来已久、底蕴深厚，但无论是皇家还是民间的冰上活动，都是依赖室外冰面来完成的。

民国时期，很多国外滑冰队到中国参加比赛，北京市为了进一步普及滑冰运动，便在冬季向普通百姓开放公园滑冰。每到寒冬之际，当时北京最大的室外天然冰场——北海冰场一定会吸引无数年轻人相约游玩。1929 年 12 月 28 日《北平之溜冰热》一文就介绍了北京的几处冰场：三海公园冰场、协和冰场、中山公园冰场等，并号召市民参加冰雪运动。到了 20 世纪 30 年代末，北京已经开放了包括北海、什刹海、陶然亭等公园在内的多处冰场，成为北京居民冬日体育的聚集地。

中华人民共和国成立后，北大未名湖、中山公园、颐和园昆明湖等天然冰场依然是城中老幼咸集的冬乐之地，老一代北京人或多或少都曾在这里留下过足迹，“赏雪”“滑雪”“打雪仗”更是市民喜闻乐见的冬季娱乐项目。兴建人工冰场是此时的最大特点，北京兴起的“冰球热”，让首都体育馆的冰球比赛一票难求。

（2）商业性冰雪场馆兴起。1990 年，北京市内第一家“购物中心 + 冰场”模式的滑冰场——国贸滑冰场建成，使北京成为我国商业冰场的发源地，为冰雪运动由竞技体育向商业体育辐射奠定了基础。2015 年，北京获得冬奥会举办权，民间沉淀多年的冰雪热逐渐释放出巨大能量，为冰雪运动的推广普及和可持续发展再添“一把火”，北京冰雪场馆的建设、改造和升级也迎来高速发展的元年。这期间北京市的滑雪场数量增至 23 家，冰上场馆增至 20 家。

2018—2019 年，北京市内共有滑雪场地 54 家。其中，室外滑雪场 25 家，室内滑雪场 29 家（见表 9－2），除老城区西城和城市副中心通州两区既无室外滑雪场也无室内滑雪场外，其余辖区内均有分布。

表 9－2　2018～2019 年雪季北京各区县室内外滑雪场统计　单位：家

区县	昌平区	朝阳区	大兴区	东城区	房山区	丰台区	海淀区	怀柔区	门头沟区	密云区	平谷区	石景山区	顺义区	通州区	延庆区	西城区	合计
滑雪场	5	16	5	1	2	2	7	1	1	4	1	2	4	—	3	—	54
室外	5	4	2	—	1	1	2	1	1	3	1	—	1	—	3	—	25
室内	—	12	3	1	1	1	5	—	—	1	—	2	3	—	—	—	29

数据显示，朝阳区的滑雪场数量最多，达到 16 家，其次是海淀区，共拥有 7 家。室外滑雪场除东城区和石景山区没有外，其余 12 个辖区内共分布有 25 家，保有量在前 4 名的辖区分别是昌平 5 家、朝阳 4 家、延庆和密云各有 3 家，整体分布较为均匀。

（3）多样化冰雪场馆时代。根据滑雪场的实际情况可分为滑雪场、旱雪场地及滑雪模拟器。北京市在运营非真雪场馆占比 43%，其中旱雪以奥森公园的尖峰旱雪四季滑雪场最为知名，滑雪模拟器以雪乐山、斯奇曼、阿比特三家连锁店为代表。雪场面积是衡量滑雪场基本运营能力的重要指标，通过对 25 家室外滑雪场造雪面积信息的整理，以怀北国际滑雪场面积最广，达 9.6 平方千米；蟹岛度假村滑雪场面积最小，为 7000 平方米。具体如表 9－3 所示。

北京市冰场面积可划分为 5 类，其中 1800 平方米冰面面积是国际冰上比赛通用的规格，各区正在积极筹备，至少新建或改造 1 座不小于 1800 平方米冰面的室内冰场，预计未来可用于赛、娱一体的

1800平方米标准冰场的数量将进一步提升，具体如表9－4所示。

表9－3　　根据造雪面积划分的滑雪场

根据造雪面积划分（万平方米）	雪场数量（家）
>300	1
[45，300]	4
[10，45)	12
<10	8

表9－4　　根据冰面面积划分的滑冰场

根据面积划分（平方米）	冰场数量（家）
≤1000	8
(1000，2000]	35
(2000，10000]	8
(10000，100000]	10
>100000	2
其他	4

9.2.3　国外滑雪场馆业发展经验*

韩国大明度假区位于江原道洪川，是综合性度假村，包含住宿设施、国际会议中心及多种体育娱乐设施。从地理位置上来看，距离首尔仅80分钟车程，度假村内涵盖滑雪、山地高尔夫、水上乐园、马术、旅游地产以及地下娱乐场等12种项目，其中以滑雪场最受当日往返和夜场滑雪者青睐。

度假村内设有滑雪学校2座，分别为JSKI国际滑雪学校、维瓦

* 伍斌，魏庆华，张鸿俊，于洋等. 中国滑雪产业发展报告（2019）[R]. 社会科学文献出版社，2020：285－299.

尔第公园滑雪学校，可提供单双板滑雪教学。课程形式也较为多样，包括一对一教学、小组教学、滑雪训练营等个性化课程，从幼儿至中年、从初学者到专业人员均有相应的服务。除此之外，还有娱雪乐园（snowyland），满足更多游客的不同需求。

非雪季期间，度假村通过土房改造和草坪种植等技术手段将已经改造的山体和雪道建设成高山高尔夫球场，用以吸引夏季游客。每年雪季，大明滑雪度假村会在首都附近提供免费的穿梭大巴，无偿接送旅客到达雪场。同时，这里还开放夜间滑雪场地。综合计算，雪季单日运营时长可达19小时。

（1）大明度假村的业态非常丰富。依托独特的自然地貌，除滑雪场、山地高尔夫项目外，还有可供四季参与的海洋世界、度假酒店、草原音乐节、马术俱乐部等娱乐性、体验性极强的综合娱乐内容，以保证度假村全年的服务运营。

（2）充分利用复合场地，增添四季运营本领。大明度假村内的维瓦尔第公园牢固树立“四季运营”的经营理念，综合滑雪场、滑雪学校、度假村、水上乐园、山地高尔夫、草原音乐节等多种业态，切实实现了冬季滑雪、夏季避暑、春秋观光的运营目的，缓解了非雪季营收不足的问题。

（3）根据地形状况，合理搭建雪道。雪场在开发初期，综合考察当地自然条件和山地地形，填平低洼形成缓冲带，搭建初级雪道；在高山上进行改造建设成为中高级雪道，满足更多滑雪者的需求。

（4）精准的服务管理体系。韩国滑雪场在借鉴北美雪场发展模式的基础上，根据自身特点，为不同的客人提供不同级别的雪票折扣，实现精细化管理和运营，为会员与非会员提供明确的差异化方案，有助于非会员转会员、老会员带新会员。

9.3 冬奥会与北京冰雪运动竞赛表演业发展

9.3.1 北京冰雪竞赛表演业现状

（1）高水平赛事显著增多，品牌赛事渐显。在政策的推动和市场的响应下，北京地区的高水平冰雪赛事逐年增加，并构成品牌效应。如南山滑雪场从2003年起所举办的红牛南山单板公开赛，是目前国内连续举办时间最长的、影响力最大的单板滑雪国际赛事，同时也是亚洲最高级别的单板自由式比赛。红牛南山单板公开赛最初只是雪友之间的“友谊赛”，但经过几年发展，2007年红牛南山公开赛被首次纳入世界单板巡回赛（WST）的前身——TTR全球积分系统。自此，红牛南山单板公开赛进入了国际水准单板大赛时代，而红牛南山单板滑雪赛也成了国内专业滑雪赛事之一。具体如表9－5所示。

表9－5　　2010～2015年北京官方组织的冰雪赛事

举办年份	举办赛事	举办地
2010	全国花样滑冰大奖赛	北京
2010	中国杯世界花样滑冰大奖赛	北京
2010	世界花样滑冰大奖赛总决赛	北京
2011	全国冰壶冠军赛	北京
2013	全国男子少年冰球锦标赛	北京
2013	全国青年冰壶锦标赛	北京

续表

举办年份	举办赛事	举办地
2014	全国男子冰球锦标赛 B 组	北京
2014	全国冰壶锦标赛	北京
2014	全国混合双人冰壶锦标赛	北京
2015	全国花样滑冰冠军赛	北京
2015	全国少年男子冰球锦标赛 B 组	北京

（2）大众健身赛事规模较大，聚集效应明显。近几年，北京陆续举办了全国体校 U 系列短道速滑联赛、北京市青少年短道速滑锦标赛、大众冰雪北京公开赛、北京快乐冰雪季等比赛，吸引了各个年龄段的居民参加，如 2015 年 12 月开始举办的大众冰雪北京公开赛系列比赛至今共举办七届。赛事的冰雪竞赛项目逐年丰富，冰雪公开赛目前主要以高山滑雪、短道速滑、花样滑冰、陆地冰球、冰壶、滑雪、冰蹴球、冰上自由式、冰壶、陆地冰球、冰上龙舟、雪趣挑战、雪垒竞争、青少年滑雪挑战赛、青少年滑冰挑战赛为主。比赛项目不仅充满竞争性而且还富有趣味性，大众冰雪系列比赛的开展极大地提升了民众参与冰雪赛事的热情，同时也进一步拓宽了冬季运动的赛事平台，发挥了单项协会的资源优势，普及了冬奥运动的项目知识和奥运会精神，增强了市民的冬季健身意识，为冬季运动形成了规模效应，提升了大众冰雪运动水平。

此外，以“全民健身迎冬奥、快乐冰雪圆梦想”为主题，以北京市民快乐冰雪季系列活动为龙头，大力开展各级各类冰雪活动，扶持推广冰壶、花样滑冰、速度滑冰、高山滑雪等运动项目，积极培育“一区一品”区级冰雪活动，开展冰雪嘉年华和群众冰雪健身体验活动。除此之外，奥林匹克日和冬奥会纪念日相关活动的举办也直接让群众参与到冰雪赛事中去，形成了聚集效应。具体如表 9－6 所示。

表 9-6　2018~2020 年北京地区举办的部分冰雪赛事

举办时间	赛事名称
2018. 1	首届南山青少年滑雪比赛
2018. 12	第四届大众冰雪北京公开赛滑雪比赛
2018. 11	2018 北京国际雪联单板滑雪大跳台世界杯
2018. 12	2018 全国大众高山滑雪巡回赛事暨单板平行大回转系列赛
2018. 12	2018 全国大学生滑雪开板节暨高校滑雪挑战赛
2018. 7~12	2018 全国大众欢乐冰雪周——全国青少年夏季滑雪挑战赛暨第二届京津冀青少年夏季滑雪挑战赛
2019. 1	首都高校大学生第 13 届高山滑雪比赛
2019. 2	第十二届南山业余猫跳滑雪比赛
2019. 2	Swix 杯第二届新闻媒体滑雪邀请赛
2019. 1	第五届南山自由滑雪双板公开赛
2019. 1	第十七届南山公开赛
2019. 2. 21	中国杯精英联赛（短道速滑）
2019. 3. 1	全国青少年 U 系列滑冰赛（短道速滑）
2020. 1. 18	第五届大众冰雪北京公开赛雪上项目
2020. 10	第五届大众冰雪北京公开赛冰上项目

（3）冰雪赛事办赛主体多样，有利于赛事广泛开展。在政府政策的支持下，市场主体开始积极布局冰雪竞赛表演产业，打破了以官方为主举办冰雪竞赛的局面，改为以建设滑冰场和组建冰雪运动员队伍为主，筹办各类冰雪商业赛事为辅，积极促进冰雪市场的发展。目前北京冰雪赛事的办赛主要包括社会团体、冰雪俱乐部、商业公司、体育场馆等等，具有代表性的如奥众体育、北京泰瑞智杰体育、北京世纪星滑冰俱乐部等，其中北京世纪星滑冰俱乐部，先后组建北京花样滑冰队、男女冰壶队、女子冰球队、男女短道速滑队、男女速度滑冰队、男女单板和男女大跳台滑雪队等多支冰雪专业队伍，同时协助北京市体育局、北京市体育总会举办大众冰雪北

京公开赛、花样滑冰和队列滑比赛，为北京冰雪竞赛表演业的发展助力。北京南山滑雪场利用场地优势积极筹办商业赛事，举办了南山业余猫跳滑雪比赛、南山儿童滑雪赛事、南山自由滑雪双板公开赛以及南山圣诞冰雪嘉年华等赛事，已经形成“南山”品牌，极大地丰富了每年雪季北京的滑雪竞赛表演，有利于赛事广泛开展，同时也提升了群众对于冰雪竞赛表演的兴趣与爱好。

（4）冰上赛事数量多水平高，雪上赛事有待发展。北京的冰雪体育赛事可分为两大类：专业运动竞技类赛事和大众娱乐类赛事。由于项目发展基础条件、群众基础及地域和项目特点原因，无论是专业运动竞技类赛事还是大众娱乐类赛事均呈现冰热雪冷和冰强雪弱的特点，即在赛事举办上，冰上竞赛项目的举办数量要多于雪上项目，在比赛成绩上，冰上项目所获奖牌要多于雪上项目。

北京市在《加快冰雪运动发展的意见 2016～2022 年》中指出，要完善竞技冰雪运动项目布局，围绕北京市竞技冰雪运动发展规划，重点发展基础较好的花样滑冰、冰球、冰壶等项目，着力提升短道速滑、速度滑冰等项目竞技水平，积极推动开展雪上项目。在冰雪赛事的后备人才培训上重心也偏至冰上项目，北京地区在各种因素的影响下，赛事呈现出冰热雪冷的状态仍将持续下去。

（5）冰雪赛事蓬勃开展，进一步促进相关产业发展。冰雪赛事直接带动了北京旅游业的发展，如北京南山滑雪场以及渔阳滑雪场借助滑雪场馆的流量优势积极打造以滑雪为特色的旅游业，加强对当地冰雪旅游和冰雪文化资源的推广与宣传，以冰雪为主导拉动产业发展。北京冬奥会后，延庆区将推动冬奥场馆可持续利用，大力发展区域特色体育产业和四季旅游休闲产业，将延庆赛区打造成国际冰雪赛事举办地、国家队训练基地、大众户外运动体验基地和休闲旅游度假胜地。此外，赛事的大量开展也形成了供需效应，北京滑冰场馆以及滑雪场随着赛事的频繁开展得到充分的建设。随着上冰人数的增多，直接带动了冰雪培训市场的发展，同时将进一步推动冰雪服饰、装备和娱乐业的发展。

9.3.2 北京冰雪竞赛表演业存在的问题

（1）竞赛表演产业整体规模小，缺乏精品和自主品牌。从赛事组织和参与的程度上来看，我国承办的冰雪体育赛事在数量上还有提升的空间。据中国冰雪网数据统计，在2018～2019赛季，我国共举办7项世界级赛事，而到2019～2020赛季，我国举办了21场世界级赛事，主要集中在短道速滑、单板滑雪、越野滑雪、冰球等比赛上。从数量上来看，尽管与自身相比，举办赛事的数量明显增多，但与美国（40场）、奥地利（38场）等冰雪强国仍有一定差距。这与我国冬季运动项目的发展程度和国家冰上传统有很大关系。举办自主品牌的职业联赛对于运动项目的发展有着重要意义，但就目前中国冰雪运动来看，还没有打造出成熟的职业联赛体系。

（2）赛事市场化程度不高，“粉丝”队伍有待壮大。随着冬奥会的临近和冰雪文化的普及，大众对于冰雪运动和冰雪赛事的兴趣得到提升。但与中国职业篮球联赛（CBA）、中国超级联赛等大众熟知的体育赛事相比，冰雪运动竞赛表演仍算是一个小众赛事，受众较少，吸引力不强，赛事盈利偏弱。以2018年国家冰球联盟（NHL）中国赛北京站为例，第三节比赛在腾讯体育网络平台有近30万人观看，虽然较2017年观看人数6.5万人增长了361.5%，但是相比于同期男篮世界杯亚洲区预选赛中国对阵约旦的比赛，腾讯体育吸引了超过350万人观看还是有很大的差距。比赛现场凯迪拉克中心体育馆可容纳20000人，可实际只有12933名观众，上座率为64.7%，观赛人数仅比2017年提高了1.4%，从增长率上看世界顶级冰球联赛也没有对市场起到很好的促进作用。对比2016年的冰球世界杯，北美对阵欧洲的比赛现场观众高达 1.8 万人来看，中国冰球赛事的门票市场仍有待继续开发。

从冰雪赛事举办主体来看主要分为三类：第一类由政府机关、协会主导，相关社会企业进行赛事赞助、冠名联合承办赛事。主要为国际综合性运动会、世界锦标赛、世界杯赛等大型赛事。第二类以企业为主导，政府机构、协会组织联办。承办的赛事主要为国际性邀请赛、大奖赛及具有较大市场吸引力和较高媒体关注度的大型商业赛事。第三类是由企业自主承办赛事。北京的冰雪赛事多数由政府机关和协会主导，企业自主承办的赛事偏少。根源在于冰雪赛事在国内推广力度不够，广大群众对冰雪赛事认知不足，市场的消费动力不高。

（3）职业俱乐部人才培养存在缺口，市场体系有待完善。在竞赛表演业，花样滑冰被公认为是一项极具观赏性的冰雪运动之一。目前全国有世纪星、冠军、全明星、华润等几十家花滑俱乐部，并且花滑俱乐部的水平都在逐年递增。在近几个赛季的全国花样滑冰比赛中，前几名几乎都被各地方俱乐部包揽。随着俱乐部人才储备的提升，训练环境以及训练强度不足的问题日益显现，其中教练员短缺的问题最为突出。在冰雪人才培训方面有着丰富经验的世纪星董事长表示，冰雪人才培养存在缺口，当前最大的问题是把整个初级教练的体系培养起来。

9.3.3　国外冰雪运动竞赛表演业发展经验

从 1924 年举办的第一届冬奥会开始到 2018 年的第 23 届冬奥会，无论是获得奖牌的数量还是冬奥会承办的次数，可以发现北欧国家冰雪运动的竞技成绩以及大众普及率均非常突出。北欧国家芬兰、瑞典、挪威的冰雪运动文化发展一直处于世界前列，并对世界冰雪文化的发展起着引领作用。北欧的多个国家都各自拥有自身冰雪运动发展的特色，我国应在借鉴冰雪强国先进经验的基础上，探索我国特色冰雪的运动竞赛表演发展新模式。

2017 年 4 月，中芬两国元首共同宣布建立中芬面向未来的新型合作伙伴关系，将 2019 年定为“中芬冬季运动年”，芬兰成为第一个和我国联合举办冬季体育主题年的国家。除吸引全球专业滑雪竞技队伍在冬奥训练中心参与训练外，芬兰也积极组织大众休闲滑雪运动的相关交流与培训。2018 年，芬兰拉赫蒂市与张家口市签约成为友好城市，芬兰冬季运动培训公司为张家口提供越野滑雪、跳台滑雪、北欧两项等项目的人员培训，同时组织面向全市中小学的冬奥知识普及主题培训活动，取得了良好的成效。

目前，芬兰有标准滑雪场 75 个，室内冰场 268 个，室外大型冰场 55 座，还有 40 多个政府创办的可免费滑雪的国家公园，同时每个雪场基本配备一个滑雪培训学校，方便志愿者培训青少年或者滑雪的初学者。如今的芬兰，每 5 万人就有一个标准滑雪场，每 2 万人就有一个标准冰场。雪道、拖牵和魔毯数量是业界衡量雪场规模的重要指标。拥有 5 个拖牵以上的滑雪场几乎占芬兰全国规模雪场数量的一半，即便是最小的标准雪场，都会拥有至少一条雪道、一条拖牵和一条魔毯①。

芬兰等北欧国家在发展冰雪赛事的同时，还积极寻找自身资源，发展差异化的冰雪品牌，其大多将比赛与娱乐、休闲、旅游相结合，构建了冰雪“体育小镇”的模式。通过旅游业的发展，可以为传统的冰雪服务及产品带来附加价值，刺激旅游消费的同时能够拉动冰雪经济的整体发展。

---

① 刘兵．冰雪运动在芬兰［J］．群众，2019（12）：68－69.

9.4　冬奥会与北京冰雪运动传媒业发展

9.4.1　北京冬奥会带来冰雪运动传媒业发展新机遇

每一届奥运会都会成为最新传媒技术的展示会，冬奥会赛场也不例外。在2018年平昌冬奥会上出现了全球第一张28GHz频段的大范围5G无线网络，组委会推出了360°虚拟现实、第一视角和时间切片等全新概念的观赛服务。2022冬奥会将迎来5G技术的全面成熟应用，将带来前所未有的传媒技术变革。

2020年7月，中央广播电视总台（以下简称中视）发布《中央广播电视总台5G媒体应用白皮书（2020版）》，基于5G技术，面向4K超高清、VR和移动生产场景，对4K采集传输、移动生产和VR制作分发制定生产流程、技术要求和关键指标描述，对5G技术与媒体生产深度融合具有标志性意义。

北京冬奥组委与阿里云宣布2022年北京冬奥会将实现“云上转播”。在全球响应、全球覆盖、全球制作的模式下，“云上转播”能够大幅降低赛事转播服务成本并提高转播团队制作效率。中国联通的“5G赋能智慧冬奥”提出，与合作伙伴共同围绕冬奥观赛、参赛和办赛三大场景打造的智慧观赛、智慧安防、云转播服务、智慧交通、智慧场馆、无人机周界防控、5G超高清直播、智慧训练、物流配送和智慧移动医疗十大应用。十大应用中，轻量级演播服务包括“轻量级转播车”和“轻量级演播室”两种形态，分别针对纯移动场景和临时固定场景使用，结合基于云平台服务的非编系统，实现观众零延时观赛。冬奥组委媒体运行部提出的智慧观赛系统，不仅可以在赛前规划使用，还可以在赛事节目制作当中生成仿真和模拟的内容，模拟比赛进行的结果以及一些主观视角的内容，让观众能身临其境地体验到滑雪运动员从落差800米的赛道上冲下来的速度感。

国际奥委会、奥林匹克转播服务公司（OBS）和北京冬奥组委就整合北京冬奥会和冬残奥会主新闻中心和国际广播中心达成共识。赛事期间，这两大重要的非竞赛场馆将合并为主媒体中心，实现场馆空间到运行的高度整合。北京冬奥会正在重新定义主媒体中心概念，国际奥委会希望将来以此作为标配，推广到所有冬奥会甚至奥运会。

9.4.2 北京冰雪运动传媒业现状

（1）冰雪赛事活动驱动，冰雪报道内容丰富。北京申办冬奥会成功后，国际性、全国性、地区性及行业性冰雪赛事举办数量剧增。其代表性赛事如北京国际雪联单板滑雪大跳台世界杯、首都高校大学生第13届高山滑雪比赛、国际花样滑冰冠军赛、北京市青少年短道速滑锦标赛等，伴随的资讯类节目增多，推动冰雪传媒业朝着更广阔更专业的方向发展。

冰雪相关类节目也呈现增长趋势。资讯类节目如每周一晚上在中央电视台体育频道播出的《北京2022》，聚焦于北京冬奥会及冬残奥会筹备进展、冬奥及冬季项目知识普及、“3亿人上冰雪”参与冬季项目全民健身的故事、往届冬奥经典回顾等。专题类的如青海卫视推出了冰雪专题纪录片《铁马冰河》，综艺类的有我国电视史上第一次尝试将冰雪元素和闯关结合的《飞雪英雄汇》，采用故事化叙事和体验式传播结合的真人秀节目《大冰小将》等，将人物进行立体塑造，既体现了娱乐性，又将冰雪体育运动精神蕴含其中。新媒体类型如“GO SKI 去滑雪”所打造的专业滑雪社交平台，用户可以在 APP 上交流的同时看到雪圈深度好文和长篇干货。多种类型多种栏目相互驱动，共同带动着冰雪传媒的快速发展。

（2）社交媒体技术助力，推动媒介融合。以微博、微信、直播、短视频等为代表的新型传播媒介已经全面融入了冰雪运动的发展之中，使冰雪运动成为当前我国体育界的发展热点。以冰雪运动新闻传播、冰雪运动赛事直播、冰雪运动协会网站、冰雪运动文化评论等为代表的不同类型的融合方式不断涌现，这些新的传播媒介开创了冰雪运动与传播媒介融合发展的新方式。奥林匹克转播服务公司也计划在 2022 年冬奥会上采取一些新的技术解决方案，让电视媒体更好地与新媒体进行融合，尤其是融入社交媒体，如通过云转播技术提供轻量化和碎片化的内容，按照用户的习惯，给用户提供不同的内容，依照用户的喜好进行推送。这次冬奥会还会给各个国家电视台专门设置网红直播的位置，给全世界的观众提供更轻量化、有趣的节目内容。媒介融合所带来的技术革命会推动冰雪传媒产业的发展，再加上社交媒体的助力，冰雪传媒发展前景广阔。

（3）媒介变现市场逐渐成熟，跨界合作盛行。随着移动互联网技术日新月异的发展，用户媒体接触习惯、使用模式和消费行为的改变推动了冰雪传媒业的体制机制、生产模式、产品形式、传播渠道和商业模式的改变。媒介平台通过传播冰雪运动文化提升群众的认知度和在社会的影响力，利用冰雪运动的新闻热点、重要赛事等吸引广告的投放以获取较好的经济利益。这种新的发展形态改变了以往媒介推广赛事的单向发展模式，使得双方形成了双向互动的发展模式，同时带动冰雪产业成为具有庞大经济价值、拥有巨大经济潜力的朝阳产业。在“互联网 +”的时代背景下，媒体与科技、金融、互联网企业等的跨界合作、多元发展，不仅有效开拓和充分利用了媒体资源，还为媒体融合提供了更多的价值增长点和更广阔的发展空间。近年来蒙牛以“助力冰雪运动·畅享冬日魅力”为主题接连启动了一系列冰雪赛事合作，如2016～2017年北京市青少年滑雪比赛、京津冀“世界雪日·国际儿童滑雪节”、“冰橇冰球中俄友谊对抗赛”等，蒙牛与冰雪赛事及媒体进行战略合作，推动和保障了赛事的顺利进行，每个赛场以及相关宣传都能看到蒙牛的标志及广告和丰富体验，通过此类跨界合作增加了蒙牛的知名度以及消费者偏好度。随着媒介变现市场的不断发展，跨界合作将会范围更广，合作模式也会更加成熟。

9.4.3 北京冰雪运动传媒业的挑战

（1）赛事转播资源分配不均。如果说传统媒体时代能够利用其资源技术优势最大程度地传播冰雪运动，拥有冬奥会独家转播权毫无争议，新媒体时代，独家版权造成的结果可能就是赛事转播的影响力受到局限，正如奥林匹克转播公司首席执行官埃克萨科斯所言：“传统电视在奥运会电视转播中依然占据统治地位，他们也是奥运会的主要收入来源。但这一切都在改变，包括美国在内的很多国家，人们已经不再谈论传统电视收视率的问题，衡量节目的标准已经变成观众总量和信息的总体消费量，也就是信息在所有传播平台上的浏览量，这些平台包括传统电视、社交媒体以及其他数字媒体。”

如今新兴媒体参与国际大型赛事报道与转播已经得到广泛认可，如腾讯转播NBA，PP体育转播欧洲五大联赛。在平昌冬奥会期间，央视在开幕式前才最终与腾讯、优酷达成协议，分销出网络播映权，所有比赛在新媒体平台都将延时30分钟播出。实际上留给新兴媒体布局冬奥会转播的时间并不多，同样也就不能发挥这些平台的转播优势，限制了冰雪运动的传播与发展。2020 年 12 月 8 日，中国移动成为央视北京冬奥会转播合作伙伴，用户可以通过咪咕视频收看冬奥会赛事直播和点播内容。央视此举顺应了媒介融合发展趋势，为进一步扩大冬奥会的传播效应创造了条件。

（2）冰雪传媒专业人才短缺。由于冰雪运动的独特性，在传播过程中，冰雪传媒人才需要熟悉冰雪项目规则与文化，具有国际体育赛事报道经验，才能够让受众充分感受冰雪运动的独特魅力。冰雪传媒人才相对短缺，以央视为例，在对冬奥会的报道过程中，更多是采用其他项目的媒体人对有关项目进行报道（如刘星宇、于嘉报道短道速滑），难以充分满足受众对冰雪赛事信息的需要。孙佳（2019）通过我国不同媒介类型对平昌冬奥会赛事报道的研究，发现我国平昌冬奥报道人才短缺的问题：平面媒体参与冬奥会新闻报道的记者平均人数在 2 人，编辑平均人数在 5 人，这些人既要采访又要拍摄，并且对于所有项目都要涉及，但个人的冰雪运动知识积累以及精力又很难达到这样的要求，这就会导致报道内容大打折扣。目前我国主要依靠高校培养、国外顶岗实习和全球招聘人才的方式解决人才缺口的问题，但要想满足长期传播冰雪运动的需要，显然这是远远不够的①。

（3）报道不平衡，冷门项目推广受限。中国传统优势项目多集中在冰上项目，如短道速滑、花样滑冰、冰壶，媒体的报道也将过多的关注点集中在这些运动项目中。在冬奥会报道中，赛事深度报道较少，几乎都是现场比赛的剪辑视频，缺乏项目的针对性介绍。同时，对于热门、冷门项目的报道资源分布不均，冷门项目的报道和介绍少之又少，对于平昌冬残奥会的报道更是寥寥无几。一味将

① 孙佳．我国不同媒介类型对平昌冬奥会赛事报道的研究［D］．哈尔滨体育学院，2019.

报道重心放在中国队的优势项目上，无形间是在让如今的体育媒体充当冰雪运动传播的“把关人”，其他项目尤其是雪上项目无法充分传递给受众，其影响力也会逐渐降低。久而久之，受众的兴趣点还是会偏向个别项目，这对于其他非优势项目的推广是极为不利的。

（4）传播感染力不足。新媒体背景下冰雪内容的传播渠道也有更多选择。如官方微博、微信公众号、抖音，然而媒体的全方位报道宣传却没有让冰雪运动在海量信息中脱颖而出。平昌冬奥会期间，官方微博赛事期间发布的报道平均阅读量达 246 万次，平均点赞 7266 次，平均评论 1222 次，平均转发 22629 次，重点赛事报道中受众参与度高；CCTV5 冬奥报道热搜和超级话题带动性较差。《跨界冰雪王》首期节目收视率为 0.424，同期《我们十七岁》每期点击量普遍超过 1500 万次，《歌手》点击量基本超过 5000 万次。

北京的卡酷卫视已经结合自身频道服务群体定位，进行频道内容的制作。2021 年一系列冬奥冰雪题材亮相卡酷卫视，包括三维动画系列片《2022 去北京》、大型少儿动漫闯关节目《奔跑吧冰墩墩》、冰雪少年成长节目《冰球小将》等冬奥主题节目。其他卫视也应围绕其辐射群体，开发对应的传播内容，要让更多人了解冰雪运动，接触冰雪运动，从而实现冰雪运动传播的“破圈”。

9.4.4 国外冰雪运动传媒业发展经验

NBC 是美国全国广播公司的简称，从 20 世纪 40 年代开始，NBC 的节目内容就“大部分是体育节目和旧电影”；此后 NBC 还参与拳王争霸赛、“超级碗”以及 NBA 等著名体育比赛，与奥运会更是有长期的合作。NBC 于 1972 年首次转播冬奥会，并在长期的转播报道过程中积累了丰富的报道经验。

（1）赛事报道专业性强，内容质量有保证。美国 NBC 的报道注重信息来源的专业性与权威性。冬奥会赛事新闻的主要消息来源在于赛场的直观描述与记者的感受，记者也可以从奥委会、主办方、教练、运动员、随队医生和其他渠道获取有效的新闻信息。运动员本人和教练是最被看中的消息来源，注重对运动员本人或教练、家属的采访，不依赖非一手消息来源，同时不过分依赖奥委会组织或政府官员的发言。NBC 的专栏记者具备相当高的职业素养。如尼克·扎卡迪（Nick Zaccardi）为 NBC 奥运栏目编辑，已经参与报道了三届奥运赛事，主要关注国际体育赛事和美国的大学和职业体育比赛，高质量的信息来源保证了其报道的专业性。NBC 报道体裁以消息为主，多以图文形式呈现，其图片基本来自盖蒂图片社。作为世界最顶尖的图片供应商，盖蒂图片社及其遍布世界各地的摄影记者会记录下许多体育比赛中震撼而真实的瞬间，专业的拍摄团队保证了 NBC 内容输出的高质量，更加能够赢得用户的认可。

（2）充分利用转播权益，扩大媒体影响力。作为美国知名的电视转播商，NBC 与其他转播巨头相比在体育转播领域并不占优势，但通过掌握奥运会的版权，NBC 与国际奥委会实现了双赢。除了 1984 年夏季奥运会，NBC 均获得奥运会在美国的电视转播权，其对国际奥委会有举足轻重的影响。在如今奥运会吸引力已经下降的情况下，长期稳定的转播收入有利于国际奥委会更好推广奥林匹克运动，同时 NBC 也为奥运会输出了优质的内容，NBC 制作的短片《始终从梦想出发》赢得了平昌冬奥会最佳奥运专题片金奖。而对于 NBC 自身而言，长期掌握奥运会版权能够让其不断积累经验，围绕奥运会建立品牌。NBC 也正是通过奥运会的转播，才能在与美国广播电视公司（ABC）、美国哥伦比亚广播电视公司（CBS）、美国福克斯广播电视公司（FOX）的竞争中占据一席之地。在超过两周的直播周期内，平昌冬奥会仍然是全美收视率最高的电视节目，收视人数超过了 NBC 主要竞争对手 CBS、ABC 和 FOX 的总和。NBC 还与知名运动员展开合作，在 2014 年索契冬奥会期间，NBC 就曾邀请莎拉波娃等明星选手担任他们的转播嘉宾，扩大其传播影响力。

（3）分析受众需求，建立情感联系。在 NBC 冬奥会转播历史中，他们一直关注观众的心理感受。2002 年，NBC 针对盐湖城冬奥会的宣传标语为“惊险的冰雪”（Fear Factor on Snow and Ice）。这一宣传手法反映了赛事转播者对速度、风险和激烈的偏好。此外，转播方希望比赛能够在时间和空间上更为紧凑。实际上这些都是为了呈现惊险刺激的视觉效果从而满足观众的观赛需求。2018 年韩国平昌冬奥会，NBC 环球（NBC Universal）从消费心态学角度出发，对观众进行细致划分，完成对冬奥会赛事的内容推广。NBC 环球将冬奥会观众分成了六组，其中包括对运动员个人故事感兴趣的观众、只看精彩赛事集锦的观众以及喜爱一切与奥运会有关内容的观众。

（4）拓宽转播渠道，革新转播技术。平昌冬奥会期间，NBC 也在转播过程中不断创新突破寻求更好的转播效果，取消延时直播，将比赛进行全美直播。在社交媒体层面积极展开合作，使用色拉布（Snapchat）专门为电视台设计的直播工具播放冬奥会现场视频片段，并在其平台制作了两个原创奥运栏目《白日梦》（*Pipe Dreams*）、《追逐金牌》（*Chasing Gold*）。为了增强用户体验，NBC 还在直播中引用了 VR 技术，这标志着有史以来 VR 第一次用于冬奥会直播，奥运会 VR 节目在美国各种设备和平台上直播。VR 体验由英特尔 TrueVR 技术支持，它在每个项目使用多个摄像头营建交互式 360° VR 环境。观众将能够切换多个观察点，定制其体验，聆听每个机位记录的自然声，提供真正沉浸式体验，欣赏实时统计、领先选手记分牌和赛果。观众还能够在奥林匹克世界放飞，周游奥运会场馆和韩国不同的地区。

9.5　冬奥会与北京冰雪文化及旅游业发展

9.5.1　新媒体助力北京冰雪文化传播

得益于电视媒介的发展，奥林匹克运动传播到千家万户中，提高了现代体育的关注度。现如今，新媒体时代的来临使得以电视为代表的传统媒介逐渐没落，取而代之的是网络技术的飞速发展从而产生的新兴媒介：脸书（Facebook）、优兔（YouTube）、照片墙（Instagram）、微博、微信等社交媒体工具不断更新，占据着大众的日常生活。《中国互联网发展报告 2019》显示，截至 2019 年 6 月，中国网民规模为 8.54 亿人，互联网普及率达 61.2%，网站数量 518 万个。根据万事达卡财新 BBD 中国新经济指数显示，2020 年 1 月新冠肺炎疫情暴发后，中国新经济指数（NEI）出现了连续的增幅，其中互联网相关行业是主要的增长力量，这与疫情推动全民生活工作线上化的背景有直接关系。根据艾瑞咨询发布的《2016 年中国互联网体育用户洞察报告》表明，“2016 年互联网体育用户规模约为 3.9 亿，主流互联网体育平台的月度覆盖人数达 1.36 亿人，近 85% 用户选择新媒体获取赛事信息，新媒体（占比 52.8%）是网民最主流的观赛方式，并且成为用户参与赛事评论的主要渠道。”① 而根据易观发布的《2019 年体育用户数字媒介行为分析》显示，2019 年

① 艾瑞咨询. 2016 年中国互联网体育用户洞察报告［R］. 2016.

中国数字体育活跃用户突破1.2亿人。如今，新媒体已经成为大众交流、观赏体育赛事及传播体育文化的主要方式。

在新媒体时代背景下，很多传统行业开始进行一系列创新，如冰雪场地周边的酒店、餐饮行业积极借助网络媒体，与旅游类APP如携程、马蜂窝、去哪儿等进行合作。借助新媒体的力量，增加信息传播的渠道及形式，如小视频、微博、微信等，多样化传播冰雪文化。结合个人计算机（PC）、移动等多种终端渠道，创新冰雪文化传播方式，改变过去由电视媒体垄断冰雪文化传播的单一化局面。在转播赛事的同时宣传相关冰雪场地、配套设施等，使大众通过新媒体随时随地都能够观看冰雪赛事，感受冰雪文化，查看并购买相关冰雪旅游产品，进而建立海量的新媒体冰雪运动用户群体①。北京作为高收入高消费人群集中区域，将逐渐形成一批冰雪运动的忠诚支持者，为丰富冰雪运动文化形式、传播冰雪体育文化及丰富冰雪旅游产品提供重要契机。

9.5.2 北京冰雪体育文化及旅游业现状

（1）北京市冰雪旅游产业发展基础良好。首先，我国冰雪运动的发展历史悠久。隋唐时期我国北方地区的各个民族就已经逐渐掌握了基本的滑雪技能②；唐朝时期已衍生出冰上运动；清朝时期冰雪运动已经得到了大面积的普及，发展成了冬季北方特有的交通及运输方式。20世纪80年代国家体委将北京定为北方冰上运动中心城市，北京市的冰上运动得到了快速发展，促进了北京市冰雪旅游业的完善③。

---

① 俞鹏飞，王庆军. 新媒体时代中国冰雪运动文化传播的机遇、困境及路径［J］. 体育学刊，2020，27（1）：19-24.

② 吴丽云，高丹. 冬奥会背景下北京市体育旅游融合发展研究［J］. 泰山学院学报，2017，39（4）：118-121.

③ 张洋，王晓娟，李贵森. 2022年冬奥会背景下首都群众冰雪运动发展的SWOT分析［J］. 哈尔滨体育学院学报，2017，35（4）：26-32.

其次，北京市多山的地理条件为冰雪旅游的发展提供了良好的资源基础。数据显示，北京市山地面积占全市面积的 62%，山地一般海拔 1000～1500 米①。随着经济的发展，北京市已经建成很多标准、专业的冰雪运动场地，为推动冰雪旅游的发展提供了坚实的后备条件。

（2）北京市冰雪旅游消费潜力巨大。根据北京市统计局、国家统计局北京调查总队发布的《北京市 2018 年国民经济和社会发展统计公报》显示，2018 年北京地区生产总值比上年增长 6.6%；人均可支配收入超过 6.2 万元，比上年实际增长 6.3%，与经济增长基本同步；全年接待国内旅游者 3.1 亿人次，旅游总收入 5921 亿元，增长 8.3%②。除上海外，北京的总收支远高于全国其他城市消费收支水平。北京市民的可支配收入的增加使市民观赏和参与冰雪运动的愿望提高，冰雪运动逐渐得到普及。北京市民较高的消费能力及超前的消费观念，能够为北京发展冰雪旅游业提供坚实的经济基础。根据《2018 年度中国滑雪产业白皮书》显示，2018 年全国共有滑雪场 742 家，较 2017 年增长了 5.55%，滑雪总人次达 2113 万人，较 2017 年增长了 14.4%，其中北京位列所有城市滑雪消费者人数的第一位。完善的冰雪运动条件和强大的市民消费能力，能够为北京市冰雪旅游业的发展提供巨大的发展空间及潜力。

（3）缺乏专业的冰雪旅游人才。人才是产业的发展核心，冰雪旅游业的发展依赖于专业素质过硬、为产业带来长久收益保障的专业人才。北京作为人才的聚集地之一，并不缺少各类专业人才，但冰雪旅游业的相关人才仍然比较稀缺。近几年，借助举办冬奥会的契机，北京市部分高校开设了冰雪体育相关专业，但由于时间、工作经验等因素，相关专业大学生尚未毕业，还不能带动行业发展，

---

① 于世彬. 北京 2022 年冬奥会的经济价值研究 [J]. 体育科技文献通报，2019，27 (3)：116－118.

② 黄莉. 异同分析与经验借鉴：北京 2022 冬奥会凝思 [J]. 体育学研究，2019，2 (1)：26－32.

人才数量无法满足产业发展需要。冰雪旅游作为季节性强的产业，职业稳定性相对较差，大部分岗位都是兼职。如滑雪运动作为难度高、具有一定危险性的运动，要求滑雪场所的教练必须具备过硬的教学能力及保护能力，而如今大部分滑雪场地所招聘的教练都仅仅是业余滑雪爱好者。如果不具备专业能力，将无法完全保障游客安全，一旦发生安全事故，将会为所在滑雪场地场馆甚至整个冰雪旅游业带来负面影响。

9.5.3 促进北京冰雪文化及旅游业可持续发展建议

（1）在现有冰雪旅游产品基础上，升级改造出具有北京冰雪体育文化特色的冰雪旅游产品。为了促进北京市冰雪体育文化、冰雪旅游业的长足发展，推出的相关产品要能在当前竞争激烈的市场中脱颖而出，开发出具有北京悠久历史文化的独特冰雪旅游产品，创新冰雪旅游文化，以保障北京市冰雪旅游业良好发展。

（2）充分利用冰雪旅游淡季发展多样体育运动，建立四季旅游形象。冰雪运动受季节限制，全年三季均处于淡季状态。如何突破季节限制，达到全年都有营收的经营状态是当前北京冰雪旅游业需要关注的问题之一。冰雪场地经营者应根据各冰雪场馆场地实际情况做出相应调整，在其他季节因地制宜地推出符合其发展需求的旅游产品，不仅可以满足经营者的利润需求，还能够为北京市冰雪旅游业建立完美的四季旅游形象。

（3）提升冰雪旅游服务水平，完善服务体系。北京市冰雪体育文化、冰雪旅游业在发展时，应着力提升服务人员素质、基础设施及配套设施建设。在人员素质方面要引进高水平的服务人才及加强对冰雪服务人员的培训；在基础设施及配套设施建设方面要加大资金投入，为游客提供安全可靠、服务全面的冰雪体验，为北京市冰雪体育文化、冰雪旅游业发展打基础。

（4）把握新媒体传播效应，合理利用粉丝经济。2019 年粉丝经济关联产业市场规模超过 3.5 万亿元，增长率为 24.3%，预计 2023 年将超过 6 万亿元。北京市冰雪旅游文化、冰雪旅游业相关企业应把握住互联网的传播优势，利用疫情影响下大众对互联网的依赖，与关注度高的“网红”用户进行合作，利用粉丝经济推广冰雪旅游产品，带动冰雪旅游消费升级、行业变革和市场发育，为冰雪旅游经济发展注入充足动力。

9.6　冬奥会与北京冰雪运动培训业发展

北京申办 2022 年冬奥会成功以后，北京冰雪培训机构数量猛增，培训项目增多，培训方式多样，冰雪培训行业获得了新的发展机遇。

9.6.1　北京冰雪运动培训业现状

（1）培训机构数量不断增长。截止到 2020 年 12 月，北京有 40 家面向群众开放的滑冰馆，67 家滑雪场馆。滑冰馆比 2014 年增加了 27 家，占到了总场馆数量的 67.5%。近年来，多个企业也在商场建立滑冰场馆。滑雪场比 2014 年增加了 50 个，占到了总场馆数量的 75%，尤其是室内滑雪馆增长显著。室外真雪场有 33 家，室外旱雪场有 1 家（北京市奥森四季滑雪场），室内模拟器滑雪场有 32 家，室内仿真雪场有 1 家（北京市乔波室内滑雪馆）。

（2）培训机构种类多样。滑雪教学培训服务主要由滑雪场自有培训业务和第三方独立滑雪教学培训业务两方面构成。以 66 家培训机构为例，其中自有培训机构的滑雪场馆有 55 家，占比 83.3%；第三方培训机构有 11 家，占比 16.7%。室外大型滑雪场因交通、地理位置等原因以一次性体验课程及滑雪学校为主；大型滑雪场开设培训学校，依托现有场地资源，主要面向潜在的青少年消费群体及教练员进行培训及系统教学，将滑雪兴趣转化为滑雪乐趣，是滑雪场转化率的重要推动力。室内的滑雪馆是以教学培训为主，为上真雪场做提前培训，主要面向初级滑雪者。第三方培训学校是依托现有的教练员人才及独特的培训理念等，与滑雪场合作，培养模式与滑雪场的培训学校类似，减少了滑雪场的运营环节，专注滑雪培训，达到产业精细化；第三方培训机构则主要是依托现有的教练员资源与口碑，根据普通消费者的需求来随机选择滑雪场地进行陪玩及教学指导。

滑冰场馆多依托自有场馆设置俱乐部进行个人或集体的培训。冰壶作为一种休闲项目，多以团建形式为主，北京市冰壶场馆有 2 家，占到了 5%，而冰球、花样滑冰及速度滑冰则成为滑冰培训的主力军，有 38 家，占到了 95%。冰壶与其他项目的发展方向有一定区别，找准发展方向，定位消费人群才是各项目发展之道。

（3）培训机构分布不均。北京市 40 家有培训课程的滑冰场馆中，就总体数量而言，朝阳区最多，有 14 家，海淀区次之，有 10 家，而西城区、顺义区、密云区和平谷区均为 0 家。这个现状一方面与各区经济发展有很大关系，另一方面与政策扶持力度有关。整体来看，南北不平衡，北边滑冰场馆较多，而南边滑冰场馆较少。

（4）教练员水平存在差异。通过调查 15 家滑雪机构发现，教练员共有 96 名，其中 89 名为男教练，7 名为女教练。滑雪运动虽然是一项技巧性与艺术性运动，对平衡要求很高，女教练在这方面更有优势，但也是一项户外冒险运动，滑雪运动被列为“高危运动项目”，男教练在动作示范、安全防护、对环境的适应能力等方面更有优势。随着市场细分，相信对女教练的需求量也会提高。96 名教练中，有 87 名是持证教练，占到了 91%，9 名为无证教练，占到了 9%。持证教练的比例相对来说比较大，专业性比较强，可以担负当下滑雪培训的重任。滑雪教练的需求量上升与滑雪指导员数量稀少呈矛盾关系。

（5）培训方式多样。目前滑雪行业盈利模式主要分为散客、学员培训、政府性采购、专业课训练、团体团建。培训与滑雪场的建设应运而生，培训为滑雪行业带了不菲的收入，增加了客户黏性，二者相辅相成。在学校与冰雪场馆的合作模式下，对学员主要以普及冰雪知识及一次性体验为主。在班课教学中，滑雪行业目前主要是一对一的单课时培训，魔法滑雪学院首创先例，以培训为入口逐渐切入整个滑雪产业链条。从 2011 年开始以崇礼爱雪国际酒店的会员教学服务的方式引进了外国教练，尝试引进国外滑雪教学。但散客的班课教学在整体利润中的占比相对来说比较低，所占的比重还有待提高。可利用中小学的体验课这个契机培养潜在用户，激发中小学生的滑雪兴趣，多次学习将兴趣转化为乐趣，逐渐培养习惯，将乐趣升级为志趣，形成终身体育的意识及行为。

滑冰馆主要盈利模式是散客、会员培训、团体团建、中小学培训。将散客引导成为会员，青少年先体验后培训的两种形式进行班课教学成为盈利的主要手段。室外滑雪场地理位置的特殊性，尤其远郊的滑雪场对于学员的交通及滑雪场的组织及时间安排都充满挑战，鉴于实际情况，这些滑雪场以冬令营为主进行滑雪培训；近郊的室外滑雪场则充分结合地理位置的优势选择小班教学培训；近年来市内兴起的室内滑雪场打破传统意义上的滑雪场交通壁垒，结合室内滑雪培训及与室外滑雪场进行合作，实现了推广体验培训及小班制的滑雪技术培训，培训针对性及目的性比较强。

（6）培训费用存在差异。培训费用与培训级别、教练的选择及培训对象的数量等存在关系。初级阶段：培训机构为吸引学员参训，参训者先体验，培训学员只需支付培训费用，培训机构提供装备及滑冰鞋及滑雪板。当学员达到中级阶段，获得比赛入场券时，培训机构所提供的普通滑冰鞋及滑雪板已不能满足学员的要求，学员要支付培训费用及服装装备费用。高级阶段：这些参训者已经成为冰雪玩家，投资符合自己技术特点的装备，是一笔不菲的费用。

经调查发现，滑雪初级学者一般培训10次课，以小班培训为主，室内滑雪场的小班培训费用在450～700元/小时之间，室外近郊滑雪场的小班培训费用在300～700元/小时之间，室外远郊滑雪场的冬令营费用在6000～9000元/6天之间。速度滑冰、冰球与花样滑冰在初级阶段，培训费用没有明显区别，一对二或一对三的最基础费用在280～360元/小时。而随着级别的提升，培训费用也在呈增长态势。另外，教练等级的不同，培训费用也不尽相同。

9.6.2 国外冰雪运动培训业发展经验

（1）培训费用：加拿大为青少年提供了以下的解决方案。加拿大的青少年是冰雪项目的参与主体，通过建立社区冰雪俱乐部的形式，利用公共冰雪运动场馆进行培训活动，并向社会开展资金募集活动，为青少年提供可承受、高质量的冰雪运动机会。这种方式不仅为青少年提供了公平的学习机会，还有利于冰雪人才的选拔。挪威作为冬季体育强国，同样有类似的体育政策："为每个人提供机会，使每个人都有权利，根据自己的能力、需要和兴趣参加体育活动"①。

① 赵澄宇．挪威与瑞典体育管理模式浅析［J］．北京体育大学学报，2000，23(3)：303－305.

（2）宣传推广：加拿大由政府牵头，国家到省级再到社区，积极推广冰雪项目。另外，加拿大省级协会提供专门的网站，整合各俱乐部及联赛的资源，方便青少年搜索附近俱乐部，并就近参加冰雪运动俱乐部。这种推广方式，方便了协会对冰雪俱乐部的管理，还做到了信息同步化，打破信息壁垒，能高效地搜索到适合的俱乐部，将更多的时间用于学习而非性价比的分析，宣传方式也比较直接有效，符合用户需求。

（3）课程体系：加拿大研发统一的培训教材，传授基础的知识技能。挪威按照青少年的身心发展特点严格划分青少年的运动成长阶段，并设置系列测试赛，作为能否参赛的基本指标。这些都从根本上提高了课程体系的完善程度，为青少年的成长成才之路奠定了基础，提供了可操作依据。

（4）教练员：加拿大在青少年参加冰雪运动的初级阶段，大多数家长担任志愿者培训自家孩子及其他青少年，进阶到高级阶段，再由专门的教练进行教学。而挪威的雪上俱乐部也由青少年的家长组建运营，既保证运营的正常进行，又保证自家孩子学到相应的技能。挪威和加拿大的这类俱乐部都为非营利组织①。这不仅可以解决当下教练员存量稀缺的问题，也可以在滑雪季弥补教练员短缺的问题，还可以培养个人的社会责任感。

---

① 王钢．以挪威为鉴探索我国雪上运动振兴策略［J］．冰雪运动，2019，41（1）：25－29.

第 10 章

滑雪小镇：国际经验与中国实践

滑雪小镇是运动休闲特色小镇的类型之一，依托着当地的自然优势，以滑雪场为运营主体，是广泛辐射相关产业发展的空间集合体。本章对滑雪小镇建设的国际经验进行梳理、提炼、总结，对河北张家口市崇礼滑雪小镇集群与哈尔滨亚布力滑雪小镇两个案例进行探讨，以促进滑雪特色小镇的可持续发展。

10.1 滑雪小镇中国意义与国际概览

10.1.1 滑雪小镇的中国意义

2022 年北京冬奥会是我国重要历史节点的重大标志性活动，我国冰雪产业在此契机下不断培育、发展①，并已初步形成了以滑雪休闲为主，竞赛表演、场馆服务、冰雪培训和体育旅游等多产业协同发展的冰雪产业格局，这对于助力“3亿人参与冰雪运动”目标、健康中国建设、体育强国战略起着关键作用。由冰雪产业演进而来的冰雪特色小镇②，是运动休闲特色小镇的一种类型，兼具了特色小镇的各项特征③；以冰雪产业为特色，依托观光旅游、户外运动、冰雪文化为基础的综合发展平台④。冰雪特色小镇具有明显的运动休闲产业特质，在我国推进供给侧结构性改革和产业升级的进程中，扩大群众体育旅游消费⑤、经济增长方式的迭代与转变⑥、增强区域影响力与知名度⑦方面具有重要意义。在第一批国家体育总局公布的96个国家运动休闲特色小镇中⑧，共有9个以冰雪产业为特色的国家级特色小镇。滑雪小镇是冰雪特色小镇其中一种，近年来在我国迅猛发展⑨。滑雪小镇依托着当地的自然优势，以滑雪场为运营主体，是广泛辐射相关产业发展的空间集合体，对于我国人民群众的健康需求、体育供给侧结构性改革、推进新型城镇化建设⑩等方面极具实践价值。

---

① 谢永民．体育强国视域下举办2022年北京—张家口冬奥会的现实路径探索［J］．广州体育学院学报，2018（2）：16－19.

② 柳鸣毅，丁煌，张毅恒，龚海培，孔年欣，孔倩倩，胡雅静，闫亚茹．我国运动休闲特色小镇产业演化机制、运作体系与治理路径［J］．天津体育学院学报，2019，34（2）：144－149.

③ 柳宛君．吉林市北大壶冰雪特色小镇建设问题研究［D］．吉林：北华大学，2019.

④ 部邦国．沈克印．我国冰雪特色小镇的规划建设［J］．体育成人教育学刊，2018（4）：13－17.

⑤ 张良祥．朱顺．黑龙江冰雪旅游特色小镇跨界融合与创新发展探析［J］．知与行，2018（3）：119－122.

⑥ 张良祥．唐云松．阚军常等．碾子山冰雪旅游特色小镇跨界融合创新发展研究［J］．冰雪运动，2017（6）：61－65.

⑦ 李冰．宋宇虹．王飞等．基于“钻石模型”的黑龙江省冰雪特色小镇发展研究［J］．哈尔滨体育学院学报，2018（4）：47－52.

⑧ 体育总局办公厅关于公布第一批运动休闲特色小镇试点的通知［EB/OL］．［2017－08－10］．http：//css. sport. gov. cn.

⑨ 杨越，骆秉全，冯国有，金媛媛，姜兆银．滑雪小镇建设国际经验探索及启示［J］．体育文化导刊，2019（3）：82－86.

⑩ 季朝新，王一博．运动休闲特色小镇建设：逻辑起点、概念模型和功能定位［J］．体育文化导刊，2018（2）：88－92.

10.1.2 国际滑雪小镇概览

纵观全球，大约有80个国家开展冬季运动，其中约70个国家拥有适宜的气候条件，可以提供野外冬季运动场地，另外的10个国家则在某一特定区域建造了冬季运动场①。从国际滑雪小镇的经验实践来看，国外滑雪小镇拥有健全的冰雪产业链条与完善的配套服务，尤其是欧洲阿尔卑斯山地区、美国和日本等地，在特殊历史事件的推动下，已逐步形成世界级独特的冰雪文化体验胜地，促进了本地及国际滑雪旅游产业的持续发展，如瑞士圣莫里茨（St. Moritz）、加拿大艾伯塔（Alberta）、法国夏蒙尼（Chamonix）等。从学术研究角度来看，国外学者很早就开始关注“白色鸦片”的特殊力量，从营销②、自然环境③④、雪场管理⑤、资源配置⑥等角度广泛讨论了滑雪小镇的发展，在研究的深度和广度上都取得了较大的进展。

10.2 滑雪小镇建设的国际经验

加拿大温哥华、法国夏蒙尼、日本长野滑雪场在国际滑雪小镇

---

① 熊姝然. 加拿大惠斯勒滑雪小镇发展路径研究［D］. 北京：北京体育大学，2019.

② Hamad M，Smajic E，Mujkic A，et al. A Competitive Analysis of Ski Resorts In Bosnia and Herzegovina Using Differential Advantage Proforma［J］. HB Economic Theory，2010（6）.

③ Hart S. A natural-resource-based view of the firm［J］. Academy of Management Review 20：986 – 1014. 1995.

④ Bansal P. Evolving sustainably：A longitudinal study of corporate sustainable development［J］. Strategic Management Journal，2005（26）：197 – 218.

⑤ Wood T F. The analysis of environmental impacts resulting from summer recreation in the Cairngorm ski area，Scotland［J］. Journal of Environmental Management，1987（25）：271 – 284. 42.

⑥ Gozalova M，Shchikanov A，Vernigor A，et al. Sports tourism［J］. Polish Journal of Sport & Tourism，2015，21（2）：92 – 96.

中具有很强的代表性。三地都曾成功举办过冬奥会，在国际上享有较高的知名度与美誉度。加拿大惠斯勒滑雪小镇被评价为北美最佳滑雪胜地，法国夏蒙尼小镇拥有“高山滑雪麦加圣地”的美誉，日本长野野泽小镇以滑雪与温泉的结合闻名于世。三个小镇各具特色，运营成熟，极具代表性，为我国滑雪小镇的建设提供了有益的启示与参考。

10.2.1　自然禀赋优越，滑雪文化积淀厚重

优越的自然禀赋、深厚的滑雪文化积淀是国外滑雪特色小镇发展的基石。惠斯勒滑雪小镇、夏蒙尼滑雪小镇、野泽温泉滑雪小镇的建设历程各不相同，但都拥有独特的自然禀赋、人文历史。如表10－1所示。惠斯勒小镇由黑梳山和惠斯勒山两片山地组成，总面积约达33平方千米，为北美最大滑雪场。惠斯勒地区雪季长达7个月，年降雪量914.4厘米，山地之间最大垂直落差达1530米。早在20世纪60年代，惠斯勒被选为1968年冬奥会申办地之一，就是因为其滑雪资源丰富，滑雪文化源远流长。夏蒙尼小镇作为现代滑雪旅游度假区的发源地，因其纬度和地理条件优势，拥有独特的冰川、溶洞等自然景观；雪季时间长达半年，在海拔3000米以上的地区，可以保证终年滑雪，冰雪运动开展如火如荼。在夏蒙尼小镇开发的过程中，注重自然资源的原貌保留，将滑雪场周围的村落以自然的样式保留，历经时代变迁，仍存留有当地独特的风土人情。夏蒙尼小镇是高山滑雪的起源地，滑雪底蕴厚重，拥有“高山滑雪的麦加圣地”的美誉。1970年，法国人在此开展高山自由滑雪，经过数十年的发展推广，高山滑雪逐步风靡世界。野泽温泉滑雪场坐落于长野县，该地区滑雪风气鼎盛，是日本著名的滑雪度假聚集区，一年四季雪量充沛，雪质松软，颗粒小，湿度低，雪质上乘，有

"粉雪"的美誉。雪场雪道最大落差1085米，总共有24条雪道，最大坡道不超过39度，最长滑行距离10000米，起伏滑道面积约占20%，人工压雪覆盖70%，10%为自然雪道①。野泽温泉小镇建筑风格具有传统日本风情，古色古香，别具一格。

表10－1　惠斯勒、夏蒙尼、野泽温泉滑雪小镇自然禀赋对比

分类	惠斯勒滑雪小镇	夏蒙尼滑雪小镇	野泽温泉滑雪小镇
地理位置	加拿大英属哥伦比亚省温哥华市	欧洲中南部，法国与瑞士、意大利交界处	位于日本本州岛中部，长野县北部
气候	温带海洋性气候	温带大陆性气候	日本海岸式气候
地形特点	地形起伏多变，山地落差大	地势险峻、山高陡坡、冰川连绵	东西狭窄南北修长的高原与盆地地形
经纬位置	北纬50度，西经122度	北纬45度，西经6度	北纬36度，西经138度
雪季时长	7个月	6个月	6个月
年降雪量	914.4厘米	975.36厘米	1099.82厘米
山地最大落差	1530米	2048米	1085米

资料来源：笔者根据网络公开资料整理。

10.2.2　基础设施健全，产业关联度高

国外滑雪小镇发展历史悠久，拥有健全的基础设施和完善的产业链条。惠斯勒滑雪小镇修建了超过200条不同难易级别的雪道，37条缆车服务滑雪爱好者。除传统雪道以外，惠斯勒还拓展了雪地徒步、雪圈、滑索、雪橇、雪地车、冰橇等项目供游客选择。小镇围绕着滑雪项目，衍生出体育用品批发与零售、体育租赁、体育保险、体育培训等配套产业，确保当地经济的可持续发展。夏蒙尼滑

① 孙承华，伍斌，等．中国滑雪产业发展报告（2017）［M］．北京：社会科学文献出版社，2017.

雪小镇交通系统发达，酒店容载量大，是目前全世界范围内设施水平最高、项目规模最成熟、配套设施最齐全的户外、登山及滑雪运动景区。小镇常住人口 1 万多人，日接待游客能力达到 10 万人，年接待游客量在 250 万人左右。游客平均滞留时间超过 3 天，平均日消费 150 欧元。此外，小镇产业关联度高，最大的特点是其雪票销售模式，联票有效期最长达 6 天，充分证明小镇内部项目开发的多样化。野泽温泉滑雪场占地 297 平方米，雪场设施、交通条件、餐饮配套、住宿及度假条件方面，设施完善，服务优良。滑雪场周边有 13 处露天温泉，出水量充足。野泽滑雪小镇将滑雪与温泉两大产业有机融合，满足游客多元化的体育娱乐、休闲度假需求，最大限度实现了资源利用、要素互补。因此，完善的生活基础设施，方便的交通条件，以及优质的滑雪配套设施，是成为国际性滑雪度假胜地的必要条件。

10. 2. 3　尊重当地生态特征，形成自身特色，实施差异化经营策略

由于地理位置、海拔高度、历史人文等要素各不相同，各国滑雪特色小镇在建设过程中采取了不同的经营策略。北美地区在雪地资源丰沛的区域建设大型滑雪场，完善相关配套设施，营造滑雪文化，增加小镇整体附加值，用资本打造滑雪休闲目的地。其中，加拿大惠斯勒滑雪小镇的经营优势在于充分利用当地资源，形成夏季户外天堂、冬季滑雪胜地的独特格局。并且，小镇一年四季举办各种大型户外活动、文化休闲嘉年华及特色节日庆典活动吸引游客，使得惠斯勒滑雪小镇以年收入 15. 3 亿加元成为加拿大英属哥伦比亚

省旅游产业支柱①。欧洲滑雪经营理念更为强调自然资源的保存，注重原生态，为游客创造美好的度假体验。其中，夏蒙尼滑雪小镇采用分时度假的方式，通过价格杠杆，让消费者根据实际情况购买不同时间、地点、档次的住宿设施的时段使用权，能够极大缓解具有季节性特点的滑雪产品供求矛盾，有效平衡小镇淡旺季消费者需求，最大程度上为游客提供一个舒适放松的滑雪环境，培养雪场的长期顾客。日本在尊重自身生态、文化的基础上，另辟蹊径，充分利用当地资源，采取与北美、欧洲完全不同的经营策略，以温泉、滑雪、民宿的特色组合创造滑雪文化差异。温泉文化是日本生活中不可缺少的一部分②，将滑雪与温泉有机结合，促进了两种休闲产业深化融合。既满足冬日城市居民的运动休闲需求，又延续了日本传统的文化旅行。因此，野泽温泉滑雪场凭借着温泉优势在日本长野县滑雪场客流量五强排名中，占据一席之地③。

10.2.4 举办国际性赛事，增强国际影响力

第一届冬奥会于1924年在法国夏蒙尼举行；2010年惠斯勒小镇作为温哥华冬奥会重要赛区之一；日本长野是第18届冬奥会的举办地。举办奥运会将为国家与举办地带来巨大的形象提升，使举办地在国际上拥有更高的知名度，虽然早期奥运史上举办赛事本身无法盈利，但却促进了旅游业的发展，为当地商人带来了利润。此后，三地都通过不断引进、举办国际性赛事，巩固和升级基础设施与相关配套设施，促进当地经济社会发展。惠斯勒每个雪季举办赛

---

① 惠斯勒."经济伙伴倡议委员会"（Economic Partnership Initiative Committee）经济规划报告［R］. 2016.

② 徐小淑，孟红森．日本温泉文化的特征——从"汤治"到"治愈"［J］．中北大学学报（社会科学版），2015（6）：14－19.

③ 野泽温泉滑雪场经营委员会．野泽温泉滑雪场民营化基本构思报告书［EB/OL］. http：//www. nozawaski. com/winter/general/keii. php.

事约 30 项，以当地赛事为主，每项赛事规模大都在 100 ~ 200 人之间，赛事包括系列赛、特定群体比赛、国际级专业竞赛等。夏蒙尼小镇在发展进程中，举办了勃朗峰越野赛（Mont-Blanc Crossing）、攀岩世界杯（Climbing World Cup）、金球系列大奖赛（Golden Trail Series）、环勃朗峰越野跑（UTMB）等国际级重量比赛。日本长野每年举办一项高水准国际级赛事——长野马拉松，全名为“长野奥林匹克纪念·长野马拉松大会”，是为了纪念 1998 年长野成功举办冬奥会而创办的，是目前全世界唯一拥有奥林匹克之名的马拉松赛事。三地皆通过展开特殊“标志性事件”，增加曝光率与知名度，吸引更多的游客，增强国际影响力，带动区域内各行业发展。

10.2.5　多元主体协同治理，激发小镇建设动力

小镇管理者的管理水平直接影响其建设，在实践中，多元的治理主体对产业的促进作用巨大。惠斯勒滑雪小镇实行社区自治管理，使居民共建共享小镇生活。在夏蒙尼小镇的建设过程中，政府、滑雪场企业、协会社团、学校和学术机构都发挥出巨大作用①。日本“产经”分离的民营化合作模式，顺利使日本脱离冬奥债务，改善了小镇经营环境，提高了小镇竞争力。多元主体协同治理是国际社区治理趋势。传统的“自上而下”的管理方法，即政府垂直管理的模式，已不再适用于现代化小镇自我管理、自我提升的发展趋势。小镇规划需要进一步满足广泛的社区发展目标，实现社会转型，即采用社会动员、社会学习和自我革新的规划模式②，让小镇

---

① 叶茂盛，周丹，等. 法国滑雪场发展历程与启示研究［J］. 沈阳体育学院学报，2018（5）：35－42.

② H Mair, D G Reid. Tourism and Community Development VS. Tourism for Community Development: Conceptualizing Planning as Power, Knowledge, and Control［J］. Leisure/Loisir, 2007, 2（31）：403－425.

居民、社区组织、行业协会培育自身动力，创造更好的小镇生活。在惠斯勒小镇的建设过程中，充分尊重小镇居民的权益，在雪道设置、场地规划、交通运输等方面充分与当地民众、职工福利进行了关联，最大程度上实现小镇“创造美好的生活”的度假体验，获得广泛的社会认同。此外，惠斯勒滑雪小镇联合镇政府、镇旅游局、度假村协会、惠斯勒滑雪场成立了“经济伙伴倡议委员会”（Economic Partnership Initiative Committee，EPI），致力于通过多方数据分析为惠斯勒制定中期发展规划。最大程度上保证惠斯勒小镇在生态、经济、居民、文化、教育等各方面的平衡发展，促进了惠斯勒各经济体之间实现互利共赢。

10.2.6 破解季节性运营难题，创造四季运动休闲小镇

滑雪特色小镇季节性经营难题一直困扰着我国小镇管理者。根据国际滑雪特色小镇的趋势，深入挖掘夏季小镇资源，创造四季运动休闲小镇，是破解小镇季节性运营难题的关键。后奥运时期，顺应全球趋势，惠斯勒小镇进入巩固阶段，发展全季旅游，提升小镇竞争力①。惠斯勒地区夏季收入占比31%，夏季游客数量占比60%，比冬季游客数量高10%②，运营成绩亮眼，其主要原因就是充分发掘夏季户外休闲资源，建成世界上最大的山地自行车公园，拥有近百条山地自行车速降赛道，服务于不同运动及消费水平的山地户外运动爱好者，可以保证一年四季客流不断。夏蒙尼滑雪小镇面对季节性运营挑战，提出：（1）依托优越的地理条件和自然资源，开发

---

① 熊姝然．加拿大惠斯勒滑雪小镇发展路径研究［D］．北京：北京体育大学，2019.

② Needham，M. D. The ‘Other’ Season at Ski Hills：Applying the Limits of Acceptable Change（LAC） to a Study of Summer Alpine Recreation on and Adjacent to Whistler Mountain［D］. Canada：University of Victoria，2002.

大量户外运动项目。(2) 支持鼓励度假区产品再度开发，进一步扩大不受季节影响的旅游项目产品规模。(3) 保证游客体验品质，延长游客停留时间。(4) 促进度假区活动多样化，增强旅游产品、活动开发，增设免费教学活动等措施，吸引更多游客，产生经济效益。日本长野野泽滑雪场夏季风光旖旎，主要依靠亲子旅游、滑雪博物馆、休闲垂钓、徒步登山、地狱谷野猿公苑等丰富户外休闲、特色娱乐文化产品，保证客流，维持营收，为游客创造出四季美好的度假体验。

10.3　滑雪小镇的中国实践*

10.3.1　中国滑雪小镇建设的案例

(1) 崇礼滑雪小镇集群。

崇礼区地处内蒙古高原与华北平原过渡地带，北纬 40°47′~41°17′，东经 114°17′~115°34′，境内 80% 为山地，森林覆盖率达到 57.9%。崇礼夏季平均气温 19℃，空气中负氧离子浓度达 10000 立方米，PM2.5（细颗粒物）平均值优于国家一级标准，是养生避暑的天然氧吧。冬季平均气温 -12℃，降雪早、积雪厚、存雪期长，被誉为“华北地区最理想的天然滑雪区域”。2015 年 7 月 31 日，北京携手张家口成功获得 2022 年冬奥会主办权，崇礼成为雪上项目的

* 本部分根据万龙滑雪场、密苑云顶乐园、太舞滑雪场、富龙滑雪场、亚布力滑雪场等雪场官网信息及其他网络公开资料整理。

主赛场，规划承担冬奥会雪上2个大项6个分项51个小项的比赛项目。云顶、万龙、多乐美地、长城岭、太舞以及规划新建的冬奥会北欧中心越野滑雪场、北欧中心跳台滑雪场、冬季两项中心，以太子城冰雪小镇为中心，在10公里半径范围内形成国内最大的雪场集群。为筹办好一届“精彩、非凡、卓越”的冬奥盛会，推广普及大众冰雪运动，崇礼区大力发展以冬季滑雪和夏季户外为主导的体育休闲产业。建成7家大型滑雪场，先后承办了国际雪联自由式滑雪坡面技巧世界杯、空中技巧世界杯、香蕉公开赛、滑雪登山世界杯等多项国际国内赛事，连续13年获得国际雪联高山滑雪积分赛、远东杯等国际高级别赛事承办权。除冰雪赛事之外，还举办了崇礼168超级越野赛、崇礼半程马拉松、世界无人机锦标赛中国选拔赛、国家杯职业棋牌大师赛等赛事活动。

万龙滑雪场位于河北省张家口市崇礼区红花梁区域，为国内首家开放式滑雪场，也是首个以滑雪为特色的国家AAAA级景区。雪场目前拥有雪道32条，总长度达36.9公里（不包含野雪），可造雪面积达130万平方米，森林野雪面积达167公顷。其中高级雪道22条（包括野雪道），中级道6条，初级道4条；获得国际雪联认证，符合滑雪赛事标准的雪道有6条：金龙道、银龙道、玉龙道、猛龙道、威龙道、腾龙道。雪场目前有7条缆车和3条魔毯，总运力可达14530人/小时，其中4条为高速缆车，平均6分钟可从山下到达山顶。

密苑云顶乐园，总投资180亿元，占地100平方千米，是目前中国华北地区投资规模最大、规划区域最广、设计理念最新、服务理念最人性化的山地度假胜地，也是2022年冬奥会自由式滑雪和单板滑雪比赛场地。密苑云顶乐园规划共开发88条、总长度约为70千米的滑雪道，配套22条、总长度约30公里的缆车。滑雪面积达到80余万平方米。建成雪道41条，其中13条高级道，20条中级道，2 条初级道，6 条野雪道和雪地公园，同时密苑云顶乐园配备 5 条具备全程座椅加热功能的世界顶级高速缆车，也是目前国内唯一全部索道配备加热座椅的滑雪场。奥运会标准的 U 型场地和空中技巧跳台承办了国家队训练和国际水准赛事，2017 国际雪联空中技巧世界杯和国际雪联 U 型场地世界杯在此举办。

太舞滑雪场独拥崇礼主峰玉石梁（2160 米），雪道绝对落差 510 米。雪场由世界著名山地规划设计团队——加拿大依蔻赛恩（ECOSIGN）公司（曾 5 次参与冬季奥运会场地设计）担纲规划设计。造雪面积达 400 公顷。总体规划 200 条雪道，总长度 138 公里；索道 45 条，魔毯 21 条，总长度 38.23 公里。在硬件设施方面，配备法国进口波马（POMA）公司 4 人脱挂式抱索器高速吊椅缆车（配置防风罩）。在滑雪装备上，采用奥地利菲舍雪具作为租赁器材。单板采用国际知名品牌伊兰（ELAN）。在安全方面，滑雪场内设有 2 个巡逻值班点，配备 2 艘专业雪上救护船、8 台雪地摩托车及 1 台专用救护车，度假区内配备 1 名医生、1 名护士和 1 间医务室，并有国际专业水准巡逻队负责雪场安全。

翠云山银河滑雪场隶属于河北旅游投资集团股份有限公司，是翠云山国际旅游度假区的冬、夏户外山地度假运动中心，雪道面积 30 万平方米，滑雪场拥有 2 条世界先进的高速缆车，滑雪场拥有初、中、高级雪道，总长 10 余公里，最高落差 320 米。银河滑雪场雪具大厅达 4000 平方米，拥有租赁板 1500 多套，参考国际租赁板模式，具备品牌种类多样化、服务人员专业化等特点。翠云山银河滑雪场雪道依据其自身环境特点与主题性规划，第一期星座雪道共 12 条，这 12 条雪道划分为：初级道及初级晋级区雪道 3 条，中级雪道 6 条，高级雪道 3 条，另设娱雪区供游客戏雪。雪道命名根据雪道独有的特点与星座的特点相互匹配而得来，是银河滑雪场的一大特色。

长城岭滑雪场是运动员高原训练基地，由国家体育总局和省体育局投资，位于张家口市崇礼区省级和平森林公园境内，占地面积15平方公里，海拔1800～2100米。年平均气温3.3℃，夏季最高气温不超过20℃，冬季最低气温不低于－23℃，一期工程建成有初、中、高级4条雪道，总面积16万平方米，最高海拔2100米，垂直落差为380米。其中：初级雪道长300米，宽80米，坡度为6度；中级雪道长1000米，平均宽度40米，平均坡度为14度；高级雪道与中级雪道之间的引道750米，平均宽度12米，平均坡度为13度；高级雪道全长1600米，平均宽度50米，平均坡度20度。

富龙滑雪场位于张家口市崇礼区东侧，城区至雪场步行5分钟可达，是崇礼第一家开放夜场和实现住宅与滑雪道无缝对接、真正滑进滑出的滑雪度假区。富龙滑雪场造雪面积80万平方米，共计37条雪道。其中初、中、高级雪道占比3:4:3；8条魔毯；5条高速缆车（其中一条为全长3.6公里的自城区直达雪场的城市空中客车）。2017～2018年雪季夜场灯光照明系统全面升级；增设智能自助计时赛道、障碍追逐赛道、3条不同难度等级的野雪道；初级区增设儿童冬令营封闭教学区、亲子乐园，均可供小朋友们滑雪间隙休息娱乐和补餐。

（2）亚布力滑雪小镇。

亚布力滑雪小镇位于黑龙江省哈尔滨市尚志市。黑龙江素来就有“中国雪都”之称，是我国最早一批发展冰雪产业的地区。亚布力滑雪小镇位于长白山脉、小白山系、张广才岭西麓中段，属于中温带大陆性季风气候，年均降水量666毫米，年平均气温2～10℃，夏季平均气温是23℃，山高林密，森林覆盖率96%。亚布力滑雪小镇主要由长白山脉张广才岭的三座山峰组成，即主峰大锅盔山、二锅盔山、三锅盔山。亚布力滑雪小镇共有17条初、中、高级滑雪道，它的高山滑雪道是亚洲最长的。滑雪场内还有长达 5 公里的环形越野雪道及雪地摩托、雪橇专用道，设有 3 条吊椅索道、3 条拖牵索道及 1 条提把式索道。2017 年通车的哈牡城际铁路穿境而过，距哈尔滨太平国际机场、牡丹江海浪机场均在 2 小时车程辐射圈内，龙运直通车每天一班，铁路直达亚布力度假区，有 6 个车次的火车到亚布力车站。滑雪场内拥有五星级、三星级酒店各 3 座，公寓、宾馆 7 座，木屋别墅 20 栋，林海雪原人家 84 座，农家乐、林家乐等家庭旅馆 32 个，无茂屯民居 36 栋，服务项目和设施齐备，日接待住宿能力达 6000 人。其他配套设施有森林动物园（熊猫馆）、温泉养生馆、水溪景观带、亚布力雪山水世界、极地科考队员冬季训练基地、中国残疾人冬季项目训练基地、中国企业家论坛永久会址等。亚布力滑雪小镇共计成功举办 11 届滑雪节，奠定了尚志市滑雪旅游胜地不可撼动的地位，已经成为名副其实的中国雪都①。小镇还曾举办过中国·黑龙江国际滑雪节、第四届亚洲少年高山滑雪锦标赛、第 24 届世界大学生冬季运动会、2015 年国际雪联世界青年单板锦标赛等赛事。同时，小镇积极举办具有丰富特色的文化艺术活动，来打造休闲、娱乐的度假生活，给游客提供别样的度假体验。

随着我国新型城镇化的步伐加快，国家体育总局办公厅出台《关于推动运动休闲特色小镇建设工作的通知》，尚志市力争以亚布力滑雪场为主体，建成我国最大的滑雪旅游度假景区。哈尔滨市是中俄“一带一路”倡议的重要对接点，背负着东北老工业基地再振兴的历史使命，冰雪运动将是其最大的名片和助益。

---

① 亚布力滑雪旅游度假区．度假区概况［EB/OL］. http：//www. yabulichina. com/zjdjq/djqgg. html.

10.3.2 中国滑雪小镇经营特点

（1）注重四季运营，强调多业态融合。我国滑雪小镇为避免只有“一季客流”的经营窘境，提出“冬春滑雪、夏秋户外”的四季运营理念。2016 年 7 月太舞滑雪小镇开始进行夏季运营的初步尝试，开设了定向越野、山地骑行、休闲露营、彩色跑等多个热门项目。同时，与山地度假旅游社团、团队拓展公司、青少年户外营地教育组织等多个单位进行合作，让小镇一年四季客流不断。此外，太舞滑雪小镇还通过“体育 + 旅游”增强休闲旅游产品属性，促进度假区活动多样化，增设免费教学活动等措施，开创了“小镇 + 教育”的特色产品。借助京津冀协同发展战略和举办冬奥会的契机，发展成为以四季休闲运动以主线，集高端酒店、潮流运动、精品活动、专业赛事于一体，实现体育旅游、体育传媒、体育会展、体育广告、体育影视等相关业态共享发展的大型休闲旅游度假目的地。

（2）突出地域特色，提供多维文化体验。我国滑雪小镇充分考虑本地实际情况，依托当地传统体育文化、运动休闲项目和体育赛事活动等特色资源，注重发挥区域比较优势，结合当地地形地貌，设计适宜的滑雪及户外休闲项目，避免滑雪小镇同质化发展，打造各具风情的滑雪休闲目的地吸引游客消费。滑雪小镇除了经常开展具有特色的品牌全民健身滑雪赛事和活动外，还结合各地草原、湖泊、山地、果园等资源定期开展露天音乐节、采摘节、啤酒文化节、美食周等活动，形成不同的运动休闲特色名片。其中，民族文化资源丰富的滑雪小镇依托人文资源发展当地滑雪民俗体育文化，例如，位于“雪乡之都”的亚布力滑雪场将滑雪与东北民俗相结合，推出系列滑雪休闲文化体验活动，取得广泛好评。

（3）广泛开展体育赛事，营造良好滑雪氛围。滑雪小镇举办各级别高水平大型体育赛事，广泛邀请国内外高水平滑雪运动员参赛，打响滑雪小镇知名度与影响力，以点带面，促进地区体育与健康、旅游、文化等产业实现融合协调发展，带动区域经济社会各项事业全面发展。例如，首先太舞滑雪小镇进一步强化“体育赛事 +”的商业模式，定期在小镇举办全国定向越野挑战赛、斯巴达勇士赛亚太区锦标赛、BMW 自由式滑雪雪上技巧世界杯、全国单板滑雪平行项目锦标赛及 U18 青少年锦标赛等国内国际大型赛事，增加小镇知名度与专业性，建立世界级四季度假胜地。其次，依托优越的地理条件和自然资源，小镇开发出大量不受季节影响的体育旅游项目产品与精品赛事，保证游客体验品质，进一步延长游客停留时间，确保小镇客流量，营造一个良好的滑雪氛围。

10.3.3　中国滑雪小镇发展中的问题及影响因素

（1）我国滑雪小镇发展中的现存问题。

第一，专业人才匮乏。滑雪小镇的工作人员是具备较高的文化素养、体育精神、体育专业知识背景和专项技能的复合型人才。人们在享受优美的自然生态环境之外，提供高效优质的管理也是提升顾客满意度的重要途径之一。目前，我国体育管理类和体育技能专项人才较多，而通才较少，因此，还不能完全适应体育市场需求。除此之外，体育人才的开发与可持续发展工作未被重视，系统的岗前培训、持续的在职教育、定期的提升计划亟待提升。

第二，高质量滑雪小镇供给不足。截至 2018 年 6 月，我国共有 738 家滑雪场，其中有 26 座室内滑雪场。2000 ~ 2017 年，室内滑冰场累计增加 688 块。2017 年我国参与滑雪运动人数达到 1750 万，增长15.89%，增速明显[①]，然而，目的地度假型滑雪场（面积大于5万平方米）仅占3%，雪道面积30公顷以上的雪场仅有15座[②]。而雪道面积5公顷以下的其他小型滑雪场有518座，占比超过80%，其全年滑雪人次几乎都在5万人次以下，过半滑雪场连2万人次也没有达到，它们中的大部分没有压雪车、索道等设施。有专家认为，小雪场是滑雪市场发展的基石[③]。但是，从更长期的发展看，越来越多的小雪场消亡将是大势所趋[④]。主要原因有：其一，小雪场中，有相当一部分缺乏合理规划，甚至属于无效投资，消费者体验极差，破坏了冰雪产业发展。其二，城市周边的小雪场尚未形成自己的特色，容易陷入同质化与低价竞争的泥潭。而随着滑雪的度假属性逐渐增强，运动和旅游属性相对减弱，小雪场的"蛋糕"将被大型目的地滑雪小镇侵蚀。因此，现阶段，有限的资金决定了低端小雪场占据滑雪市场，高质量滑雪小镇供给不足。

第三，服务内容单一、服务质量良莠不齐。我国冰雪产业处于初级阶段，发展方式还较为粗放，高质量的有效供给短缺，致使大量冰雪用具需要从国际进口，高水平滑雪爱好者消费外流，冰雪服务水平良莠不齐，制约着我国冰雪消费质量提升。根据中国消费者网发布的北京市冰雪运动消费投诉信息统计表示，2018年雪季北京市滑雪消费投诉意见主要集中在：消费者受伤后造成的赔偿、雪场无法提供装备器材、团购滑雪券无法使用、雪场拖延押金退还等问题[⑤]。此外，我国滑雪小镇发展缺少必要的人才支撑，滑雪教练队

---

① 杨越，骆秉全，金媛媛．我国居民冰雪运动消费困境与促进策略［J］．体育文化导刊，2019（7）：19－24．

② 伍斌，魏庆华．2018中国滑雪产业白皮书［M］．北京：社会科学文献出版社，2018．

③ 吴晨飘．雪季报告之二：都知道滑雪场是核心，但要做好绕不开这3个问题［EB/OL］．https：//mp.weixin.qq.com/s/08Zh4hbmgfa6sEceVPeR3Q．2017－03－16．

④ 劳伦特·凡奈特．2018全球滑雪市场报告——滑雪度假村关键行业数据的概述［R］．2018．

⑤ 北京市场监管局发布冰雪运动消费提示［EB/OL］．（2019－01－04）［2019－01－10］．http：//www.ccn.com.cn/html/xiaofeijingshi/2019/0104/434445.html．

伍建设工作滞后，缺乏滑雪人才培养体系标准，使得我国专业滑雪教练供不应求，一定程度上限制我国滑雪小镇长远发展。再有，我国滑雪培训课程标准缺失，表现在培训目标针对性欠缺，培训过程系统性、趣味性不足，培训评价体系不健全等方面，极大阻碍了我国滑雪消费者养成滑雪爱好，制约滑雪小镇的客源。以上情况说明我国滑雪行业服务水平处于较低阶段，服务意识淡薄，缺乏服务标准，与居民日趋增长的冰雪需求相矛盾。

（2）我国滑雪小镇发展中的影响因素。

第一，北京冬奥会。从国际经验来看，成功举办过冬奥会的地区，都曾对当地经济社会发展产生深远影响，这种经济现象又被称为“奥运经济”。2008 年，北京市体育产业在奥运的巨大影响下，实现增加值 154. 0 亿元，按现价计算，比 2007 年增长 75. 8%，实现增加值占 GDP 的比重达到 1. 39%[①]，达到历史最高水平。2022 年北京冬奥会是我国重要历史节点的重大标志性活动。办好 2022 年冬奥会，既是我国对国际奥林匹克组委会的庄严承诺，同时也是落实京津冀协同发展战略的关键助力。实施奥运带动战略，通过举办国际赛事、国际推介活动等途径释放奥运品牌“格局效应”。大力推进“体育 +”战略，结合运动特色小镇的发展模式和冬奥会筹备，滑雪小镇顺势发展，可谓占据天时。

第二，自然禀赋。从国际经验来看，有代表性及影响力的体育小镇，其体育特色均源自天然禀赋，例如，夏蒙尼小镇被誉为高山滑雪的麦加圣地，安纳西小镇因勃朗峰成为滑翔伞的诞生地。滑雪特色小镇的自然资源是地区发展冰雪产业与旅游业的基础，资源越丰富，体育产品的竞争力越强。小镇需密切关注产业特点、资源分布，探寻适合自身的发展路径。具体来说

① 北京市统计局，国家统计局北京调查总队，北京市体育局．北京市体育及相关产业发展报告［R］. 2010 - 02 - 08.

小镇应以自然生态为基底，以地域文化为支撑，以冰雪产业为支柱，以制度体系为保障，以居民需求为归属，实现可持续发展。将体育、健康、文化、生态保护有机融合，带动区域生产、生活、生态持续发展。

第三，产业基础。体育产业具有关联度高、就业门槛低、乘数效应大的优势，对于促进地方经济发展具有积极的作用。但由于滑雪小镇所在地区往往在城市周边城镇或村镇，产业基础较为薄弱，一定程度上制约着冰雪产业发展的速度。因此，在现有经济和基础设施建设的条件下，如何利用现有资源，独辟蹊径，探索滑雪小镇发展的新模式，打造冰雪品牌成为亟待解决的问题。因此，基于对国际案例的研究，滑雪产业的发展模式应立足于冰雪产业，由单一的体育产品拓展到集滑雪、户外、度假、赛事、教育于一体的综合性运营的体育特色小镇。此外，滑雪小镇还应广泛借助其他地区其他优势产业的力量，发挥“体育+”特点，不断巩固自身产业基础，积累资金、人才、运营经验，创新发展。

（3）政策红利。2016年7月，浙江省政府出台《关于加快发展体育产业促进体育消费的若干意见》，打响了建设特色小镇的第一炮。之后国家发改委、住建部、旅游局、农业部、国家林业局、工信部等部委力推特色小镇建设，先后制定计划、发布通知鼓励特色小镇发展。2017年5月，国家体育总局颁布《关于推动运动休闲特色小镇建设工作的通知》[①]，运动休闲小镇建设热潮涌现。文件明确提出，到2020年，在全国扶持建设一批体育特征鲜明、文化气息浓厚、产业集聚融合、生态环境良好、惠及人民健康的运动休闲特色小镇；依托自然地理优势发展冰雪、山地户外等运动项目。我国滑雪小镇发展兼具了特色小镇及冰雪产业各项特征，

---

① 国家体育总局办公厅．关于推动运动休闲特色小镇建设工作的通知［Z］．2017－05－16.

推动冰雪旅游产业发展，具有明显的产业辐射效应，对于推进冰雪供给侧结构性改革、推进新型城镇化进程、助力冰雪消费、繁荣冰雪产业、建设健康中国和体育强国、促进经济社会发展具有重要意义。

10.4 促进中国滑雪小镇高质量发展的建议

10.4.1 抓住机遇，以赛事促发展，打造精品滑雪休闲度假目的地

2022 年北京冬奥会是我国重要历史节点的重大标志性活动之一，是促进我国冰雪产业发展、滑雪小镇建设的重要契机。滑雪小镇的发展离不开体育赛事活动的开展。据《2017 年中国滑雪产业白皮书》调查，2017 年国内举办竞技类冰雪赛事 76 项，大众娱乐冰雪赛事 120 项以上，尚未能充分满足我国冰雪市场需求。因此，国务院、体育总局、国家发改委等部门在印发文件中明确提出积极培育冰雪体育赛事①，发挥体育赛事作为体育消费龙头的带动作用②。让更多群众有机会参与冰雪、享受冰雪。借助 2022 北京冬奥会契机，促进冰雪及相关产业发展。我国滑雪特色小镇市场潜力巨大，但缺乏具有国际影响、独特 IP 的体育赛事品牌支撑。通过借鉴国际经验促进发展的目的是：（1）抓住冬奥会历史机遇，重点打造一批

---

① 关于加快发展体育竞赛表演产业的指导意见［EB/OL］. http：//www. gov. cn/xinwen/2018 - 12/21/content_5350753. htm.

② 进一步促进体育消费的行动计划（2019 ~ 2020 年）（体经字［2019］13 号）［EB/OL］. http：//www. sport. gov. cn/n316/n336/c889780/content. html.

国内精品滑雪休闲度假小镇，而不是一批有数量、无质量的滑雪景点。(2) 加快推进小镇相关消费产品和服务供给更加丰富。举办高水平冰雪赛事活动，培育小镇“夏季户外、冬季滑雪”的四季运动氛围，积聚人气，增加我国滑雪小镇知名度。(3) 加快国际接轨与对话交流，引进国际先进资源，不断完善和提升国内滑雪小镇相关配套设施，带动一批道路、能源、电网、厕所、医疗等设施升级优化。(4) 进一步提升我国滑雪小镇服务水平与标准，创造本土滑雪文化，提高滑雪产业附加值，借助后发优势，实现弯道赶超。

10.4.2 促进相关产业融合，带动区域协同发展

北京冬奥会对京津冀协同发展有着强有力的牵引作用。在冬奥会的契机下，滑雪小镇建设对于推进地区冰雪产业协同发展、带动区域相关产业聚集发挥着重要作用。我国滑雪特色小镇建设起步晚，以滑雪场为中心的产业链尚未发展成熟[①]，离规模化、产业化发展还有一定的差距。然而，强化区域经济命运共同体意识，突出整体性发展优势，发挥滑雪特色小镇的联动效应，带动发展冰雪及相关产业市场，使冰雪产业深入区域经济、社会、文化等领域，延长冰雪产业链条，培育独特的冰雪氛围对我国滑雪特色小镇发展有着重要意义。借鉴国际发展经验：(1) 滑雪特色小镇是推动区域经济发展的动力源泉。小镇应立足于当地生态优势，着力提升冰雪产业关联度与影响力，打造多元化、特色化、产业化品牌。(2) 进一步加强对外冰雪文化交流，发展外向型冰雪产业[②]，积极推动冰雪产业与地区酒店、餐饮、旅游、影视等行业深度融合，带动区域社

---

① 张维强，王旭．对我国滑雪场发展社会适应性的探究［J］．冰雪运动，2006(3)：108.

② 谷化铮．我国滑雪运动可持续发展的研究［D］．长春：东北师范大学，2010.

会经济联动、协同发展。(3) 推动地区滑雪小镇试点项目健康有序发展，进一步提高我国滑雪特色小镇的核心竞争能力，实现区域之间互利共赢，打造成生产、生态、生活“三生融合”的滑雪特色小镇。

10.4.3 增强国际竞争意识，制定中长期小镇发展规划

目前，我国已出现滑雪人口外流的趋势。中国滑雪者选择去日本滑雪的人数增长明显。欧洲的瑞士、法国、奥地利、意大利等国家滑雪目的地也受到中国滑雪者的偏爱①。借鉴国际滑雪小镇的发展规律，当滑雪者从初学者转向中高级雪友时，对雪场的场地设施配备要求逐渐提高，雪场初期建设的一些场馆设施开始不适应消费者需求，并逐步被市场淘汰。另外，国内滑雪小镇建设、运营成本较高、管理混乱等问题掣肘小镇长远发展。为了解决上述问题，结合国际经验我们要实现以下目标：(1) 我国小镇管理者、当地政府、行业协会、业界专家必须增强国际竞争意识，多主体构建长期对话平台，由当地政府部门牵头，建立联席会议机制，加强各方交流与合作。(2) 定期举办滑雪行业论坛，把握最新国外滑雪产业发展趋势，深化我国滑雪市场研究，完善和优化滑雪产业发展环境，重视引进行业高端人才。(3) 将滑雪特色与地方发展定位相结合，研究制定适宜的滑雪小镇中长期发展规划，明确小镇经营理念，促进小镇在经济、文化、生态等方面联动发展。(4) 深入挖掘自身特有资源，坚持小镇发展方向，实施差异化经营策略，塑造具有民族特色的滑雪特色小镇，进而在国际竞争中保持长久优势。

---

① 孙承华，伍斌，等．中国滑雪产业发展报告（2017）[M]．北京：社会科学文献出版社，2017.

10.4.4 增强小镇居民参与意识，促进滑雪特色小镇的可持续发展

人民是历史的主人，无论是社会革命还是社会变革，群众都是创造历史的主体力量，只有广泛发动群众，才能进一步推动社会物质文明、精神文明发展。促进居民参与小镇建设，提升小镇发展内源动力是国际化发展潮流。居民是滑雪特色小镇的重要组成部分，是小镇可持续发展的重要源泉之一。从一定程度来说，居民的生活方式和精神面貌是小镇的文化、历史、物质基础的表现形式之一。提高居民参与冰雪运动热情是维护居民体育权益的一种体现，更是激发居民冬奥主人翁意识的有效手段。因此，提升当地居民的参与感、获得感、幸福感是当前国内滑雪小镇的紧要任务。借鉴国际发展经验：（1）通过进一步拓宽民众参与滑雪特色小镇的治理渠道，采取培养小镇领袖，组建居民自治组织，定期召开街道、乡镇议事会等方式促进居民参与。（2）强化居民对小镇公共事务的集体责任精神与理性处理能力，提升居民自治意识和能力。（3）积极引导社会力量参与小镇建设，建立多元协同治理机制和对话平台，加强与居民沟通，使我国滑雪特色小镇发展更具可持续动力。